NIGG DER VERBORGENE GLANZ

WALTER NIGG

DER VERBORGENE GLANZ

ODER DIE PARADOXE LOBPREISUNG

WALTER-VERLAG
OLTEN UND FREIBURG IM BREISGAU

Die Herstellung erfolgte in den Werkstätten des Walter-Verlags
Printed in Switzerland

ISBN 3 530 61202 2

INHALT

ZWEITER TEIL

DIE PARADOXE LOBPREISUNG

Im Leben Jeremias gab es eine überaus eindrückliche Begebenheit, die Baruch, der Schreiber des Propheten, mit wenigen Worten überliefert hat. Darnach fragte der Prophet: «Und du begehrst Großes für dich?» Der törichte Wunsch nach großen Dingen für die eigene Person war Jeremia um so unverständlicher, als damals die Zeit unheilvoll aus den Fugen geraten war und das Gericht gleich drohenden Gewitterwolken über Israel hing. Doch hielt er seinem langjährigen Schreiber keine lästige, unfruchtbare Moralpredigt, sondern erwiderte ihm nur: «Begehre es nicht!»[1] Es gibt dramatischere Ereignisse im Leben Jeremias, aber keines, das den heutigen Menschen unmittelbarer angeht.

Baruch begehrte große Dinge für sich. Der Mensch aller Jahrhunderte lechzt darnach, große und noch größere Dinge zu erleben, und nie sind sie ihm groß genug. Am meisten aber erstrebt er, selbst in imponierender Größe dazustehen. In der Gegenwart nimmt das Begehren die Form an, selbst zu entscheiden, was für seine Person erlaubt und was nicht erlaubt ist. Der heutige Mensch hat das Wissen der modernen Zeit in sich aufgenommen und fühlt sich nun in religiöser, geistiger und moralischer Beziehung als ein selbständig gewordenes Wesen. «Der mündige Christ» ist die Parole, der er mit kritikloser Begeisterung zugetan ist. Frei von aller Bevormundung, begehrt er bei allen Veranstaltungen dabeizusein, ein Wort mitzureden und nicht länger bloß im Befehlston vorgetragene Anordnungen entgegenzunehmen. Dies allein scheint ihm der veränderten Welt zu entsprechen. Im Zeitalter der Demokratie nimmt der Mensch die völlige Autonomie für sich in Anspruch, das ist es, was er unter großen Dingen versteht, und wer wollte im Ernste bezweifeln, daß in dieser Zielsetzung ein Körnchen Berechtigung enthalten ist?

Jeremia erwiderte darauf nur: «Begehre es nicht» – schlagender läßt sich die Ideologie einer angeblich mündig gewordenen Welt nicht zurückweisen. Es hat wenig Sinn, die unreife Autonomieforderung mit heftigen Worten zu kritisieren und sie des Irrtums zu überführen. Ideologien frontal zu bekämpfen erzeugt bloße Streitigkeiten, die zu keinem Ergebnis führen. Jeder Angriff auf eine Weltanschauung stärkt auch immer die in Frage gestellte Weltanschauung und weckt deren Abwehrkräfte. Aktion ruft nach Reaktion. Die Auffassung vom mündig gewordenen Christen in einer mündig gewordenen Welt ist nichts anderes als ein ideologisches Schlagwort, das des Ernstes entbehrt, besonders in einer Zeit, in der den Menschen die elementarsten Grundbegriffe abhanden gekommen sind und sie nicht mehr zu unterscheiden wissen, «was rechts ist und was links»[2]. Doch waren allezeit die meisten Menschen dem jeweiligen Zeitgeist untertan, und man muß sie ihren ideologischen Schlagworten überlassen, die an der eigenen Inhaltslosigkeit, oft viel rascher, als man erwartet, dahinschwinden. Sie vergehen gewöhnlich eines Tages so unmerklich, wie sie künstlich aufgebauscht wurden. Jede aufsehenerregende Widerlegung würde ihnen eine Bedeutung verleihen, die ihnen nicht zukommt. Jeremias Worte «Begehre es nicht» genügt; mehr ist nicht nötig.

Statt den Illusionen der großen Dinge nachzujagen oder sie zu entlarven, ist es sinnvoller, an ein Wort zu erinnern, das freilich weitabliegt vom aufgeblähten Zeitbewußtsein und das die Menschen vergessen haben, wie sie gegenwärtig in Gefahr sind, ihr Bestes in den Wind zu schlagen. Die Nichtbeachtung des Wortes ist begreiflich, steht es doch dem selbstbewußten Lebensgefühl der Neuzeit allzustark entgegen. Nicht einmal als Losung zu einem Kirchentag könnte es ausgegeben werden, denn es würde schwerlich breite Massen anlocken. Das wenig beachtete Wort heißt: «Ich preise dich, Vater, Herr des Himmels und der Erde, daß du solches den Weisen und Klugen verborgen und es den Unmündigen geoffenbart hast.»[3] Nachdem Christus das schauerlich klingende «Wehe» über die unbußfertigen Städte ausgerufen hatte, sprach er dieses Wort. Mitten in diesen dunklen Androhungen brach Jesus in die paradoxe Lobpreisung aus, die allen kirchlichen und unkirchlichen Vorstellungen widerspricht. Die ungewöhnlichen Worte sind eine Doxologie; der lobpreisende Ton erklingt schon in den Eingangszeilen «Ich preise dich»; zugleich sprechen sie von einer radikalen Umwertung, die sich nicht einmal Nietzsche hätte träumen lassen. Sie rührt an die Wurzel aller Dinge und wirft die bürgerliche und die marxistische Auffassung über den Haufen. In der überraschenden Lobpreisung ist nicht vom mündigen Menschen die Rede – dies Wort kommt im ewigen Buch nicht vor, wohl aber ist in ihm die Rede von der Milch, die die Christen zu trinken bekommen, da sie noch keine feste Speise vertragen[4] –, vielmehr stellt sie den Klugen die Unmündigen schroff gegenüber, so konsequent, daß jeder Kompromiß im voraus ausgeschlossen ist. Man darf den Gegensatz nicht mit einer eleganten Exegese aufweichen, sondern muß ihn in seiner ganzen Härte stehenlassen, damit er den Menschen zum Nachdenken nötigt.

Das Wort richtet sich unmißverständlich gegen die Klugen. Selbstverständlich wußte auch Jesus, daß es eine Gnade des Denkens gibt. Mit einer bildungsfeindlichen Einstellung, wie sie zuweilen in orientalischen Klöstern anzutreffen ist, wird in der heutigen Zeit schon gar niemandem geholfen. Allzugerne verbindet sich mit einer polternden Ablehnung der Vernunft eine primitive und oft auch fanatische Haltung, die in der Christenheit nur Schaden angerichtet hat. Es ist peinlich, wenn Menschen gegen eine Auffassung ankämpfen, die sie weder richtig kennen noch verstehen. Trotzdem steht das Wort gegen die Klugen wie ein gewaltiger Felsblock da, an dem sich alle Wasser menschlicher Gescheitheit brechen. Es läßt sich mit keinem raffinierten Kunstgriff aus der Welt schaffen. Mit den Klugen sind die Intellektuellen gemeint, die sich unter Schriftgelehrten und Nichtschriftgelehrten finden. Sie haben sich in ihrem eigenen Verstand verfangen, indem sie die Vernunft zur obersten Instanz erheben, vor der sich alles zu rechtfertigen hat. Ach Gott, wie soll man das auch nur sagen, daß es die heutigen Menschen nicht mißverstehen? Die Klugheit ist eine merkwürdige, schwer zu durchschauende Eigenschaft; natürlich ist es angenehmer, mit einem klugen Menschen zu reden. Aber es gibt auch eine unangenehme Klugheit, denn der Verstand ist ein überaus listiger Geselle: er vertraut auf sich selbst, er ist sich selbst genug und entwickelt die perfide Fähigkeit, die Begriffe so lange zu drehen und zu wenden, bis zuletzt das Gegenteil von dem dasteht, was zuerst gemeint war. Es gibt nichts, aber auch gar nichts – sei es in der Geistesgeschichte oder in der Diplomatie –, für das die Klugen nicht gescheite Argumente vorbringen, mit denen sie bald dies und bald jenes begründen können. Was haben die Klugen mit ihrem wendigen Intellekt in der Welt nicht schon für Unfug angerichtet! Hat dies nicht bereits Sokrates in seiner Auseinandersetzung mit den Sophisten erfahren? Der Rationalismus wirkt in religiöser Hinsicht ausdörrend, weil er den Menschen anleitet, nach der Vernunft, statt nach der Wahrheit zu dürsten. Die Intellektuellen bilden sich so viel auf ihre Verstandeskraft ein, und dabei verstehen sie mit ihrem geschliffenen Scharfsinn oft die einfachsten Dingen des Alltags nicht. Nach Christi Wort ist es den Klugen verborgen; sie sehen gewisse Dinge nicht, und es lohnt sich, einmal darüber zu reflektieren, was dies denn ist, was sich ihrem intellektuellen Begreifen entzieht. Es muß doch etwas sein, nicht etwas Beliebiges, sondern etwas ganz Bedeutsames und Zentrales, denn sonst hätte Christus nicht die paradoxe Lobpreisung ausgesprochen.

Den Klugen stellt Christus die Unmündigen gegenüber. Keineswegs opponieren die Kleinen bewußt gegen die Klüglinge. Sie nehmen alles andere als eine Anti-Einstellung ein, weil dies stets eine wenig fruchtbare Haltung ist. Diese im Sein stehenden Menschen sind aber nach der Formulierung des Nikolaus von Kues vom «wissenden Nichtwissen» erfüllt. Der Unmündige ist das Gegenteil vom Gebildeten der Gesellschaft, er hat nichts mit der Erwachsenenschulung zu tun und läßt sich in seiner

Unmündigkeit nicht von der Vernunft bestimmen. Er ist der Einfalt zugetan, die man nicht als Simplizität mißverstehen darf. «Einfalt haben, was bedeutet es anderes als ohne Falte sein, unverbogen, nicht zerrissen, ganz gesund, in schönstem Einklang sein mit dem ganzen harmonischen Zusammenspiel der Natur?»[5] Die Christen sind die Unmündigen, die der Botschaft des Evangeliums nicht mit Skepsis begegnen, sie zergliedern sie nicht kritisch in ihre einzelnen Bestandteile, sondern bejahen sie mit ihrem Herzen und freuen sich darüber unendlich. Die Lobpreisung der Unmündigen hat ihre Parallele in Christi Worten von den «Schafen mitten unter den Wölfen»[6] und in seiner Aufforderung: «Es sei denn, daß ihr euch umkehret und werdet wie die Kinder, so werdet ihr nicht in das Reich eingehen.»[7] Die Kleinen sind in das Land der Kindheit zurückgekehrt, was nicht mit dem Stehenbleiben auf einer infantilen Stufe zu verwechseln ist. Es geht nicht um eine überwertende Kindheitsromantik, doch ist es angebracht, Unamunos Ausspruch anzuführen: «Wehe dem, der seine Kindheit nicht wie ein Kleinod im innersten Herzen trägt und hebt.»[8] Es ist das Kind in uns, das glaubt und das uns rechtfertigt. Die Unmündigen haben das ewige Kind in das Erwachsenendasein hinübergerettet. Sie haben es in sich bewahrt und bleiben deshalb fähig, die uralte Sprache der Kindheit zu sprechen. Man muß glauben, wie die Kinder glauben – sie sind die einzig wahren Metaphysiker –, nur dann wird der Glaube nicht vom Unglauben unterwühlt. Darüber ist bei einem ganz unverdächtigen Manne, dem modernen Romancier Julien Green, das Nötige nachzulesen: «Gott spricht mit äußerster Sanftmut zu den Kindern, er sagt ihnen ohne Worte, was er ihnen zu sagen hat. Die Schöpfung liefert ihm das Vokabular, das er braucht, in Gestalt der Blätter, der Wolken, des Wassers, das vorüberfließt, eines Lichtflecks irgendwo. Es ist dies eine Geheimsprache, die man nicht aus Büchern erlernt, die aber von Kindern trefflich verstanden wird... Ich meinerseits habe gewußt, was Kinder wissen, und keine Logik der Welt hat dieses Unsägliche mir je völlig nehmen können. Worte vermögen es nicht zu beschreiben. Es verbirgt sich unter der Schwelle der Sprache und bleibt auf dieser Erde stumm.»[9] Dies ist im Namen der Kindheit gesprochen; jede Erläuterung würde den Ausführungen Greens nur Abbruch tun.

Die Unmündigen haben sich weder eine Position erarbeitet noch erobert. Das Göttliche wurde ihnen mitgeteilt, nach den Worten Christi sogar geoffenbart. Weder eine Lehre noch eine Ideologie wurde ihnen geschenkt, es kam das Geheimnis der Person Jesu Christi plötzlich mit unbeschreiblicher Gewalt über sie. Sie erkannten die Wirklichkeit Christi in einer derart unsagbaren Weise, daß sie ihr ganzes Leben damit nicht zu Ende kamen. Ihnen wurde es geoffenbart, weil sie nicht Schutz und Trost bei der menschlichen Klugheit suchten. Um der unvergleichlichen Bekundung Christi willen blieben sie von jeder Sensation unberührt; keine Polemik focht sie an, keine Kritik, keine Problematik, keine Ironie, und selbst das unchristliche Richten darüber, wer gläubig und wer bibelfern sei, fiel von ihnen ab.

Zu allen Zeiten gab es diese von Gott gesegneten Unmündigen, die nie adäquat geschildert werden können. Sie fehlen auch in der Gegenwart nicht. Freilich haben sie nichts Auffallendes an sich und lenken durch keinen Geltungsdrang die Aufmerksamkeit auf sich. Es gibt keine spannenden Romane von ihnen zu berichten, zumal sie kaum oder nur selten erregende Geschehnisse erleben, sind sie doch in einer zeitlosen Innengeschichte zu Hause. Die stillen Kleinen bleiben von der dämonischen Macht des Zeitgeistes unberührt, und weil sie hierin nicht mittun, wo doch alle mitgehen, werden sie als Sonderlinge und Eigenbrötler verlästert. Mit solchen und ähnlichen Urteilen fallen die Menschen nach dem Psalmsänger über die «Stillen im Lande» her[10]. Doch hat dies nicht viel zu bedeuten, da die anklagende Unfreundlichkeit die Unmündigen nicht hindert, ihren Weg getrost fortzusetzen. Mit visionärer Klarheit haben sie begriffen, daß man still werden muß, um das beredte Schweigen Gottes inmitten des Weltgetöses zu vernehmen, und daß nur jener, der auf die menschliche Logik verzichtet, fähig wird, von der Sprache Gottes einige wenige Worte zu buchstabieren. Die Unmündigen gehen nach inneren Weisungen vorwärts und leiden an keiner verquälten Zerrissenheit. Dank ihren lebendigen Gotteserfahrungen bedürfen sie keiner philosophischen Beweise, denn ihr Glaube trägt die Begründung in sich, und sie haben erfaßt, daß Gott im Kleinen wohnt, der Weg zum Allmächtigen über das Kleine geht und im Kleinsten oft das Größte verborgen ist. Immer wieder führt das Thema der Unmündigen zu der geistigen Kindheit zurück, von der Hermann Kutter in seinem «Bilderbuch Gottes für Groß und Klein» spricht: «Die wissen, daß das alles ein großer Lärm ist, Weltgeschichte genannt, auf den es gar nicht ankommt. Auf eins allein kommt's in den Augen Gottes an: daß wir das Kindlein in uns wiederfinden», und hinzufügt: «Die Kinderstube ist die Hochschule der Weisheit Gottes.»[11]

Wo sind die Unmündigen im Lande anzutreffen? Das ist nicht mit einem Satz auszumachen, da sie so still sind, daß man sie vor lauter Stille beinahe nicht bemerkt. Man muß sie schon suchen in unserer gehetzten Welt und in der Eiswüste unserer Zeit; doppelt suchen, denn sie lieben die Zurückgezogenheit, die Verborgenheit und die Innerlichkeit. Es sind unscheinbare Gestalten, es geschieht nicht viel bei ihnen. Sogar sehr wenig. Fast gar nichts. Sie leben, von außen gesehen, ein ganz gewöhnliches Dasein, alles ist schlicht und still bei ihnen. Sie wissen von keiner Odyssee, von keinen Irrungen und Wirrungen, für die sich die Menschen vorab interessieren. Es sind, um es kühn zu sagen, kleine Laienheilige, die nicht einmal im Traum an eine Kanonisation je gedacht haben und der sie auch nur in ganz seltenen Ausnahmefällen gewürdigt worden sind. Dafür haben sie die ganz einfachen und doch so unendlich wichtigen Dinge des Lebens in ihrer wahren Bedeutung wieder gesehen, Dinge, die den Klugen schon lange aus den Augen entschwunden sind, weswegen die Unordnung in der Welt so stark überhandgenommen hat. Da die Unmündigen die unsichtbare Wirklichkeit mit ihren zeitlos gültigen Zeichen wieder wahrgenommen haben, beginnen sie genau an der Stelle, wo andere Menschen

aufzuhören pflegen, indem sie das neue Dasein leben und nicht schon nach dem Anfang stillestehen. Nie wird es ihrer viele geben, nie waren sie in der Mehrheit, aber auch nie wird es eine Zeit geben, in der sie ganz fehlen. Anspruchslos sind sie und haben sich zur seelischen Ausgeglichenheit, zur stillen Majestät der Lebensauffassung und zur Heiterkeit des Friedens hindurchgefunden. Man ist froh, daß sie da sind, auch wenn sie nicht viel sagen oder von sich gar nicht reden machen. Die Kleinen retten das Christentum durch die moderne Verwirrung hindurch, in die es die Klugen mit ihrem intellektuellen Gerede gebracht haben. Diese in der Nähe Gottes lebenden Menschen führen alles wieder auf die einfachsten Linien zurück und kommen sich dabei gar nicht als die «glücklich Besitzenden» vor.
Eine stille Innerlichkeit erfüllt diese Unmündigen, und trotzdem verfügen sie über eine eigenartige Stimme. Diese Stimme gehört zum göttlichen Dasein, denn schon im Alten Bunde ertönte die «Stimme eines Predigers in der Wüste»[12], die im Neuen Bund nachklingt[13]. Die Bibel ist wesentlich die Stimme Gottes und spricht in das menschliche Leben hinein. Es gilt, auf die beinahe wortlose Stimme der Unmündigen zu achten. Sie ist das Gegenteil von dem, was man «große Trompete» nennt, die ihre Anliegen mit Posaunenstärke in die Welt hinausschmettert. Ihre demütige Zurückhaltung hat den Vorteil, jedem Menschen verständlich zu sein, der eine hungernde und dürstende Seele hat. Die Stimme der Unmündigen klingt nur leise, oft kaum vernehmbar, und doch ist sie imstande, dem innerlich zerrissenen Menschen das helfende Wort zu sagen. Sie ist weit entfernt von aller Satire über das verworrene Zeitgeschehen, die mit ihrem Hohn doch gar nichts Ernsthaftes ausrichtet. Wenn die Unmündigen eine Äußerung tun, so sagen sie zur gegebenen Stunde das Wort, das unbedingt gesagt werden muß und das auch durchschlägt. Georges Bernanos hat dies in seinem «Landpfarrer» hinreißend dargestellt: «Die Hölle, gnädige Frau, ist das Nichtmehrlieben.» Er hat damit die Situation bis auf den Grund hinab durchleuchtet[14]. Manchmal wird die Stimme der Unmündigen vom Lärm des Tages übertönt, zu-

mal sie nur für feine Ohren bestimmt ist. Sie kann vom Getümmel der Welt verdrängt, nicht aber außer Kraft gesetzt werden. Ihre beinahe flüsternd vorgebrachten Worte bleiben im Gedächtnis haften und werden allerdings von jenen nicht verstanden, die noch nicht im Buch der eigenen religiösen Erfahrungen zu lesen gelernt haben. Die Stimme der Kleinen besteht nicht so sehr in Worten als im Sein dieser Menschen; sie machen mit ihrer Existenz das Evangelium wieder anschaubar, denn «alle Wahrheit in dieser Welt muß einen Leib haben»[15], so daß sie nicht in bloßen Abstraktionen und Prinzipien verdampft.

Es ist nicht leicht, über die Unmündigen adäquat zu schreiben. Sie dürfen nicht durch eine falsche Aktualisierung den Menschen mundgerecht gemacht werden, wie es auch falsch wäre, sie als eine bloß museale Angelegenheit zu betrachten. Auch eine phänomenologische Darstellung genügt nicht, weil sie in ihrer distanzierten Objektivität viel zu trocken und saftlos ist. Alle Akribie reicht nicht aus, und der Stil der Gelehrsamkeit wäre ohnehin fehl am Platze. An sich ist Gelehrsamkeit erfreulich, aber sie versagt bei den Unmündigen, weil ihre Methode nicht persönlich mit den Gestalten in Verbindung treten will, sondern sich gewöhnlich möglichst weit von ihnen entfernt ansiedelt, um nicht selbst von ihrer Wahrheit getroffen zu werden. Die wissenschaftliche Methode mit ihrer kritischen Analyse ohne Synthese verfügt nicht über den Schlüssel, der zum Schloß der Kleinen paßt. Ein anderer Weg muß begangen werden: es gehört die Freude und die Geöffnetheit gegenüber dem echt christlichen Leben dazu. Es sollte eigentlich ein Lied sein, gleich dem Gesang der drei Männer im Feuerofen, eine Melodie, die uns nicht mehr aus den Ohren geht. Eine leidenschaftliche Liebe ist notwendig, die sich in das Leben der Unmündigen hineinversetzt, es intuitiv von innen versteht und selbstverständlich auch dem Übernatürlichen den gebührenden Platz einräumt. Nur die reale Begegnung hört die Stimme der Unmündigen wirklich, ahnt ihre berückende Seligkeit, ihre ungebrochene Kraft des Staunens und der Ehrfurcht. Diese Berührung allein vermag die Menschen aus ihrem Schlummer zu reißen, sie auch aus ihrem psychologischen und soziologischen Schlummer aufzuschrecken, in dem sie sich heute gleicherweise wiegen wie früher im dogmatischen. Die Unmündigen haben zur gegenwärtigen Stunde tatsächlich den Christen ein vordringliches Wort zu sagen, ein Wort, das den Menschen wieder das Unschaubare vor Augen rückt, ohne das niemand leben kann. Doch wäre es nicht richtig, wollte man allzu hohe Töne von ihnen anstimmen; dies würde ohnehin ihrem demütigen Wesen widersprechen. Gestattet sei höchstens der Zuspruch: Wollen Sie sich nicht einmal diese Unmündigen etwas näher anschauen? Sie kennen sie ja gar nicht und werden wahrscheinlich überrascht sein, was diese verborgenen Christen alles erfahren, gewußt und erlebt haben. Es könnte sich auch als lebendiger Impuls für die eigene Lebensreise auswirken.

Man hat schon geltend gemacht, daß die Unmündigen durch die moderne Entwicklung überholt und dem Menschen nicht mehr zugänglich seien. Was wurde nicht alles schon als überholt bezeichnet, ohne zu merken, daß die Parole «überholt» schon längstens überholt ist. Der moderne Mensch ist zudem gar keine einheitliche Erscheinung, er ist von Person zu Person verschieden und ist mit seiner an den Zeitgeist ausgelieferten Einstellung doch eine recht arme Kreatur. Sofern er nur seinen «euklidischen Verstand» gelten läßt, ist er eher ein bedauernswertes Wesen, das mit seinen rein diesseitigen Interessen eine allzu einseitige Persönlichkeit geworden ist, die den Blick für andere Dimensionen eingebüßt hat und deswegen an einem seelischen Abdorrungsprozeß leidet. Der heutige entwurzelte Mensch krankt, trotz aller gegenteiligen Beteuerungen, an einer geistigen Verarmung; in nächtlichen Stunden, da ihm sein Unglück würgend zum Bewußtsein kommt, sehnt er sich heimlicherweise nach dem Erlebnis einer tieferen Wirklichkeit, nicht unähnlich dem des großen Augustinus. Der stürmische Wahrheitssucher vernahm am Ende seiner Odyssee eine Schilderung des Antonius, den die Intellektuellen von Alexandrien auch als einen Unmündigen geringgeschätzt haben. Augustin hörte sich die Erzählung des ersten Eremiten voll innerer Erregung an und brach dann in den gequälten Ausruf aus: «Gilt das uns? Was ist das? Hast du es gehört? Die Ungelehrten stehen auf und reißen an sich den Himmel, und wir mit unserer Weisheit ohne Herz, sieh, wie sind wir tief in Blut und Fleisch verstrickt!»[16]

ERSTER TEIL

BRUDER ÄGIDIUS

Von der im Poverello verborgenen Süßigkeit

«Niemand soll den Namen Franziskus aussprechen, ohne große Süßigkeit zu empfinden», sagte Bruder Ägidius, der zu den ersten Begleitern des Poverello gehörte[1]. Diese Aussage enthält die Richtlinie für jede tiefere Erfassung des Heiligen. Nicht gelehrt, nicht kritisch, nicht akademisch darf geschrieben werden, wie es für die Darstellung eines juristischen oder medizinischen Problems am Platze ist, da diese Methoden ihn im voraus verfehlen und das Geheimnis des Franziskus nicht erspüren. Wer trotzdem im wissenschaftlichen Ton über Franziskus redet, der spricht, näher besehen, von irgend etwas anderem, nur nicht vom Poverello. Man spricht nur dann richtig von ihm, wenn man dabei eine große Süßigkeit empfindet, was keineswegs süßlich, fade oder frömmelnd ist. Die franziskanische Süßigkeit setzt das Erlebnis mit den Aussätzigen voraus: «Während ich fortging von ihnen, wurde mir gerade das, was mir bitter schien, in Süßigkeit der Seele und des Leibes verwandelt.»[2] Große Süßigkeit empfinden heißt nach Ägidius jenen Strom von Freude spüren, der vom Herzen durch die Adern bis zu den Fingerspitzen und von dort wiederum zurück bis zur innersten Herzkammer fließt. Franziskus kann weder mit dem gesunden Menschenverstand noch mit irgendeiner Theologie erfaßt werden, weil seine Süßigkeit jenseits aller Intellektualität steht.

Aus Cimabues Bildnis schaut Franziskus dem Betrachter menschlich, innig und warm entgegen; sein Antlitz strahlt eine Güte und Liebe aus, das grenzenloses Vertrauen einflößt. Der Maler aus der Schule Giottos vermochte dank seiner Kunst ein zauberhaftes Bildnis zu schaffen, während wir die Andersartigkeit der Gestalt nur andeuten können, die das Hohelied des Unmündigen gesungen hat. Franziskus ist ungewöhnlich, denn ihm hat Gott gesagt, daß er «ein Tor sein soll in dieser Welt»[3]. Nach Franziskus «weiß der Mensch nur, was er verwirklicht hat»[4]. Das wenig beachtete Wort umreißt den Unterschied zwischen dem Schulwissen und dem religiösen Wissen, dieses bleibt eine rein gehirnliche Angelegenheit, und jenes wird im Leben des Menschen wirksam. Das Wissen ist nicht ohne weiteres mit dem tiefern Verstehen identisch. Man kann über ein enormes Wissen verfügen und in Wirklichkeit doch nichts begriffen haben. In jedem Lexikon ist ein Riesenwissen aufgestapelt, das meistens unfruchtbar bleibt. Das religiöse Wissen dagegen drängt zur Verwirklichung dessen, was man weiß. Wer es nicht zu realisieren versucht, dem entschwindet es unmerklich wieder. Auch Franziskus begreift man nur, wenn man versucht, im Gleichschritt ein wenig neben ihm herzugehen, auch wenn man bald weit hinter ihm zurückbleibt. Das wahre Wissen besteht in der Verbindung von Einsicht und Existenz; die Realisierung der Wahrheit bringt den Menschen allein in die Nähe des Franziskus.

«So überaus hoch und kostbar ist die Liebe Gottes, daß man sie nur selten und in großer Not und in tiefer Ehrfurcht nennen sollte», führte Franziskus aus[5]. Die Mahnung zur Zurückhaltung ist auch auf Franziskus anzuwenden. Der Mensch redet gerne, er ist in beständiger Gefahr, alles zu zerreden, weil er sich zuwenig bewußt ist, welch verräterische Angelegenheit es doch um die menschliche Rede ist. Vom Hohen und Kostbaren darf nur in Ausnahmestunden gesprochen werden. Auch wer Franziskus liebt, bewahrt sein Bild am besten in seinem Herzen und gibt es nicht durch leichtfertige Worte preis. Allein die Verhaltenheit entspricht der innigen Beziehung zu Franziskus, der einst im Hinblick auf die Märtyrer bemerkte: «Heute gibt es viele, die allein durch die Erzählung dessen, was jene vollbracht haben, zu Ehre und Menschenlob gelangen wollen. So gibt es auch unter uns viele, die nur durch Verlesung und Verkündigung der Werke, welche die Heiligen vollbrachten, Ehre und

Lob empfangen wollen.»[6] Franziskus erwähnt eine allzeit akute Gefahr. Der Heilige ist die höchste menschliche Erscheinung, aber der Hagiograph lebt nur von den Brosamen, die von dessen Tische fallen, und darf sich darauf nicht das geringste einbilden.

Von außen gesehen war Franziskus keine imponierende Persönlichkeit. Er sah eher unscheinbar aus. Sein Geheimnis aber deutete Bruder Leo dahin: «Dieses war stets seine Größe, daß er auf alles Außerordentliche und auf alle Prahlerei verzichtete und daß die Macht Christi in ihm wohnte.»[7] Keine Effekthascherei und keine Extravaganz, keine Verblüffung und keine Herausforderung waren beim Poverello wahrzunehmen; solcher Absonderlichkeiten bedient sich nur der leere Mensch. Die in Franziskus vorhandene Macht Christi war von einer elementaren Kraft. In aller Demut, die unendlich viel mehr bedeutet als Bescheidenheit, ging die denkbar stärkste Ausstrahlung von ihm aus. Sie war durch den Umstand bedingt, daß er «von Gott selbst belehrt» worden ist, welchen Weg er im Leben gehen soll. «Niemand hat mich gelehrt, was ich tun müsse, aber er selbst, der allerhöchste Gott, hat mir geoffenbart, daß ich leben müsse nach der Form des heiligen Evangeliums», bezeugte Franziskus noch in seinem «Testament»[8]. Der schwerwiegende Ausspruch schiebt lautlos alle Mittelsmänner und Zwischenträger, alle Kleriker und Gelehrten auf die Seite. Lapidarer kann man die unmittelbare Beziehung zu Gott nicht mehr unterstreichen. Die Stimme Gottes drang direkt in das Herz des Franziskus ein. Die unmittelbare Belehrung durch Gott selbst kam gar vielen Leuten phantastisch vor; sie liegt auch völlig außerhalb des Fassungsvermögens des Durchschnittschristen. Diesem neuen Verhältnis zu Gott ist es zuzuschreiben, daß, nach dem Urteil eines Zeitgenossen, die Worte des Franziskus nicht wiedergegeben werden können, da immer wieder andere Worte aus seinem Munde kamen als jene, die er aufgeschrieben hatte. In diesem seltsamen Geständnis wird doch das Mysterium des Franziskus angedeutet, das mit den üblichen Begriffen gar nicht eingefangen werden kann.

Franziskus ist nur von dem einen Wort her zu verstehen: «Folge mir nach.»[9] Bis zur äußersten Konsequenz unterstellte sich Franziskus dem zum Zöllner Matthäus gesprochenen Befehl Christi. Franziskus verkörperte das Nachfolge-Christentum ohne jede Einschränkung; er gebrauchte den Begriff nicht rhetorisch, er nahm die Aufforderung ernst, und zwar so ernst, wie wahrscheinlich vor und nach ihm kein Christ sie ernstgenommen hat. Das Wort Christi besaß für ihn diskussionslose Autorität, er nahm das Wort in sich auf, führte den Befehl unerbittlich aus und kannte keine Halbheit. Keine Schwierigkeit schreckte ihn davor zurück, er wollte «nackt mit den Nackten ringen»[10], und was schließt diese bestürzende Formulierung von Celano alles in sich! Franziskus' Leben war eine einzigartige Verwirklichung der Nachfolge Christi, und darum nahm bei ihm alles ein außerordentliches Format an, indem sich ganz neue, unbekannte Dimensionen auftaten.

Im Nachfolge-Christentum des Franziskus nahm die Armut einen breiten Raum ein. Bei dem kleinen, durch Umbrien wandernden Mann war die Armut keine abstrakte, von ihm ausgedachte Idee. Er hatte sich mit ihr buchstäblich vermählt, er umfing sie als seine holde Braut, und damit erhöhte er die Armut wie nie zuvor. Frau Armut war für ihn eine leibhaftige Person – die Unmündigen denken immer in konkreten Gestalten und nie in dürren Prinzipien –, es bestand zwischen ihr und ihm eine Verbindung von feinster Sinnlichkeit. Man kann das Übergeschichtliche von Franziskus' Armutsverbindung nicht totschweigen, ohne die Gestalt zu verfälschen.

Vieles wurde schon gesagt über sein Verhältnis zur Armut, aber statt unangebrachte Entschuldigungsgründe für die angebliche Übertreibung des Poverello vorzuschützen, ist es geboten, nach einer Interpretation für die Gegenwart Umschau zu halten.

Am besten ist es, sich die temperamentvollen Worte Bernanos' anzuhören, der es einmal wagte, Franziskus eine eigene Predigt in den Mund zu legen: «Es sieht bös aus, liebe Kinder, es sieht sehr bös aus, und es wird bald noch schlimmer um euch bestellt sein. Ich wünschte, ich könnte euch über euren Gesundheitszustand beruhigen. Aber wenn Kräutertees für euch genügen würden, dann wäre ich ruhig zu Hause geblieben, denn ich liebte meine Freunde zärtlich, ich pflegte ihnen provenzalische Lieder zur Laute zu singen. Das Heil ist für euch erreichbar. Versucht nicht, auf Umwegen hinzugelangen, es gibt nur einen Weg: die Armut. Ich werde euch auf diesem Weg nicht folgen, meine Kinder, ich werde euch vorangehn: ich werfe mich voran, habt keine Angst! Wenn ich für mich allein leiden könnte, glaubt mir, dann hätte ich euch nicht aus euern Vergnügen aufgestört! Ach, der liebe Gott hat es mir nicht erlaubt. Ihr habt die Armut gekränkt! Was soll ich euch viel erzählen: zum Äußersten habt ihr sie getrieben! Weil sie geduldig ist, habt ihr nach und nach, hinterlistig, all eure Lasten auf ihre Schultern geladen. Da liegt sie nun, das Gesicht auf der Erde, immer noch ohne ein Wort der Klage, ihre Tränen in den Staub verströmend. Ihr sagt: Jetzt stört uns nichts mehr, jetzt können wir tanzen. Aber ihr werdet nicht tanzen, liebe Kinder, ihr werdet sterben. Wenn euch die Armut verflucht, seid ihr tot. Zieht nicht den Fluch der Armut auf diese Welt! Voran!»[11] Die zeitgemäße Franziskus-Predigt ist mehr als nur pfiffig gesprochen, sie ist eine wirkliche Erläuterung zur Armutsvermählung, und die kräftigen Sätze des französischen Dichters verunmöglichen alle erbaulichen Betrachtungen über Franziskus.

Zuweilen war Franziskus auch erschreckend hart. Die sanfte Milde schien in diesen Momenten weggewischt und nicht mehr spürbar zu sein. Von der in ihm wohnenden Macht Christi ließ er sich nichts nehmen. Trotzdem lebte in Franziskus eine Freude ohnegleichen, eine gesteigerte, jubilierende Freude, die die Kehrseite seiner strengen Askese war. Der Poverello war die Freude in Person, er besaß den göttlichen Humor, es sang und klang in ihm, er lachte und scherzte und wußte, daß die Freude immer wieder triumphiert. Wenn ein Mensch auf dieser hartkrustigen Erde wirklich verstanden hat, welche umwandelnde Kraft Christi Frohe Botschaft in sich schließt, dann war es Franziskus. «Die überaus süße Melodie seines Geistes schäumte häufig über und ergoß sich nach außen in einen Gesang in französischer Sprache.»[12] Der Poverello empfand die Schwermut als eine Versuchung und nicht als das Zeichen einer ernsten Gesinnung. Die innere und äußere Heiterkeit des Geistes war das Überquellende seines Wesens. Nicht durch müßige Worte täuschte er eine alberne Lustigkeit vor, die nur einen schalen Geschmack auf der Zunge hinterläßt, wohl aber rief er den deprimierten Menschen zu: «Was sind die Knechte Gottes anderes als seine Spielleute, die an die Herzen der Menschen rühren und sie mit der Heiterkeit des Geistes erfüllen.»[13] Der Auftrag der Christen in der bedrohten Welt kann nicht blühender entfaltet werden, als es in den erstaunlichen Worten über die vollkommene Freude geschehen ist.

Reine Freude bedeutete Franziskus auch seine Beziehung zur heiligen Klara, über die die Leute sich in witzelnden Anspielungen ergingen. In Wirklichkeit gibt es keine entsprechenden Worte für die Beschreibung dieser geistigen Freundschaft. Franziskus wußte keinen andern Rat, dem bösen Geschwätz ein Ende zu bereiten, als sich für einige Zeit von Klara zu trennen, so lange, bis der Sommer wiederkommt und die Rosen blühen. Auf dem Weg nach Siena dachte Franziskus «an das süße Assisi, wo er seine geistlichen Söhne und Klara, die Tochter seines Herzens, zurückgelassen hatte». Es wurde ihm dabei überaus schwer zumute. «Er schleppte sich zu einem Brunnen, an dem das frische Wasser sprudelte und im Trog eine klare Fläche bildete, auf die der Strahl vom Brunnenrohr niederfiel. Lange stand der Mann Gottes über den Brunnen geneigt. Dann hob er auf einmal den Kopf und sagte freudig zu Bruder Leo: ‹Was glaubst du, habe ich im Brunnen gesehen?› ‹Den Mond, Vater, der sich darin spiegelt›, erwiderte der Bruder. ‹Nein, Bruder Leo, nicht unseren Bruder Mond habe ich im Brunnenwasser gesehen, sondern durch die anbetungswürdige Gnade des Herrn sah ich darin das wirkliche Antlitz unserer Schwester Klara, und es war so rein und strahlend von heiliger Freude, daß mir alle meine Zweifel auf einmal verflogen sind, auch ich habe die Gewißheit erhalten, daß unsere Schwester in dieser Stunde jene tiefe Freude genießt, die Gott seinen Lieblingen gewährt, indem er sie mit den Schätzen der Armut überhäuft.»[14] Dies ist so sublim ausgedrückt, daß es nicht feiner gesagt werden könnte. Eine heilige Freundschaft verband Franziskus mit Klara, eine zarte Zuneigung, wie sie von keinem erotischen Liebesverhältnis erreicht wird. Gleich den geliebten Lerchen schwebte sie in einer für uns unerreichbaren Höhe.

Franziskus war auch von einer Freude zur Natur erfüllt, die bei ihm weder mit dem modernen Religionsersatz noch mit der verhängnisvollen Natureroberung des Menschen verwechselt werden darf. Er dachte an die Szene, da Gott die Tiere des Feldes zum Menschen führte, damit er sähe, wie er sie nenne. Franziskus predigte den Tieren, als wären es vernünftige Wesen, er sprach zu ihnen voll Zärtlichkeit und gab ihnen den Brudernamen. Er liebte die Lämmer ganz besonders und sah in ihnen ein Sinnbild des Lammes Gottes, das der Welt Sünde trug. Mit einer seltenen Innigkeit schloß Franziskus die ganze Schöpfung in seine Arme. Mit ihm war eine neue Brüderlichkeit aufgebrochen. Nur die Ameisen hatte Franziskus nicht gerne – Ägidius überlieferte dies –, sie arbeiteten ihm zuviel und nahmen sozusagen die moderne Hetze vorweg. Er empfand ihre unablässige Tätigkeit als reine Habsucht. Grundsätzlich nahm bei Franziskus das Tier am heiligen Mysterium teil, denn auch die stumme Kreatur ist durch das Opfer auf Golgatha losgekauft. Das Herz des Heiligen war weich vor Mitleid mit dem kreatürlichen Sein, er erriet die Geheimnisse der Schöpfung, und die Heiligung aller Geschöpfe lag ihm am Herzen. Aber er überflog nicht in wirklichkeitsfremdem Idealismus das Dasein, realistisch wie er war, formulierte er konkrete Vorschläge: «Wenn ich mit dem Kaiser sprechen könnte, würde ich ihn bitten, aus Liebe zu Gott ein besonderes Gesetz aufzustellen, wonach niemand unsere Schwestern, die Lerchen, fangen, töten oder sie sonst belästigen dürfte. Ferner daß alle Bürgermeister und Burgherren verpflichtet sein sollten, alljährlich am Weihnachtstage die Menschen zu zwingen, Weizenkörner und anderes Getreide auf die Wege außerhalb der Städte und Burgen zu

streuen, damit unsere Schwestern, die Lerchen und die anderen Vögel an einem so großen Feiertage keine Not leiden.»[15]
Nach Franziskus hat der Herr ihm geoffenbart, daß er zum Gruße sprechen solle: «Der Herr gebe dir den Frieden.»[16] Der evangelische Frieden ist ein Geschenk des Himmels und nicht eine Machenschaft der Menschen; darum können ihn weder Politiker noch Pazifisten herbeiführen. Das ist ein Ding der Unmöglichkeit, weil der Friede göttlichen, nicht menschlichen Ursprungs ist. Franziskus aber vermochte durch seine Anwesenheit streitende Städte zu versöhnen, er lebte den Frieden, und seine Person verkörperte den Frieden. Er zog völlig wehrlos, und nicht wie die übrigen Kreuzfahrer mit dem Schwert, ins Heilige Land. An ihm erfüllte sich die Seligpreisung von den Friedensstiftern, die Söhne Gottes genannt werden. Von ihm ging eine Atmosphäre des Friedens aus, denn alles, was er sagte und tat, atmete Frieden. Wer sich mit Franziskus wirklich einläßt, auf den geht der franziskanische Frieden über. Wenn Franziskus Frieden sagte, war es eben wirklich Friede, und aller Streit war ausgelöscht. Bei ihm war der Friede kein Postulat; er war gegenwärtig, nahm greifbare, leibhaftige Gestalt an, und weil Franziskus selbst ein innerlich befriedigter Mensch war, strömte er den Frieden aus. Diese mystische Angelegenheit ist rational nicht erklärbar, weil sich alles auf einer ganz anderen Ebene abspielt.
Viel wäre noch von Franziskus zu erzählen, und doch käme man an kein Ende. Auf dem Monte Alverno empfing er die Wundmale des Herrn als Trost für die Traurigkeit, die ihm der hochfahrende Elias von Cortona mit seiner andersartigen Ordensentwicklung bereitete. Über die unfaßlichen Stigmata sprach Franziskus nur «vorsichtig wie in Rätseln» und meinte, «selig, der die Geheimnisse seines Herrn und Gottes bei sich zu bewahren weiß». Die Wundmale sind das Wunder der äußeren Angleichung an den Herrn und vertragen nicht die geringste Erklärung. Nach dem versengenden Seraph-Erlebnis empfahl Franziskus den Berg der besonderen Obhut der Brüder und sprach die von religiöser Wehmut erfüllten Abschiedsworte:

«Lebe wohl, lebe wohl, lebe wohl, Bruder Massäus! Bleibt im Frieden, meine liebsten Söhne, lebet wohl! Ich gehe von euch mit meinem Leibe, aber mein Herz lasse ich hier. Ich ziehe jetzt fort mit dem Bruder Schäflein Gottes, und hieher kehre ich nicht mehr zurück. Ich gehe fort, lebet wohl, lebet wohl ihr alle.»[17] Begreiflich, daß die Brüder während der Abschiedsworte Ströme von Tränen vergossen, und doch liegt über dem Scheiden eine wundersame Verklärung: «Ich gehe von euch mit meinem Leibe, aber mein Herz lasse ich hier.» Von Franziskus' Seele ist etwas zurückgeblieben, seine Gegenwart ist auch in der Jetztzeit spürbar für alle, die in innerer Verbindung mit ihm stehen. Deswegen soll niemand den Namen Franziskus aussprechen, ohne große Süßigkeit zu empfinden, oder, wie Ägidius sagte, «ohne daß man mit der Zunge über die Lippen führe».

Franziskus' Spiritualität klingt hell und rein in seinem Sonnengesang, dessen innere Musikalität von einem strahlenden Ja zeugt, in welchem nicht das geringste Nein enthalten ist. Der Heilige hat ihn oft gesungen, wenn er auch spürte, daß der Gesang nur ein klägliches Gestammel war im Vergleich zur Macht Christi, die ihn ihm lebte. Im Sonnengesang gerann die Poesie zum Gebet, in ihm sind Form und Inhalt eins geworden. Es ist eine einzige Lobpreisung Gottes, ganz unverwechselbar mit dem pantheistischen Lebensgefühl. Der Poverello ist der Aufforderung des Psalmisten, den Herrn zu loben, nachgekommen. Er hat ihn aus ganzer Seele gelobt, ließ ihm den Preis, den Ruhm, die Ehre und jegliche Segnung zukommen. Franziskus bezog alles Kreatürliche in die Gottesliebe ein, die Sonne nicht ausgenommen. In ihm ist etwas Sonnenhaftes, strahlte er doch selbst Licht und Wärme aus. Es steckt ungemein viel Hymnisches im Sonnengesang, er ist mit Worten nicht auszuloten, und lächerlich wäre es, ihn literarisch zu interpretieren. Er ist mehr als alle Theologie zusammen, er ist Glaube, Mystik und Gottverbundenheit.

Ich will zu euch gehören aus Liebe zu Gott

Vom jungen Ägidius, dessen Geburt und Herkunft im Dunkeln liegt, ist nur die eine Tatsache bekannt, daß er eines Tages ein seltsames Gerücht hörte. An sich sind Gerüchte unerfreulich und richten oft unter den Menschen nur Verwirrung an. Trotzdem kann auch eine Fama einen Menschen aus seiner Dumpfheit aufschrecken und ihn veranlassen, einen völlig neuen Weg zu beschreiten. Man erzählte damals viel von dem ungewohnten Tun des Tuchhändlersohnes, von seinem Aufbruch, der alle bürgerlichen Vorstellungen sprengte. Das Gerede über Franziskus ging wie ein Lauffeuer durch die Gegend, und mehr als eine merkwürdige Geschichte wurde von ihm berichtet. Nur eine indirekte Nachricht gelangte zu Ägidius: die Verwandten erzählten ihm vom reichen Bernhard von Quintavalla, der sein gesamtes Besitztum verkauft, den Erlös den Armen verschenkt und sich Franziskus angeschlossen habe. Ägidius fühlte sich durch die Mitteilung wie vom Blitz getroffen. Einem Donnerschlag gleich wirkte sie auf ihn, und «er faßte auf der Stelle den Gedanken», mit Franziskus ebenfalls über seine Aufnahme zu sprechen. Der plötzliche Entschluß kam mit urtümlicher Gewalt über ihn, er sah gar keine Möglichkeit, ihm auszuweichen. Der Gedanke war spontan gekommen und bohrte sich in sein Gewissen ein. Die Ausführung dagegen hatte mit der impulsiven Reaktion nichts mehr zu tun. Ägidius überdachte am andern Tag nochmals seinen Entschluß, indem er die Konsequenzen überprüfte. Das gründliche Überdenken ist durchaus notwendig, denn sonst handelt der Mensch voreilig oder aus einer momentanen Gefühlswallung heraus, die gar nicht die Kraft in sich schließt, es auch hinauszuführen. Die Nachricht aber ließ ihn nicht mehr los, das Gerücht hatte Gewalt über ihn gewonnen und sein ganzes Leben umgewandelt, es hatte ihn aus seiner Gleichgültigkeit aufgeschreckt, und nun wollte er ein anderer Mensch werden.

Kurze Zeit hernach trat Franziskus aus dem nahe gelegenen Wald heraus, wohin er sich zum Gebet zurückgezogen hatte.

Bei dieser Gelegenheit kam es zur ersten Begegnung zwischen ihnen. Es war die große Stunde in Ägidius' Dasein, wie sie sich nur einmal in einem Leben ereignet. Ägidius sah Franziskus leibhaftig vor sich, diesen Mann, der einen der stärksten christlichen Aufbrüche im Mittelalter auslöste. Man muß das Vorbild sehen, muß es mit dem äußeren und inneren Auge sehen, damit es in die Seele eingeht. Ist die gegenwärtige religiöse Armseligkeit nicht auch darin begründet, daß der moderne Mensch in christlicher Hinsicht nichts mehr zu sehen bekommt? Die von Gott berührten Menschen bekamen etwas zu sehen – «kommt, so werdet ihr sehen», heißt es im Evangelium[18] –, Ägidius sah im entscheidenden Moment seines Lebens Franziskus vor sich. Vor innerer Erregung sank er auf die Knie und stotterte die Worte hervor: «Ich will zu euch gehören, aus Liebe zu Gott.»[19] Das erste Wort, das von Ägidius überliefert ist, formuliert den großen Entschluß seines Lebens, die feste Entscheidung, die etwas anderes ist als nur so eine unbestimmte Sehnsucht.

Ägidius wollte zu Franziskus gehören; einem Menschen angehören, bedeutet zugleich auch den Ort kennen, wo man hingehört. Der Mensch muß sich aufmachen, muß Entschlüsse fassen, die gültig sind und am andern Tag nicht wieder revidiert werden. Ägidius wollte innerlich fortschreiten, war deshalb vom Willen erfüllt, Franziskus anzugehören, ein Verlangen, das allein zur echten Jüngerschaft führt, die mehr ist als ein bloßes Schülerverhältnis. Bei Franziskus zu sein, mit Franziskus zu gehen und mit Franziskus zusammen zu leben war das einzige Ziel des Ägidius. Dies sagte er seinem Vorbild kurz und bündig. Ägidius verließ die Welt nicht aus Furcht vor der Hölle, auch bestimmte keine bebende Angst vor dem Gericht sein Handeln – sein Motiv war eindeutig «aus Liebe zu Gott» und nichts anderes. Der Christ handelt aus Liebe und nicht aus Furcht, das ist ein grundlegender Unterschied. Von dieser Stunde an gehörte Ägidius zu Franziskus, von dem er sich innerlich bis an sein Lebensende nicht mehr trennte. Franziskanische Liebe und Glut erfüllte ihn fortan, und aus seinen Worten und Taten spürte man den Widerschein des Poverello.

Was sagte Franziskus seinem neuen Bruder? Er begegnete ihm nicht mit einem Zweifel, er schaute ihn nicht prüfend von oben bis unten an – dies schafft nur eine Atmosphäre des Mißtrauens. Auf Ägidius' Wort, «ich will zu euch gehören, aus Liebe zu Gott», antwortete der Stifter der Minderbrüder mit betonter Herzlichkeit: «Ein großes Geschenk hat der Herr dir gemacht. Nehmen wir an, der Kaiser wäre nach Assisi gekommen und wollte einen aus der Stadt zu seinem Knappen oder Kämmerer erwählen – da wären viele, die sich das wünschten. Wieviel mehr müßtest du dies Geschenk hoch einschätzen, daß der Herr aus all diesen dich ausgesucht und an seinen Hof berufen hat.»[20]
Als ein Geschenk des Himmels betrachtete Franziskus das ganze Geschehen. Er richtete Ägidius aus der knieenden Stellung auf und fügte, zu Bernhard gewandt, hinzu: «Einen guten Bruder hat der Herr uns geschickt.»[21] Noch herzlicher hätte er ihn gar nicht empfangen können.

Franziskus war hierauf bedacht, Ägidius eine Kutte zu verschaffen. Unterwegs wurden sie von einem armen Weibe um ein Almosen gebeten. Die beiden Männer gerieten in Verlegenheit, da Franziskus in jenem Augenblick nicht die geringste Gabe besaß, die er ihr hätte schenken können. Aus lauter Ehrfurcht vor dem Heiligen getraute sich Ägidius nicht, auch nur ein Wort zu sagen. Da bemerkte Franziskus die weltliche Kleidung des Ägidius und meinte: «Geben wir ihr deinen Mantel.» Franziskus wollte keineswegs mit diesem Vorschlag Ägidius gleich auf die Probe stellen; jeder Argwohn lag ihm ferne, aber er ertrug es nicht, daß jemand noch ärmer war als er. Der neue, gute Bruder freute sich über die Aufforderung des Franziskus grenzenlos, zog auf der Stelle seinen Mantel aus und «verschenkte ihn fröhlichsten Herzens an das arme Weib.»[22] Es hatte ihn nicht gereut, seinen Mantel herzugeben, im Gegenteil, er gab ihn «fröhlichsten Herzens» und empfand im selben Moment einen überaus großen Trost des Heiligen Geistes, wie er es mit Worten gar nicht hätte ausdrücken können. «Er strahlte über das ganze Gesicht voller Freude», heißt es in der von Bruder Leo verfaßten Vita des Ägidius. Die Bemerkung ist bezeichnend für Bruder Ägidius: in ihm lebte Freude, er strahlte Freude aus und er war ein Mensch der Freude. Er wurde von der ersten Stunde seiner Begegnung mit dem Poverello an von der franziskanischen Heiterkeit erfaßt, die ihn sein ganzes Leben hindurch begleitete. Wer aus wirklicher Liebe zu Gott handelt, kann nicht anders als große Freude empfinden.

Nun begann Ägidius das Leben mit Franziskus, das von einem langen Atem getragen war und in der Erinnerung der Christenheit wie ein entschwundenes Paradies weiterlebt. Es ist ein ungewöhnliches Bild von einmaligem Glanz, Franziskus im Kreise seiner ersten Brüder zu sehen. Man denkt dabei unwillkürlich an die Worte Christi: «Der Jünger ist nicht über dem Meister.» Aber der Jünger hat auch etwas vom Meister verstanden, man vergegenwärtige sich nur, wie Johannes in seinem Evangelium Christus gedeutet hat. Nicht jeder Bruder erfaßte Franziskus völlig, aber es ist doch von hohem Wert wahrzunehmen, wie er sich in seinen Anhängern widerspiegelt. Zuerst kam der reiche Edelmann Bernhard von Quintavalle zu Franziskus, hernach der Rechtsgelehrte Petrus Cathani, hierauf Silvester und schließlich Ägidius.

Sie alle bildeten eine neue Familie, die durch den gemeinsamen Geist zusammengehalten war. Franziskus' Anforderungen an seine ersten Brüder waren denkbar schlicht. Es bestanden noch keine festen Formen; die kleine Schar lebte von der göttlichen Inspiration und kannte noch keine Statuten. Von außen gesehen war die Lebensweise der Brüder äußerst dürftig, aber innerlich waren sie von einer verschenkenden Liebe erfüllt. Damals saßen die Brüder beim Essen auf der Erde und schliefen auf einem Häuflein Stroh. Celano berichtet darüber: «Mit aller Wachsamkeit und Besorgnis unterwies Franziskus die neuen Söhne durch neue Lehren, indem er sie den Weg der heiligen Armut und seligen Einfalt unbeirrten Schrittes gehen lehrte.»[23] Die Situation ist ganz klar: Ägidius ist ein von Franziskus unmittelbar unterrichteter Bruder. Er gehört zu den ersten Brüdern, die den Worten des Poverellos lauschten, und dies bedeutet etwas ganz anderes, als wenn er an der Universität zu den Füßen des Bonaventura oder des Duns Scotus gesessen wäre. Denn Franziskus füllte nicht den neuen Wein in alte Schläuche, sondern erlebte die Einfalt als Seligkeit und lehrte seine Söhne diesen Weg unbeirrten Schrittes zu gehen. Ein Unterricht dieser Art gräbt sich unauslöschlich in die Seele eines Menschen ein. Franziskus sagte gelegentlich zu ihnen: «Habet Mut, Geliebteste, und freuet euch im Herrn und lasset euch nicht traurig machen, weil wir scheinbar nur wenige sind. Und es soll euch meine oder eure Einfalt nicht schrecken; denn so ist es mir in Wahrheit vom Herrn gesagt worden: Zu einer sehr großen Schar wird uns Gott anwachsen lassen und bis an die Grenzen der Erde uns mehren und ausbreiten.»[24] Immer wieder ist von der Einfalt die Rede, und wenige verstanden so gut wie Ägidius, was mit der Chiffre angedeutet ist. Alle Schlauheit, alle Klugheit, alle Berechnung lag den ersten Brüdern fern, arglos und mit großen Kinderaugen schauten sie in die Welt hinein.

Als die Zahl der Brüder auf acht gestiegen war, teilte sie Franziskus «in vier Gruppen von je zwei Mann und sagte zu ihnen: Gehet, Geliebteste, je zwei und zwei nach den verschiedenen Weltgegenden und verkündet den Menschen die Botschaft vom Frieden und von der Buße zur Vergebung der Sünden.»[25] Ägidius erlebte die erste Aussendung, er war auch dabei, als Franziskus zum ersten Male mit einer Schar von elf Brüdern nach Rom wanderte, sich zu dem mächtigen Papst Innozenz III. begab und an jener großartigen Szene teilnahm, die folgendermaßen geschildert wurde: «Vor dem größten Papst, dem Triumphator auf dem Stuhle Petri, steht der größte Nachfolger Christi, den Europa sah; und wie Christus überzeugt Franziskus nicht durch Worte; er überzeugt durch das Sein. Er ist in Rom; er steht vor dem Papst; und damit, ohne daß er es will, ist Rom gerichtet. Er will nichts Neues; er will vielmehr das Uralte; wiederholen, soweit er es vermag, was schon vor mehr als einem Jahrtausend geschehen.»[26] Von Innozenz empfing Franziskus wenigstens eine mündliche Erlaubnis für die Predigttätigkeit. Es waren die Tage der ursprünglichen franziskanischen Bewegung, die Ägidius miterlebte; sie rauschten nicht spurlos an ihm vorbei. Ein unbeschreiblicher Zauber liegt über dieser ersten Zeit, eine Freude, die selbst in Bruder Leos Bericht noch spürbar ist: «Wir, die wir mit ihm gelebt haben, sahen so vieles und so Großes, daß es uns unmöglich ist, alles aufzuschreiben oder zu erzählen.»[27] Die Wellen der Begeisterung gingen hoch, es gibt wenige Epochen der Christenheit, die von einem solchen Enthusiasmus erfüllt waren. Aus den «Fioretti» lächelt dem Menschen noch heute das Antlitz des Franziskus entgegen, einmalig und unvergeßlich; es ist das Lied des Poverello, das so wohltuend nachklingt.

Die franziskanische Frühzeit hat sich tief in Ägidius Seele eingesenkt. Er war ein von ihr geprägter Mann. Diese Tatsache verbietet es, rasch an ihm vorbeizugehen. Er stand im Widerschein des Franziskus, das Licht des Poverello umleuchtete ihn und hob ihn über sich selbst hinaus. Doch war er keineswegs nur ein Abklatsch des Heiligen; Franziskus legte auf nachplappernde Schüler kein Gewicht und war nicht daran interessiert, aus seinen Brüdern willenlose Werkzeuge zu machen. Ägidius besaß eine unbeabsichtigte Eigenständigkeit, ihm war eine persönliche Note eigen, und er war eine originellere Natur, als es Bernhard, Peter und Silvester waren.

Gemäß Franziskus' Aussendungsbefehl wanderte Ägidius mit Bernhard zusammen über die ungepflegten Straßen der damaligen Zeit. Mit schlichten Worten ermahnten sie Frauen und Männer, Gott zu fürchten und zu lieben und für ihre Sünden Buße zu tun. Man nannte die ersten Brüder des Franziskus nur «die Büßer von Assisi». Ägidius führte den franziskanischen Auftrag getreulich aus, indem er von Ort zu Ort wanderte, auf jede Bequemlichkeit verzichtete, kein Geld besaß und sich den notwendigen Lebensunterhalt durch niedere Knechtsarbeit verdiente. Kein Gespött focht ihn an; weder Hunger noch Durst, weder Kälte noch Not konnten ihn von seinem Weg abbringen.

Während Ägidius wandernd und predigend unterwegs war, besuchte er die Wallfahrtsstätten, die ihm eine innere Stärkung bedeuteten. Ein im Mittelalter beliebtes Ziel war St. Jakob zu

Compostela im fernen Spanien. Ägidius suchte auch St. Michael auf dem Monte Gargano und Bari auf, wo man den heiligen Nikolaus verehrte. Ebenso unternahm er eine Seereise ins Heilige Land und besuchte dort das Grab des Herrn und die übrigen Erinnerungsstätten. Auch nach Tunis begab er sich, eine Reise, die jedoch erfolglos blieb und auch nicht zu dem gewünschten Martyrium führte. Der Besuch der Wallfahrtsstätten war für Ägidius kein müßiges Tun. Er sammelte auch keine billigen Andenken. Man geht zu einer Wallfahrtsstätte, um einen Heiligen aufzusuchen, um mit ihm innerlich zu sprechen, und man wird auch von ihm gegrüßt – dies alles sind heilsame Antriebe, die nicht wirkungslos an einem Menschen vorbeigehen. Ägidius erlebte die Wallfahrtsorte als Stätten der Gnade, er trat dabei in eine heilige Atmosphäre ein, die sich ihm mitteilte und durch die er innerlich wuchs. Dabei huldigte Ägidius keiner übertriebenen Heiligenverehrung, wußte er doch, daß «Christus mehr ist als alle Heiligen zusammen». Zu einer allzu starken Lobpreisung der Heiligen bemerkte er einmal: «Mein Sohn, nichts ist ein Geschöpf, gemessen am Schöpfer.»[28] Ägidius verband die Wanderpredigten mit den Pilgerfahrten, ein Tun, das seine Eigenart unterstrich und ihn von seinen Brüdern unterschied.

Einige Jahre zog Ägidius von Ort zu Ort und verkündete den Menschen mit franziskanischen Worten die Frohe Botschaft. Allein Ägidius war ein in sich gekehrter Mann, dem die nach außen gerichtete Tätigkeit wenig entsprach. Es meldeten sich in ihm Bedenken gegen die häufige Predigttätigkeit und es schien ihm, alle seine Reden liefen auf eine Wortmalerei hinaus, die die Seelen der Menschen doch nicht erreichte. Ägidius sah sich durch eine kleine Begebenheit in seinem Verdacht bestätigt. Der Besitzer eines Weinberges tadelte einst die Arbeiter, weil sie zu viel plauderten und zu wenig arbeiteten. «Fate, fate e non parlate», sagte er zu ihnen[29], und als das Ägidius zufällig hörte, sagte er hernach zu seinen Mitbrüdern: «Habt ihr gehört, was der Arbeitgeber seinen Arbeitern zurief? Arbeitet, arbeitet, und redet nicht.» Ägidius verstand es nicht im groben

Sinn als Mahnung, das Arbeitspensum zu erhöhen, sondern hörte darin die Aufforderung, an sich selbst zu arbeiten, statt viele Worte zu machen. Nach Bruder Ägidius muß der Mensch zuerst die eigene Seele in die Hand nehmen, bevor er die Seelen anderer Menschen bekehrt. Der wahre Anfang geschieht bei sich selbst. Man muß in seinem Innern handeln und nicht bloß reden. Ägidius verglich einen Prediger und einen Täter mit einem nur blökenden und einem wirklich weidenden Schafe. Gemäß dieser Erkenntnis brach Ägidius nach seiner Fahrt zu den Sarazenen die Predigttätigkeit endgültig ab, vollzog eine scharfe Wendung und beschritt einen neuen Weg.

Mir genügt ein kleiner Winkel als Bleibe

Franziskus erriet die außerordentliche Veranlagung des guten Bruders, begriff, daß die Straßenpredigten Ägidius auf die Dauer nicht befriedigen konnten, und stellte es ihm frei, dorthin zu gehen, wo er wolle. Ägidius aber lehnte es wiederum ab, in einem so großzügigen Gehorsamsverhältnis zu leben. Daraufhin schickte Franziskus ihn im sechsten Jahre nach seiner Bekehrung in die Einsiedelei Febrione, die in der Ebene von Perugia lag. Die in der Reichweite von Assisi liegende Zelle war aus Lehm und Baumzweigen gebaut. In ihr lebte Ägidius mit drei oder vier Brüdern zusammen fortan ein zurückgezogenes Leben, aller «Unrast der Weltgeschäfte» enthoben.
Mit seiner neuen Lebensweise in der Einsiedelei befand sich Ägidius nicht im Widerspruch zu Franziskus' Bestrebungen, im Gegenteil, in ihr ist auch ein urfranziskanisches Anliegen verborgen. In Franziskus selbst waren diese beiden Tendenzen vorhanden: einerseits fühlte er den brennenden Auftrag zur Verkündigung, und anderseits spürte er in sich den Drang zur Einsamkeit. Aber Franziskus erlebte das Einsamkeitsbedürfnis beinahe als eine Versuchung, der er auch erst am Ende seines Lebens nachgab, und dann noch wollte er wieder Aussätzige pflegen,

wie er es am Anfang getan hatte. Viele religiöse Menschen empfanden bis zur Zerreißprobe diese sich widersprechenden Neigungen und brachten es zu keinem Ausgleich. Franziskus allein war es beschieden, eine Lösung in der Frage von aktivem und kontemplativem Leben zu finden: «Wo wir auch weilen und gehen, immer haben wir eine Zelle bei uns; denn unser Bruder Leib ist unsere Zelle, und unsere Seele ist die Einsiedlerin, die in der Zelle wohnt, um zu Gott zu beten und über ihn nachzudenken.» [30] Auch Ägidius gab das Problem viel zu schaffen, und er ordnete es durch ein Nacheinander: «Da es keinen Menschen gibt, der ins beschauliche Leben eintreten kann, ehe er nicht durch ein tätiges Leben treu und mit Hingabe sich geschult hat, muß man mit Anstrengung und aller Sorgsamkeit das tätige Leben ausnützen.» [31] Der vierte Bruder des Franziskus war ein Mystiker; er bewertete das tätige Marthaleben als eine Vorstufe zum beschaulichen Marienleben und stellte damit die richtige Rangordnung her.

Ägidius blieb in seiner Einsiedelei fest mit dem Orden verbunden. Der Ordensstand ist der Raum heiliger Ruhe, ein Ort des Gebetes und des Schweigens. Ägidius dachte groß vom Orden, doch überschätzte er ihn nicht. Er sagte einmal: «Die herrliche Jungfrau Maria, Gottes Mutter, stammte von Sündern und Sünderinnen und war in keinem Orden, und doch ist sie, was sie ist.» [32] Nach Ägidius' Meinung müssen nicht alle Menschen in einen Orden eintreten, und der Orden ist auch nicht der alleinseligmachende Zufluchtsort. Bereitwillig anerkannte er auch einen Weg außerhalb des Ordens, mochte er sogar schwerer sein. Der Ordensmann freilich muß glauben, daß er außerhalb des Ordens nicht leben könnte. Vom Orden der Minderbrüder und seiner Sendung war Ägidius nach wie vor überzeugt, dazu hatte der franziskanische Samen zu tief in seiner Seele Wurzel geschlagen.

Trotzdem stand Ägidius der Entwicklung des franziskanischen Ordens weder kritiklos noch apologetisch gegenüber. Der schlichte Mann bekundete eine erstaunlich hohe geistige Unabhängigkeit: «In meinen Augen ist das unser größter Fehler, daß wir allzu hoch hinaus wollen.»[33] Das Urteil ist nicht auf Franziskus gemünzt, der ähnliche Bedenken hegte, wohl aber auf Elias von Cortona, der daran arbeitete, einen in der Welt angesehenen Orden aufzubauen. Ägidius empfand diese Bestrebung als unvereinbar mit dem Minderbruderideal. Seine Besorgnis ging dahin: Im Anfang waren die Minderbrüder bereit, mit brennendem Herzen bittere Buße zu tun, aber mit der Zeit wurden sie kalt, und alle Lauheit bedeutete immer den Tod der Seele. Aus der pessimistischen Sicht heraus seufzte er: «Das Schiff ist geborsten, der Anprall auf den Felsen ist da; wer fliehen kann, der fliehe, und es entweiche, wer da kann.»[34] Diese Äußerung war nicht Kritik, denn sie ist vom Schmerz gekennzeichnet. Trotzdem geht sie zu weit. Die franziskanische Bewegung ist nicht gescheitert, das kann man nicht sagen, der Pessimismus sieht die Dinge ebenso falsch wie der Optimismus. Ägidius schätzte jedoch die Gefahr richtig ein, denn sie bestand schon damals und ist heute in anderer Form wieder virulent geworden.

Gegen den Bau der gewaltigen Basilika in Assisi wandte Ägidius ein: «Wenn das Gebäude auch so lang wäre, daß es bis zur Stadt Assisi reichte, mir genügt ein kleiner Winkel als Bleibe.»[35] In diesem Ausspruch meldet sich eines der Urworte des Ägidius, das nicht leicht zu verwirklichen ist. Der Mensch will Platz haben und geräumig leben, sonst fühlt er sich eingeengt. Ägidius preist dagegen den kleinen Winkel, der wohl klein, aber nicht kleinlich ist, und der in seiner Bescheidenheit dem Menschen eine Bleibe ermöglicht. Dies ist auch in geistiger Beziehung für einen Christen außerordentlich bedeutsam. Anstatt dauernd unterwegs sein, sei es auf der Skipiste, im Strandbad oder auf der Autobahn, muß der Mensch mindestens einen Ort kennen, wo er bleibend wohnen kann. Der kleine Winkel ist urfranziskanisch, auf den kleinen Winkel kommt es an und auch darauf, daß der Mensch in ihm zu verharren vermag, was ohne eine ausgeprägte Innerlichkeit nicht möglich ist. Nur der innerliche Mensch hält es im kleinen Winkel aus, während der nach außen gerichtete Mensch in die groß angelegte Gesellschaft ausschwärmen muß. Ägidius floh in den kleinen Winkel und fand damit das richtige Heilmittel gegen alle Vitalstürme. Im kleinen Winkel erwächst dem Menschen eine Konzentration, in ihm kann er sich auf das eine, was not tut, besinnen, und Gott wird ihm dort begegnen und nicht in den Zerstreuungen der Welt. Ägidius besaß eine Bleibe, er war in ihr geborgen und hielt es nicht zur Not noch aus, denn er erlebte im kleinen Mikrokosmos den großen Makrokosmos und gab damit dem religiösen Menschen ein Beispiel, über das Wort zu meditieren: «Mir genügt ein kleiner Winkel als Bleibe.»

Der kleine Winkel, und nur er, ermöglichte Ägidius, ein beschauliches Leben zu führen. «Leben in der Beschauung besagt: alles Irdische aus Liebe zu Gott abstreifen, allein das Himmlische suchen, anhaltend beten, häufig Lesung halten, in Hymnen und Liedern allezeit Gott lobsingen.»[36] Er selbst blieb in seiner Einsiedelei und brachte seine Zeit mit Wachen, Fasten und Beten zu. Er war voll Inbrunst und war darauf bedacht, die ihm geschenkten Gnadengaben sorgfältig zu hüten. Um das Tun und Treiben der Menschen kümmerte er sich immer weniger, namentlich nicht, wenn sie sich auf abschüssiger Bahn bewegten. «Ich will das Versagen eines andern nicht wissen», pflegte er zu sagen und warnte die Zuträger solcher Nachrichten. Ägidius fürchtete, man könne auf diese Weise verkehrte Dinge erfahren, Dinge, die dem Menschen nicht zum Segen gereichen. Er war eine in sich gekehrte und in sich hineinschauende Natur; er hielt es für sicherer, seine Seele in der Einsamkeit als in der Gesellschaft von vielen zu retten.

In der Einsiedelei gab es keine äußeren Erlebnisse mehr. Aber je mehr er sich von den äußeren Dingen löste, um so stärker erfaßte ihn das innere Geschehen. Er erlebte Verzückungen und wurde jeweils mit solcher Wonne erfüllt, daß es ihm schien, als wollte Gott seine Seele aus dem Körper herausführen, um sie einen klaren Blick in die Geheimnisse Gottes tun zu lassen. Nach Ägidius starb der Körper gleichsam: zuerst schwand das Leben aus den Füßen, dann aus den übrigen Teilen, bis seine Seele von allen körperlichen Banden frei war. Bei der bloßen

Erwähnung des Paradieses vermochte er sich äußerlich nicht mehr vom Fleck zu rühren; innerlich wurde er entrückt. Es kam vor, daß er während der Anwesenheit der Brüder in Ekstase geriet; was er dabei empfand, bewertete er nur wie einen einzigen Tropfen Wassers im Vergleich zum unendlichen Meer der Gottheit. Machmal nahm die Entrückung die Form einer Levitation an, während der Ägidius eine halbe Elle über der Erde schwebte.

Von einer besonderen Intensität war seine Christus-Vision an Weihnachten. Bei der Erscheinung des Herrn stieß Ägidius gellende Schreie aus, und es war ihm, als ob sein Menschendasein verströme. Er war so sehr von unsagbarer Süßigkeit erfüllt, daß er glaubte, in den letzten Zügen zu liegen und bald sterben zu müssen. Wonne und Schmerz verschmolzen sich in eines, und dieses ungewohnte Glücksgefühl empfand er bis zur Qual. Auf seine Rufe eilte sogleich ein Bruder herbei, weil er glaubte, es sei ihm ein Unglück zugestoßen, und seine Hilfe sei nötig. Auf die Frage: «Was hast du, Vater?» sagte Bruder Ägidius nur, er habe Sehnsucht gehabt, ihn, den Bruder, jetzt zu sehen. Obwohl Bruder Gratian die Erscheinung erahnt hatte, schwieg Ägidius. Die Christus-Verzückungen währten vom dritten Tag vor Weihnachten bis zum Feste der Erscheinung des Herrn, freilich mit Unterbrechungen. Bald wurden sie ihm des Tages, bald während der Nacht zuteil. Die menschliche Schwäche wäre nicht imstande gewesen, so lange dieses unermeßliche Licht zu ertragen. Ägidius war kaum fähig, den Jubel und diese Klarheit in sich aufzunehmen. Die Vision ist nicht nur durch den gellenden Aufschrei charakterisiert, den Ägidius bei ihrem Eintritt ausstieß. Vor allem ist die lange Dauer der Entrückung ungewöhnlich. In solchen Situationen muß man Ägidius beobachten; dann begreift man, weshalb er während so vieler Jahre sein Einsiedlerdasein ausgehalten hat. Verzückungen begegnen nur dem Menschen, der sich den kleinen Winkel zur Bleibe erwählt hat und niemals jenen, die sich in großen Gesellschaften bewegen und beständig hinter aufregenden Abenteuern einherjagen. Die mystische Begnadung des Franziskus war auf Ägidius übergegangen. Visionen sind nicht als pathologische Erscheinungen zu bewerten, obwohl es krankhafte Pseudovisionen gibt. Es gilt, zwischen echten und krankhaften Visionen zu unterscheiden, wobei freilich eine bloß phänomenologische Methode nicht genügt.

Ägidius machte aus den Entrückungen kein Wesen. Zwar pflegte er den Boden zu küssen, wo seine Füße in der Ekstase gestanden hatten; hernach kehrte er sofort in seine Zelle zurück. Als eines Nachts beim Gespräch mit seinem Gefährten über die Worte Christi ein heller Schein zwischen beiden hindurchzog, fragte der Mitbruder voller Erstaunen, was das sei. Ägidius aber antwortete: «Laß das nur, kümmere dich nicht darum.»[37] «Sprechen wir nicht weiter darüber», sagte er, weil er die Geheimnisse Gottes nicht ausplaudern wollte. Papst Gregor IX. beobachtete Ägidius mehrfach in der Ekstase und meinte, falls der gute Bruder vor ihm sterbe, werde er ihn in das Verzeichnis der Heiligen eintragen. Ägidius selbst überwertete die Entrückungen nicht. Seine Meinung war einfach: «Füge nichts hinzu, nimm nichts davon weg und fliehe die Menge, so gut du kannst.»[38] Ägidius war der Auffassung, «große Gnade ist es, keine Gnade zu haben». Dieses Paradox ist genau wie des Mystikers Aufforderung zu verstehen: «Gott um Gottes willen zu lassen.» In Demut bat Ägidius Gott, nach seinem Tode keine Wunder durch ihn wirken zu lassen.

Über sein visionäres Erleben gibt es eine kleine Erzählung: Zwei vornehme Damen baten Ägidius, ihnen ein paar gute Worte zu sagen. Er, der immer freundlich und heiter war, entgegnete entsprechend seiner inneren Freude: «Wovon wollen wir sprechen? Wollten wir vom Zeitgeschehen der Welt reden – das ist eitel; wollten wir über die Werke des Fleisches reden – die sind häßlich und anrüchig; wollen wir aber von Gott reden – wer wüßte über ihn zu sprechen, wie es sich gehört, und würde man den Sprecher verstehen?» Als er diese Worte gesagt hatte, wurde er auf der Stelle entrückt. Da sagte die eine der Damen: «Wie schade, daß er so wenig zu uns gesprochen hat.» Die andere versetzte: «Er hat in wenigen Worten das Nötige gesagt.»[39] Großartiger und elementarer kann man das mystische Erleben gar nicht zur Anschauung bringen; in dieser kleinen Begebenheit steckt der ganze Ägidius.

Doch war ihm in seiner Einsiedelei nicht nur ein Leben der Entrückung beschieden. Wie beinahe alle Heiligen bekam auch er es mit den dunklen Mächten zu tun. Als er sich einmal in seine Zelle begeben wollte, stand plötzlich der Teufel in einer so schrecklichen Gestalt vor ihm, daß Ägidius die Sprache verlor und zu Boden fiel. Er flehte Gott inbrünstig um Hilfe an, und damit verschwand das Schreckbild auf der Stelle. Ägidius wurde in dramatische Kämpfe mit dem Satan verwickelt. Der Dämon packte ihn und warf ihn in eine enge Ecke, in der er sich nicht mehr bewegen konnte. Dies wird in der Lebensbeschreibung ausdrücklich erwähnt, gewiß nicht deshalb, weil es zu den Heiligenviten gehört. Es geht nicht an, derartige Vorkommnisse zu verschweigen, bloß weil der aufgeklärte Zeitgeschmack sie nicht begreift. Der Teufel ist der Widersacher des Göttlichen, der Teufel ist es, der den zum Lichte strebenden Menschen anfällt. Ägidius fühlte mehrfach die Gegenwart Satans hinter sich. Er vermochte den Anblick kaum zu ertragen und stürzte zuweilen «bebend zu Boden und flehte mit dem Herzen zu Gott. Worte zu formen war er nicht mehr imstande», heißt es in der Vita. Ägidius hatte es offenbar mit den Mächten zu tun, hatte Teufelskämpfe zu bestehen und furchtbare Drangsale zu erleiden, die seine Seele beinahe zerstörten. Sind Teufelskämpfe suspekte Phantasien? Kommt ihnen höchstens eine fragwürdige parapsychologische Bedeutung zu? Wer sie ablehnt und sie einen krassen mittelalterlichen Aberglauben nennt, verrät eine unverständliche Ahnungslosigkeit über die tieferen Hintergründe des Lebens. Auch heutzutage wird der Mensch, wie damals, vom Dämon in eine Ecke geworfen, wo er kläglich am Boden liegenbleibt. Diese Standortbestimmung ergründet sein Wesen tiefer, als wenn man von der «Abreagierung der Aggressionstriebe» redet.

Visionen und Teufelskämpfe müssen miteinander in Beziehung gesetzt werden, wenn man eine kleine Ahnung vom bewegten

Einsiedlerdasein des Bruders Ägidius bekommen will. Licht und Finsternis kämpften um seine Seele. Ein erfülltes Dasein war ihm in seiner Abgeschiedenheit geschenkt. Von Langeweile war auch nicht die Spur vorhanden. Er brauchte nicht stets nach neuen Abwechslungen zu seufzen; dies kann nur einer leeren Seele widerfahren. Von außen gesehen stellte man bei Bruder Ägidius keine turbulenten Geschehnisse fest, im Gegenteil, eine spürbare Stille lag ausgebreitet, eine Ruhe, die von einer seltsamen Ausstrahlung war.

Gegen Ende seines Lebens sagte Ägidius: «Ich für meine Person will keinen schöneren Tod sterben als den Beschauungstod»[40], im Gegensatz zum Märtyrertod, den er einst ersehnte. Sein Wunsch ging in Erfüllung. Er hatte in seiner Einsiedelei ein hohes Alter erreicht, als ihn ein heftiges Fieber ergriff, verbunden mit Atemnot und Brustschmerzen. Er fand keine Ruhe mehr; der Schlaf mied ihn, und auch die Nahrung gereichte ihm nicht mehr zur Erquickung. Ägidius ertrug den unbehaglichen Zustand mit großer Ergebung, weil er wußte, daß Leiden ohne Auflehnung zu ertragen sind und sie die Sünden besser tilgen als Tränenergüsse. «Selig, wer keinen Trost unter dem Himmel von irgendeinem Geschöpf verlangt und erwartet.»[41] Doch zog sich die Krankheit nicht allzulange hin; eines Tages schloß er die Augen und gab ohne Zuckungen seine Seele dem Schöpfer zurück. Es war am 22. April 1261. Er wurde in der Kirche zu Perugia beigesetzt.

Nachdem Ägidius das Zeitliche gesegnet hatte, hörte man Urteile über ihn. Vielleicht zirkulierten sie schon zu seinen Lebzeiten, aber er kümmerte sich nie um sie. Doch darf man wohl die Aussagen der Augenzeugen anhören.

Celano nennt Ägidius «einen einfältigen Mann, recht und gottesfürchtig»[42]. Was verstand Celano unter der Bezeichnung einfältig? Will die Charakterisierung Lob oder Tadel sein? Dies kann man nicht mit Bestimmtheit sagen, denn nie weiß man ganz sicher, was so ein Schreiberling bei seinen Worten denkt, auch wenn er Celano heißt. Mag nun die Äußerung einen mitleidsvollen Klang aufweisen oder nicht, sie trifft das Wesen des

Ägidius und verdient alle Anerkennung. Er war ein einfältiger Mann voller Lauterkeit und ohne Hintergedanken. Wollte Gott, man könnte dies einst auch von uns sagen! Die heilige Einfalt verbindet Franziskus mit Ägidius, um der Einfalt willen gehören sie beide zu den Unmündigen, denen das geoffenbart wurde, was den Klugen verborgen blieb.
Leo nennt ihn in seiner Vita «den Bruder von der großen Beschaulichkeit»[43]. Dies hört sich würdevoller an. Dieser Ehrentitel kommt Ägidius gewiß zu. Vergegenwärtigt man sich sein Leben in der Einsiedelei, so kann es nur von einem beschaulichen Menschen ertragen werden. Es braucht eine ungewöhnliche Kraft, ein Dasein der Beschaulichkeit in einem kleinen Winkel zu führen. Ägidius hat es gelebt und nicht bloß gelehrt. Seine Bleibe war in der Region des Ewigen.
Schließlich schrieb Bonaventura in seiner Franziskus-Vita über Ägidius die Worte: «Vater Ägidius war ein Mann, ganz erfüllt von Gott und eines ehrenvollen Gedankens wert. Ihn hat später die Übung hoher Tugenden berühmt gemacht, und wie der Knecht Gottes das von ihm vorausgesagt hatte, gelangte er zu dem Gipfel höchster Beschauung, obwohl er ein ungelehrter und einfacher Mann war. Als er nämlich lange Zeit unermüdlich bedacht gewesen war, seinen Geist zu Gott zu erheben, wurde er, wie ich selbst als Augenzeuge erlebt habe, so häufig in Ekstase zu Gott entrückt, daß er unter den Menschen mehr das Leben eines Engels als eines Menschen zu leben schien.»[44] Die Steigerung im Urteil ist deutlich festzustellen. Das Leben eines Engels zu führen ist noch mehr, als ein Bruder der Beschaulichkeit zu sein. Es war Bonaventura gewiß mit der Anerkennung ernst, trotzdem schmeckt sie ein wenig nach den Lobeshymnen, die man in den Heiligenviten zu lesen bekommt und die nicht mehr dem derzeitigen Geschmack entsprechen.
Was läßt sich heute über Ägidius sagen? Man darf sich nicht nur mit der Wiederholung der früheren Urteile begnügen, sondern muß zu einer eigenen Anschauung gelangen. In der Gegenwart ist Ägidius beinahe unbekannt. Natürlich wissen die Mitglieder der franziskanischen Familie um ihn, es wäre auch eine

Schande, kennten sie ihn nicht. Aber außerhalb dieses Kreises begegnet man einem fragenden Blick, wenn man seinen Namen nennt. Die Menschen von heute haben kaum von ihm gehört, geschweige denn, daß sich mit seiner Persönlichkeit eine nähere Anschauung verbindet. Die Erinnerung an diese einst hochgeschätzte Persönlichkeit ist wie vom Winde verweht. Es gibt da kein kitschiges Heiligenklischee zu korrigieren – wie bei Aloysius mit der weißen Lilie –, weil von ihm gar kein Schema existiert. Was ein Zeitgenosse von ihm sagte, «in Wahrheit, bisher hat man diesen Mann nicht erkennt», hat heute vermehrte Gültigkeit. Ägidius gehört zu den unbekannten Heiligen, und von den Größten erfährt die Welt überhaupt nichts. Er geriet von Jahrhundert zu Jahrhundert mehr in den Hintergrund. Sogar an seiner Grabstätte ist die Verehrung eingeschlafen. Das Vergessen ist nicht ganz unverständlich; den Menschen entschwindet immer mehr das Wesentliche. Zwar schrieb Leo wenige Jahre nach Ägidius' Hinschied auch eine kleine Vita über ihn, in der er meinte, «das Gute gehört nicht den Menschen, sondern Gott»[45]. Das Wort trifft wirklich auf Ägidius zu. Der gute Bruder, wie ihn schon Franziskus nannte, gehört nicht den Menschen, namentlich nicht den modernen Menschen, die so gerne das Religiöse zum Gegenstand bloß unterhaltender Diskussion erniedrigen. Unbemerkt von den Leuten, war er bei Gott beheimatet. Ägidius legt dar, wie in der wahren Beschaulichkeit die Seele des Menschen zum Schlachtfeld zwischen Gott und Teufel wird. Diese Psychomachia kommt vielen anderen Menschen zugute, die davon gar nichts wissen.

Wenn Ägidius auch beinahe lautlos über die Erde ging, ist er doch nicht gänzlich im Strom der Lethe versunken, hat er doch eine Spur hinterlassen, ähnlich derjenigen von Jesus, als er mit dem Finger in den Sand schrieb. Wer ihr nachgeht, gelangt vom aktiven zum kontemplativen Leben, in dem der Mensch das erlebt, was kein Auge gesehen und kein Ohr gehört hat. Läßt man Ägidius unvoreingenommen auf sich einwirken, so mag man zuletzt erstaunt fragen: «Können das die Unmündigen?» Man hat das nicht erwartet. Diese kleine Lobrede war über den einfältigen Ägidius zu sagen, aber damit ist trotzdem noch nicht alles gesagt, was zu sagen ist. Es bleibt noch ein gewichtiger Rest, nämlich die schriftliche Hinterlassenschaft des Ägidius, die klein, aber fein ist. Ohne deren Beachtung hätte man nur den halben Ägidius vorgeführt. Sie ist wie eine Opfergabe, deren Duft wohlgefällig zum Himmel steigt.

Der Weg zum Aufstieg heißt Abstieg

«Des vielen Büchermachens ist kein Ende», klagt der Prediger Salomo. Die Klage ist berechtigt angesichts der Bücherflut, die sich Jahr für Jahr über die Menschen ergießt, doppelt berechtigt, wenn man an die vielen inhaltslosen Publikationen denkt, die beim Leser das Gefühl des Geprelltseins hinterlassen.

Fällt das kleine Buch von Bruder Ägidius auch unter dieses Verdammungsurteil? Widerfährt einem bei ihm auch jene Enttäuschung, die sich bei so vielen frommen und nichtfrommen Schriften einstellt? Ganz gewiß nicht. Bruder Ägidius ist es nicht im Traum eingefallen, unter die Schriftsteller zu gehen, um sich einen Namen zu machen, und schon gar nicht gab er sich mit der müßigen Frage ab, wie man die Schriftstellerei anziehender gestalten könne. Dafür war ihm die Einsiedelei mit ihrer Unabhängigkeit von allen Menschenmeinungen viel zu lieb. Ägidius war ein Schriftsteller wider Willen.

Erst nach seinem Tode ging man daran, einige Worte von Bruder Ägidius zu sammeln, Notizen, von denen man nicht einmal wußte, ob er sie selbst niedergeschrieben oder ob sein Gefährte sie aufgezeichnet hatte. Es war schwer, ihn zum Sprechen zu bringen, und noch schwerer, ihn zum Schreiben zu veranlassen. Er behielt seine Gedanken für sich, und man weiß deshalb nicht, wie sie an die Öffentlichkeit gelangt sind. Über die Entstehung der «Dicta» ist die Nachwelt nicht unterrichtet. Sie sind von einem Geheimnis umgeben, und ihre Zusammenstellung erfolgte in einem merkwürdigen Dunkel, das bis heute niemand zu erhellen imstande war. Sie scheinen aus Gesprächen hervorgegangen zu sein, und vielleicht wurden auch einzelne Aufzeichnungen nach seinem Tode gefunden. Jedenfalls wurden sie von unbekannten Händen zu einem kleinen Büchlein zusammengefügt, wobei man vermutlich eine Auswahl traf.

Im Laufe der Zeit erhielt das Büchlein die Bezeichnung «Goldene Worte des Bruder Ägidius» – die Legendensammlung des Jacobus de Voragine nannte man ebenfalls «legenda aurea» –, und dies ist der richtige Name. So klein es ist, es ist von hohem Wert. Es war in zahlreichen Handschriften und Ausgaben erhalten, was für seine große Verbreitung zeugt. Gegenwärtig wird es allerdings nur noch selten gelesen, doch ist dies kein ernsthafter Einwand gegen seinen Gehalt. Bescheiden wartet es ruhig auf seine neue Entdeckung, und wer nach ihm greift, wird bald die von ihm ausgehende ruhige Unruhe spüren.

Die «Goldenen Worte» sind eine anspruchslose Schrift, die keine Prätentionen erhebt. Keine tiefsinnige oder hohe Spekulation findet sich darin. Ägidius sagt scheinbar einfache Dinge, aber in seiner Einfachheit ist die Wahrheit des Herzens verborgen. Weil die «Goldenen Worte» kein Werk der Literatur sind, verlangen sie nach anderen Maßstäben. Sie gehören dem mystischen Schrifttum an.

Bruder Ägidius spricht eine offene Sprache, indem er sagt, was er denkt, und aus seinem Herzen keine Mördergrube macht. Allen verklausulierten Gedankengängen abhold, scheut sich der beschauliche Mann nicht, den Leser vor den Kopf zu stoßen. Er nimmt in seiner Liebe zur Einfalt offen und frei gegen die Wissenschaft Stellung, macht keinen Kniefall vor ihr und läßt sich von ihr nicht imponieren. Wenn er Lektoren oder Studenten sah, formte er spottend mit beiden Fäusten eine Trompete, weil – so erklärte er sein Tun ausdrücklich – ihr Studium und ihre Wissenschaft nur dazu bestimmt erscheinen, gleich einer prahlerisch klingenden Posaune weltlichen Ruhm und Prunk zu künden. Es gibt mehrere Worte des Ägidius, die in dieser Richtung gehen. Sicher ist damit nicht das letzte Wort über die Wissenschaft gesprochen, zumal in seinen Worten eine leise Angst zittert, die zwar ihre Berechtigung hat, da die Wissenschaftsmenschen mehr als einmal in der Christenheit die Kinder Gottes an die Wand gespielt haben. Er deutete damit auf eine Gefahr des wissenschaftlichen Studiums, der nur der Mensch entgeht, der sich ihrer bewußt ist und gegen sie ankämpft. Ägidius sah einseitig die Gefahr des wissenschaftlichen Hochmutes, und höchste Weisheit bedeutete ihm, die Gerichte Gottes zu bedenken. «Er sprach einmal zu einem, der zur Universität ziehen wollte zum Studium: Warum willst du auf die Universität? Die Summe aller Wissenschaft ist: Gott fürchten und lieben. Diese zwei genügen dir. Soviel Weisheit besitzt ein Mensch, wie er Gutes wirkt, und kein Stück mehr.»[46] Die letzte Äußerung mutet wie eine Variation zu Franziskus' Wort an: Der Mensch weiß nur soviel, als er verwirklicht hat. Sicherlich gibt es keine Weisheit ohne das Gute. Beide sind miteinander verbunden. Ägidius stieß mehrfach den erschrockenen Ruf aus: «Paris, Paris, du bist der Ruin für den Orden des heiligen Franziskus.»[47] Ägidius war nicht der einzige Mann, der den Hochschulen mit starken Bedenken gegenüberstand. Jacopone da Todi gab in seinen glühenden Lauden der gleichen Befürchtung Ausdruck. Sowohl Ägidius als Jacopone da Todi sind hierin Franziskus ganz nahe gekommen, der nicht die Wissenschaft als solche ablehnte, aber sie nicht als die Aufgabe seiner Brüder betrachtete. Als Argument gegen diese Auffassung kann Bonaventura angeführt werden, der schon der zweite Gründer des Ordens genannt wurde. Nun ist Bonaventura eine edle Gestalt, der auch eine augustinische Religionsphilosophie vertrat. Aber zwischen Franziskus und Bonaventura besteht ein Unterschied, den man bei aller Sympathie für den dritten General nicht wegdiskutieren darf. Schon Bonaventuras Annahme der Kardinalswürde zeigt die Verschiedenheit, denn bei Franziskus ist dies schlechterdings nicht vorstellbar. Die Andersartigkeit wird dem Leser auch bewußt, wenn er Celanos Vita über Franziskus neben diejenige von Bonaventura stellt. Letztere hat eine offizielle Färbung und besitzt nicht mehr den gleichen ursprünglichen Schwung. Bis zum heutigen Tag spricht die Schultheologie keine eigene Sprache; sie darf sie nicht sprechen, weil sie die Worte der Scholastiker wiederholen muß. Glücklicherweise ist die gelehrte Theologie nicht die ganze Theologie, denn es gibt neben ihr auch eine Theologie des Herzens. Wenige wissenschaftliche Theologen haben die Einfalt nicht verloren, eine Feststellung, die man mit allen gelehrten Büchern über die wissenschaftlichen Studien im franziskanischen Orden nicht aus der Welt schaffen kann.

Ägidius führt in seinem Büchlein auch Dinge an, die man nicht ohne weiteres übernehmen kann. Mehrfach spricht er vom Verhältnis von Seele und Leib, das er durch einen schroffen Dualismus zu bewältigen versuchte. Diese unversöhnliche Gegenüberstellung ist zu einfach und wird der Kompliziertheit des Problems nicht gerecht. Ägidius stand hierin in der damaligen christlichen Tradition, die eine leibverneinende Einstellung einnahm. Ihm war die Seele wichtig, eine Auffassung, die er mit allem Nachdruck betonte.

«Viele finde ich an der Arbeit für den Leib und wenige für die Seele.»[48] Die Beobachtung ist gewiß richtig, dabei ist doch der Leib für die Seele geschaffen und nicht umgekehrt. Über «das Fleisch» äußerte sich Ägidius abfällig, sah er doch im Begehren des Fleisches nur einen Verrat und pries dafür die Keuschheit, die er allerdings innerlich verstand: «Keuschheit nenne ich es, alle Sinne für die Gnade Gottes zu bewahren.»[49] Der Mensch ist jedoch mit den zwei Schwerpunkten erschaffen, der Seele und dem Leib, weshalb er nicht den einen um des andern willen auslöschen darf. Er würde sonst zu einer einseitigen Persönlichkeit, die nie den Ausgleich findet. Eine Bejahung von Seele und Leib ist das erstrebenswerte Ziel, das dem Christen entspricht, wobei die Seele die Führung übernehmen muß. Sie ist freilich leicht zu postulieren und schwer zu verwirklichen. Denn der Leib hat die Tendenz, sich allein in den Mittelpunkt zu rücken, und wenn «das Fleisch» zu regieren beginnt, gerät der Mensch unweigerlich in einen Wirbel hinein. Die Herstellung einer ordnenden und ausgewogenen Harmonie zwischen den beiden

Schwerpunkten ist eine schwere Aufgabe, die immer wieder in Angriff zu nehmen ist, wenn ihr auch nur selten ein völliges Gelingen beschieden ist. Ägidius kann hierin dem Menschen nur bedingt Wegweiser sein, weil er den gewünschten Ausgleich auch nicht gefunden hat und sich trotz seiner Heiterkeit in einer drastischen Leibbekämpfung verausgabte. Die Harmonie war nur wenigen begnadeten Menschen gegeben. Aber sie bleibt das Ziel, das den Christen vor Augen schweben muß; solange er das nicht erreicht hat, ist sein Friede nicht voll. Ägidius' Sicht des Leibes kann nicht die unsere sein, weil seine Leibverachtung in religiöser Beziehung fragwürdig ist. Aber sie stellt ein homöopathisches Heilmittel gegen die moderne Leibvergötzung dar, die den Menschen in eine neue Sklaverei führt. Deswegen gereicht sie Ägidius' Buch nicht zum Nachteil. Wie menschlich, daß in ihm nicht nur fertige Lösungen gegeben werden, sondern auch Worte enthalten sind, die zum eigenen Nachdenken nötigen. Alle Ansichten des Ägidius zu bestätigen wirkt steril, denn stets ist der Mensch gehalten, die Dinge zu prüfen und zu überdenken.

Der im verborgenen lebende und allem Geltungsbedürfnis fernstehende Ägidius kannte keine Anpassung an die Zeit. Geradezu beschwörend sagte er: «Wer das Joch des Herrn sich erleichtert, macht es sich schwer, und wer es sich schwer macht, erleichtert es sich.»[50] Mit seiner Einsicht sind alle auflösenden Reformbestrebungen gewogen und zu leicht befunden. Nach ihm muß der echte Christ gegen den Zeitgeist kämpfen und ist verpflichtet, den Kampf allezeit auszufechten. Trotz aller Zurückgezogenheit reihte sich Ägidius zu den Widerstandskämpfern, und alle seine Anweisungen galten der Ablehnung des modischen Zeitgeistes. Es sind dies keine billigen Ratschläge, sondern aus einer geistlichen Erfahrung heraus gesprochene Richtlinien, die auch vor paradoxen Formulierungen nicht zurückschrecken: «Wer nicht zwei Menschen aus sich macht: einen Richter und einen Befehlshaber, kann nicht zum Heil kommen.»[51] Nach ihm wird jedes Volk, das in eitler Selbstbespiegelung dem Größenwahn verfällt, von Gott unfehlbar klein gemacht.

Doch erschöpfte sich Ägidius nicht in zeitkritischen Glossen, ihm ging es darum, dem Menschen positive Werte zu vermitteln, weswegen er ihm das heilige Vorbild vor Augen rückte. «Hätten wir die Väter, unsere Vorfahren, nicht zu Vorbildern gehabt, vielleicht lebten wir nicht im Stande der Buße, in dem wir nun stehen.»[52] Die Äußerung entsprach seiner Erfahrung, denn er hatte Franziskus erlebt und vergaß nachträglich nicht, was er ihm zu verdanken hatte. Dabei sah Ägidius sein Vorbild nicht idealistisch oder schwärmerisch. Er wußte, daß es Franziskus an körperlicher Kraft gefehlt hatte, und meinte, hätte er einen stärkeren Körper gehabt, so wäre freilich niemand auf der ganzen Welt imstande gewesen, ihm zu folgen. Aber Ägidius erkannte die Notwendigkeit des Vorbildes, er war durchdrungen davon, daß der Mensch ein Leitbild braucht. Ohne die Väter, und das waren für Ägidius die Heiligen, wäre auch er dumpf geblieben. Aber wer kennt heute noch die Heiligen ihrem inneren Gehalt nach und nicht bloß als fromme Abbilder? Was gäbe es für eine Wende im Geistesleben, wenn die studierende Jugend die Heiligen statt die Soziologen lesen würde? Sie wäre mit einem Schlag vom unglückseligen Herdentrieb erlöst, dem sie heute verfallen ist. Wer das Richtbild preisgibt, verliert sich im Labyrinth des Lebens. «Wer Christi Leben nachvollzieht als Jünger Christi, wird ein ‹jüngerer Christus›» – ein grandioser, beinahe nicht zu erfassender Gedanke des Ägidius[53]. Um dieses Zieles willen waren ihm die Heiligen wichtig. «Die heiligen Männer und die heiligen Frauen waren bestrebt, das Gute, an das sie glaubten und das sie zu erreichen vermochten, in die Tat umzusetzen. Und was sie nicht durch Taten zur Verwirklichung bringen konnten, das verwirklichten sie in heiligem Verlangen. Den Rest der Leistung ersetzte heilige Sehnsucht.»[54] Die Auffassung von den Heiligen als sanften Tugendbolden mit frommem Augenaufschlag jagte ihm einen Widerwillen ein, denn für ihn waren sie eine Art Wölfe, die man kaum in der Öffentlichkeit spazieren sieht, weil sie sich im Versteck aufhalten. Schade, daß sich diese Sicht der heiligen Vorbilder nicht durchgesetzt hat – das fade Heiligenmodell hätte gar nicht entstehen können. Der Gegenspieler zum Leitbild des Ägidius ist der Wichtigtuer, der sich sowohl auf dem Gebiet der Theologie als der Politik, der Kunst als der Wissenschaft breitmacht. Er führte schon zu Ägidius' Zeiten das große Wort, aber der Einsiedler verachtete ihn: «Hei, hei, groß Geschrei und nichts dabei.»[55] Mit diesem Urteil ist auch die ganze Diskussionssucht der Gegenwart durchschaut. Sie führt zu keinem Resultat. Nach Ägidius ist das Wort Gottes weder beim bloßen Hörer noch beim bloßen Redner, sondern beim Vollbringer, dem allein vorbildlichen Leitbild.

Bedeutsam sind Ägidius' Ausführungen über Gott, der das große Ziel ist, dem er seine Leser entgegenführen will. Stets ist das Verhältnis zu Gott das Primäre, das nicht einem korrekt formulierten Gottesbegriff gleichzusetzen ist. Um Gott kreisen seine Gedanken unablässig, von ihm ist er in Atem gehalten, und nie kommt er zu Ende mit dem unbegreiflichen Gott. Für wen die Gottesbeziehung endgültig bereinigt ist, der hat mit ihr gar nie recht angefangen. «Was immer man ersinne und besehe, berede und mit Händen greifen kann, ist ein Nichts im Vergleich mit dem, was weder ausgedacht noch ausgesprochen, nicht geschaut oder abgetastet werden kann. Alle Weisen und Heiligen aus Vergangenheit, Gegenwart und Zukunft, die über Gott gesprochen haben oder noch sprechen werden, haben nichts ausgesagt und werden auch niemals etwas aussagen, das dem entspräche, was Gott ist... Die ganze Heilige Schrift spricht ja gleichsam nur lallend zu uns.»[56] Deutlicher läßt sich die völlige Unbegreiflichkeit Gottes nicht mehr umschreiben; tatsächlich ist ein begriffener Gott kein Gott. Nur wenn der Mensch verstanden hat, daß er mit seinem Verstand nie Gott verstehen kann, nähert er sich dem wahren Gottesverständnis.

Den Kern der «Goldenen Worte» bilden die Wegmarken mit ihrem richtungweisenden Dienst. Es ließe sich auch von einer Stufenleiter reden, denn das Wort «Stufe» gebrauchte Ägidius oft. Gleich im ersten Kapitel der «Goldenen Worte» heißt es: «Die Gnadengeschenke Gottes und die Tugenden sind Stufe und Weg zum Aufstieg in den Himmel, Laster und Sünde hingegen Weg und Stufe zum Abstieg zur Hölle.»[57] Bei der Beschauung unterscheidet er sieben Stufen: «Feuer, Salbung, Ekstase, Sehen, Genuß, Ruhe, Herrlichkeit.»[58] Er unterstellt seine Stufenleiter dem paradoxen Grundgesetz: «Der Weg zum Aufstieg heißt Abstieg.»[59] Das ist der fundamentale Gedanke des ganzen Büchleins, den er in leichter Variation wiederholt: «Je mehr Abstieg, desto mehr Aufstieg.»[60] Der Aufstieg zum Göttlichen ist nicht mit dem Aufstieg innerhalb einer beruflichen Laufbahn zu vergleichen, denn es gibt da keine Karriere vom Lehrling bis zum Direktor, sondern es geht zuerst in die Tiefe hinunter, und je tiefer einer fällt, um so höher hinauf kommt er. Diese Erfahrung kehrt jede menschliche Haltung um, schlägt der Allerweltsauffassung ins Gesicht und enthüllt das Wesen des Evangeliums. Sie erschließt sich auch der tiefsinnigsten Meditation nicht, sondern nur der eigenen Verwirklichung. Es ist nicht möglich, alle Stufen in diesem Zusammenhang zu erwähnen, denn dies bedingte eine Zitierung aller «Goldenen Worte», und dies kann nicht der Zweck dieser Ausführungen sein, die doch vielmehr darauf angelegt sind, den Leser aufzumuntern, zu diesem Büchlein selbst zu greifen. Einige Stufen sollen nur erwähnt werden, Worte, die sich in ihrem inneren Wahrheitsgehalt freilich nur dem geöffneten Menschen erschließen.

Die erste Stufe ist die Geduld. Sie ist unmodern und wird heute beinahe bespöttelt. Trotzdem ist sie eine unumgängliche Voraussetzung, denn wer die Geduld nicht aufbringt auf dem Weg zu Gott, wird nie an das Ziel kommen. Im Neuen Testament wird die Geduld gelobt und von der Geduld der Heiligen gesprochen. Sie spielt auch im Denken des Ägidius eine Rolle. «Ertrage geduldig alles Unrecht», schreibt er und klagt darüber, daß wir keine guten Dulder mehr sind. «Mein Freund, je mehr du murrst, desto schwerer machst du es dir.»[61] Dies ist psychologisch fein beobachtet. Zwischen dem Unglück und der Haltung der Geduld oder der Auflehnung besteht eine seltsame Querverbindung. Das dem Menschen so naheliegende innere Hadern kompliziert die Situation, während die geduldige Ergebung in den Willen Gottes die Bürde leichter zu tragen hilft.

Die zweite Stufe schließt den Begriff des Gehorsams in sich. Ein Ordensmann, der den Gehorsam nicht kennt, hat seinen Beruf verfehlt. Der Gehorsam ist eine Tugend, eine Hilfe für den Menschen, und gegen ihn darf niemals das subjektive Gewissen ausgespielt werden. Statt über den Kadavergehorsam den Kopf zu schütteln, müßte man bedenken, daß Gehorsam nichts anderes heißt, als Gottes Worte vollziehen, als im Hinwenden zu Gott sich selbst überwinden. Ägidius liebte es, die Gehorsamsforderung beinahe überspitzt zu formulieren: «Wenn einer in der gewiß großen Gnade stünde, mit Engeln zu reden, und er würde von einem Menschen gerufen, dem er Gehorsam gelobt hat, so müßte er das Engelsgespräch abbrechen und dem Menschen Folge leisten.»[62] Es dürfte wenige Christen geben, die dazu fähig sind, und wenige, die die Stufen des Ägidius so selbstverständlich ersteigen.

Der nächste und einer der wichtigsten Schritte auf der Stufenleiter ist das Gebet. «Das Gebet ist Beginn und Beschluß alles Guten. Beten bringt Licht in die Seele und führt zur Erkenntnis alles Guten und Bösen. Wer nicht zu beten weiß, erkennt Gott nicht.»[63] Für Ägidius war das Gebet keine Selbstverständlichkeit. Er erfaßte es durchaus als das große Vorrecht des Menschen, und ihn durchzuckte ein heiliger Schauer, wenn er als kleines Menschlein zum Allerhöchsten sprach: «Wer bist du, zu dem ich bete, und wer bin ich, der ich bete?» Er selbst gab sich die Antwort: «Ich bin ein Sack voll Kot, ein Würmlein, du der Herr des Himmels und der Erde.»[64] Ein Bruder fragte einst Ägidius, wie er ein Mann des Gebetes werden könne, worauf er die Antwort erhielt: «Warum ist jener Acker ergiebiger als der danebenliegende? Weil der Bebauer jenes Ackers mehr gearbeitet hat als der des unfruchtbaren. Ein Schmied hämmert das Eisen mit vielen Schlägen, bevor es die vollkommene Form erhält. Glaubst du, ohne Arbeit ein Mann des Geistes sein zu können?»[65] Beten ist Beginn und Beschluß alles Lebens, es bringt Licht in die Seele, und wer nicht zu beten weiß, erkennt Gott nicht. Ägidius war ein kontemplativer Mensch, der in der Verbindung mit Gott das höchste Ziel des Lebens sah.

Eine bedeutsame Sprosse auf Ägidius' Leiter zum Ewigen ist die Demut. Sie hatte durch Franziskus' Lebensgestaltung einen ganz neuen Klang für die christlichen Ohren bekommen, obwohl Franziskus sie nicht erfunden hat. Die Demut ist christlichen Ursprungs, denn Christi Fußwaschung ist gar nicht anders zu verstehen. Ägidius hat über die Demut tiefe Einsichten niedergeschrieben, Erkenntnisse, die um so höher zu bewerten sind, als heutzutage die demütige Haltung in Vergessenheit zu geraten scheint. «Keiner kann zur Erkenntnis Gottes kommen außer durch Demut», sagte er. Sie ist nur ein anderes Wort für Abstieg. Mit einer Ansichtssache, bei der man in guten Treuen verschiedener Meinung sein kann, hat das nichts zu tun. Ägidius sprach das Grundgesetz des christlichen Weges aus, das dem natürlichen Sinn widerstrebt und das doch allein zum göttlichen Ziel führt. Immer ist der Aufstieg an den vorhergehenden demütigen Abstieg gebunden. Nach Ägidius «ist ein großer Schritt zur Demut getan, wenn der Mensch erkennt, daß er seinem Willen stets im Wege steht»[66]. Die Demut versteht sich nicht auf Reden. Sie erschien dem Einsiedler wie der Blitz. Das neuzeitliche Mißverständnis, das die Demut mit einer schwächlichen Sache verwechselt, ahnt die Kraft der Demut nicht. Ihre Verwirklichung ist von jedem Christen gefordert, und wenn sie auch in der modernen Zeit in Verruf geriet, hat dies nichts zu bedeuten, sondern gereicht dem heutigen Menschen zum eigenen Schaden. Sie verleugnen hieße dem Evangelium die Essenz nehmen.

Die oberste Stufe war für Ägidius die Liebe, die «größer ist als alle anderen Tugenden»[67]. Damit stellte er die richtige Rangordnung her. Auch Paulus hat in seinem berühmten Lobpreis die Liebe über den Glauben und die Hoffnung gesetzt. Ägidius forderte das christliche Handeln aus Liebe, weil sie Anfang und Ende des Christentums ist. Er selbst hat sich «aus Liebe zu Gott» Franziskus angeschlossen, was dem einzig legitimen Beweggrund entspricht. Wenn der Mensch liebt, wird er auch Liebe finden, und wer viel liebt, wird noch mehr Liebe empfangen. Erst wenn die Christen aus Liebe leben, überwinden sie das

Angstgefühl, das so viele Menschen beschleicht und ihren seelischen Zustand belastet. Die Angst ist auch in der modernen Zeit in anderer Form stark verbreitet. Wer von der Liebe erfüllt und durchdrungen ist, wer «aus ganzem Herzen, aus ganzer Seele, aus ganzem Gemüt und mit allen Kräften» liebt, der überwindet die Angst und braucht nichts mehr zu fürchten.
Die «Goldenen Worte» lassen sich mit Büchern der Gegenwart nicht vergleichen. Viele heutige Schriften wollen mit reißerischen Titeln den Leser anlocken. Nichts von alledem ist bei Ägidius' Werk wahrzunehmen. Die «Goldenen Worte» sind kein Buch des Zornes, das die Wut nach außen statt nach innen kehrt; sie sind auch kein Ausfluß der Ironie, die in ihrer Kälte das Herz unbewegt läßt. Nichts davon ist vorhanden, weil die «Goldenen Worte» aus einer anderen Tiefe stammen. Bei ihm sind die einzelnen Kapitel mit schlichten Worten überschrieben. Ein Aufbau des Büchleins ist nicht zu erkennen, obwohl die Gedanken in Gruppen geordnet sind. Der Herausgeber bemerkt dazu: «Eine Mischung von hoher Mystik, frommem Eifer und sicherer Seelenkenntnis. Aber auch das Paradoxe, das urtümlich Derbe, der Humor und das volkshafte Sprechen fließen mit hinein.»[68] Die einzelnen Worte sind von ungleicher Bedeutung, wie dies bei solchen Sammlungen immer der Fall ist. Es hat in ihnen beachtenswerte Ausführungen, die man nicht isoliert betrachten darf, weil man sonst den Gedanken der Stufenleiter übersieht. Ägidius, der ein Diener Gottes war, sprach in einer unsagbaren Herzensfreude ungewöhnliche Gedanken aus, «goldene Worte», die der heimlichen Weisheit angehören, wie man die Mystik zu nennen pflegt. Er bezweckte damit eine «heilige Erschütterung»; ein anerkennendes Menschenlob war ihm gleichgültig. Ägidius hatte, als er seine Worte aufzeichnete, die Wirrsale des Lebens hinter sich, sein Geist war in Demut zur Ruhe gekommen, und nun sprach er die Sprache des Schweigens. Die «Goldenen Worte» lassen sich, sowenig wie Angelus Silesius' «Cherubinischer Wandersmann», in einem Zug lesen; man muß sie in kleinen Dosen zu sich nehmen. Ein Mensch schrieb sie, den die Einfalt mit innerer Schaukraft erfüllte.

Ägidius' «Goldene Worte» sind nicht für jedermann geschrieben; sie sind für jene bestimmt, die zuhören wollen und nach einem Leitfaden für ihr religiöses Leben fragen. Dem Tugendspiegel oder der alttestamentlichen «Weisheitsliteratur», die keineswegs geringzuachten ist, darf man sie nicht gleichsetzen. Die «Goldenen Worte» sind auch nicht als ein Spruchkästlein zu betrachten, aus dem man gleich einem naschhaften Kinde einige schöne Worte herausklauben darf. Noch weniger haben sie mit einer jener Aphorismensammlungen etwas zu tun, wie sie in der Gegenwart vielfach fabriziert werden, weil der Mensch ein Problem höchstens noch aufsplittern, aber nicht mehr zu Ende denken kann. Die «Goldenen Worte» sind eindeutig geistliche Erfahrungen. Ein Mystiker hat sie geschrieben, der ein bestimmtes Ziel kannte und die Menschen in die Nähe Gottes zu führen fähig war. Mit all diesen Hinweisen sind die «Goldenen Worte» keineswegs ausgeschöpft; sie erschließen sich überhaupt nicht einem flüchtigen Blättern. Das Büchlein erfordert eine wiederholte, langsame Lektüre, nur dann dringt man in seinen Geist ein. Wer sich aber einmal eingehender in sie vertieft hat, der möchte sie nicht mehr missen. Das «segenbringende Seelenbuch», wie man es schon nannte, spricht die vergessene Sprache der Kindheit, nach der auch der heutige Christ wieder sucht und die er immer noch nicht gefunden hat. Ägidius' Worte richten sich an Leser, die wissen, daß das Christentum sich auf Christus und auf nichts anderes gründet. Die «Goldenen Worte» wenden sich an die christlichen Christen, die durch ihr Sein die Entchristlichung Europas aufhalten.

Es gibt eine Begebenheit, die alle Ausführungen in eine einzige Symbolhandlung zusammenfaßt und dadurch unvergeßlich bleibt. Sie wird merkwürdigerweise in den «Fioretti» und nicht in der Vita des Ägidius erwähnt. Die «Fioretti» werden gewöhnlich von der wissenschaftlichen Forschung und selbst von den Franziskanern nicht herangezogen. Allzuspät sind sie entstanden, als daß sie historischen Quellenwert beanspruchen dürften. Deswegen werden die «Fioretti» als bloße Legenden auf die Seite geschoben, da Geschichte doch in Dokumenten vorhanden sein müsse, obschon überraschenderweise oft gerade das, was im christlichen Leben entscheidend ist, nicht in Dokumenten steht! Nach Péguy «sollte man die Katholiken mit einem großen Knüppel verprügeln, wenn sie anfangen, in wissenschaftlichem Ton von ihren Legenden zu reden»[69]. Es gibt nichts Unbeholfeneres, als eine Legende auf ihre geschichtliche Zuverlässigkeit zu untersuchen, da sie doch nach einer ganz anderen Dimension ausgerichtet ist. Bei der Lektüre der «Fioretti» kommt man über die mystische Erfassung des Ägidius aus dem Staunen nicht heraus. Eine solche Begebenheit erfindet man nicht. Sie hat mit Geschichtlichkeit auch nichts zu tun, und alle Wissenschaft läßt sie weit hinter sich, da sie in der Tiefe der Seele erlebt wird. Wer noch nie eines mystischen Grußes gewürdigt wurde, sollte wenigstens über den Vorgang schweigen und ihn nicht mit einer unpassenden Methode verunstalten. Die Frage erhebt sich, was das für ein Mensch gewesen sein muß, von dem eine solche hauchzarte Berührung von Seele zu Seele berichtet wird. Sie ist von einem unnachahmlichen Fluidum umgeben und ist ihrer zusammenfassenden und abschließenden Schau wegen im Wortlaut anzuführen:

«St. Ludwig, der König von Frankreich, zog aus, zu wallfahrten, auf daß er die heiligen Stätten der Welt besuchte. Und da er den großen Ruhm der Heiligkeit von Bruder Ägidio vernahm, der unter den ersten Jüngern St. Francisci gewesen war, nahm er es sich in seinem Herzen vor und beschloß, ihn in Person heimzusuchen; zu dem Ende kam er nach Perugia, wo genannter Bruder Ägidio damals wohnte. Und als er an die Pforte kam der Stätte, da die Brüder wohnten, gleich einem armen Pilger und unerkannt, mit wenigen Gefährten, fragte er in großem Drange nach Bruder Ägidio und sagte dem Pförtner, den er darum fragte, nicht, wer er sei.

Geht nun der Pförtner zu Bruder Ägidio und sagt, daß an der Pforte ein Pilger stehe, der seiner begehre. Und von Gott ward diesem eingegeben und geoffenbart, daß jenes der König von Frankreich sei: Daher geht er sofort in großem Eifer aus der Zelle und läuft an die Pforte. Und ohne nach anderm zu fragen

oder daß sie sich jemals gesehen hätten, knieten sie in großer Ehrfurcht nieder und umarmten sich und küßten sich mit solcher Vertrautheit, als hätten sie lange Zeit miteinander große Freundschaft gehalten. Doch während dieser ganzen Zeit sprach weder der eine noch der andre, sondern sie hielten einander also in den Armen mit jenen Zeichen inniger Liebe und schwiegen. Und nachdem sie geraume Zeit also verblieben waren, ohne sich ein Wort zu sagen, schieden sie voneinander; und St. Ludwig zog weiter auf seine Wallfahrt, und Bruder Ägidio kehrte in seine Zelle.
Da der König fortging, fragte ein Bruder jemanden, so mit ihm gekommen, wer das gewesen sei, der so lange mit Bruder Ägidio in Umarmung gelegen hätte. Und jener antwortete, es sei Ludwig gewesen, der König von Frankreich, der gekommen war, Bruder Ägidio zu sehen. Wie das nun jener den andern Brüdern gesagt hatte, ward es ihnen zu großer Betrübnis, daß Bruder Ägidio zu ihm kein Wort gesprochen, und es tat ihnen darum leid, und sie sagten ihm: ‹O Bruder Ägidio, weshalb warst du von so unhöfischer Art, daß einem so heiligen Könige, der von Frankreich herkam, um dich zu sehen und gute Rede von dir zu hören, du vielmehr gar nichts gesagt hast?› Antwortete Bruder Ägidio: ‹Liebe Brüder, nehmt euch des nicht wunder! Darum vermochte weder ich ihm noch er mir ein Wort zu sagen, weil alsbald, da wir einander umfaßt hatten, das Licht der Weisheit mir sein Herz entdeckte und offenbarte und ihm das meine. Und da wir so durch Gottes Werk einander in die Herzen schauten, erkannten wir das, was ich ihm sagen wollte und er mir, viel besser, als wenn wir mit dem Munde geredet hätten, und mit größerer Freudigkeit des Trostes, als wenn wir mit Worten einander hätten künden wollen, was wir im Herzen fühlten. Wegen der Unvollkommenheit der menschlichen Sprache, die nicht in Klarheit Gottes verborgene Geheimnisse auszudrücken vermag, hätte uns dieses eher zur Kümmernis gereicht denn zur Freudigkeit des Trostes. Und darum wisset, daß der König von mir schied in wunderbarer Zufriedenheit und getrost in seiner Seele.»[70]

BRUDER KLAUS

Hinter dem Rücken blieb die Wahrheit da

In einer Vision sah Niklaus von Flüe «den Pilatusberg in den Erdboden versinken, und offen lag die ganze Welt, so daß alle Sünden in der ganzen Welt sichtbar wurden. Es erschien eine große Menge von Leuten, und hinter den Leuten erschien die Wahrheit, und alle hatten ihr Antlitz von der Wahrheit abgewendet. Und es trat an allen ein großes Gebrest am Herzen zutage, so groß wie zwei Fäuste zusammen. Dieses Gebresten war der Eigennutz, der die Leute so sehr verführte, daß sie des Mannes Antlitz nicht zu ertragen vermochten, sowenig wie der Mensch die Feuerflammen zu ertragen vermag. Vor grimmer Angst fuhren sie umher und fuhren zurück, fort mit großer Schimpf und Schande, so daß er sie von weitem hinfahren sah. Die Wahrheit, die hinter ihrem Rücken erschien, die blieb da.»[1]

Die Vision vom Pilatusberg ist von einer großartigen Wucht, wie sie der Gebirgswelt entspricht. Ein spürbarer Schrecken durchzittert diese Vision, und es scheint, der Bericht stamme aus uralter Zeit. Der stolze Pilatusberg versinkt im Erdboden und deutet damit ein kosmisches Geschehen an. Die Sünden der Welt werden sichtbar wie im Jüngsten Gericht. Alle Menschen haben sich vor der Wahrheit abgewendet und sind der Selbstsucht verfallen. Ihr Eigennutz zeigt sich wie eine greuliche Geschwulst am Herzen. Vor Angst wissen sie nicht, wohin sie sich wenden sollen, und irren sinnlos umher. Die Menschen können das Antlitz der Wahrheit nicht mehr ertragen. In allem Schrekken aber bleibt die Wahrheit unerschüttert da, auch wenn die Leute ihr den Rücken kehren. Unheimlich an Niklaus' Vision ist die Wahrnehmung, daß die damalige und die gegenwärtige Situation von ihr wie von einem Blitz taghell erleuchtet wird. Der Zeiten Unterschied ist ausgelöscht, immer haben sich die Menschen, verblendet wie sie oft sind, von der Wahrheit abgewendet. Sie aber bleibt unverändert, und nichts wird sie je auslöschen können. Die Vision des Niklaus ist von einer bedrängenden Aktualität; es gibt keine zeitgemäßere Botschaft.

Die aus einem alten Bericht von Caspar von Buel überlieferte Vision bezeugt Niklaus eindeutig als Visionär. Er sah in bedrohlichen Gesichten dem Kommenden ins Antlitz. Seine Visionen leiteten ihn vorwiegend, und daher ist er auch von ihnen aus zu verstehen. Er ist trotzdem dabei ein nüchterner Mensch geblieben. Die Visionen nahmen bei ihm nicht die Form von Verzückungen an, und er erlebte in seinen Entrückungen keine himmlischen Wonnen. Es besteht kein Anlaß, die bildhaften Visionen als gedankliche Konstruktionen anzuzweifeln oder sie gar als krankhafte Einbildungen abzutun, denn dazu brachen sie allzu gewaltig über ihn herein. Nicht nur in der Bibel und im Mittelalter gab es echte Visionen, sondern es gibt sie auch noch in der Gegenwart, man denke nur an Julien Green, der deren mehrere in seiner Autobiographie geschildert hat.

Die tiefenpsychologische Erklärung der Vision übersieht das ursprünglich Originale. Visionen dürfen nicht mit objektiver Kühle bearbeitet werden; die zergliedernde Methode gleitet am Geschehen vorbei und läßt es gar nicht an sich herankommen. Das Antlitz wird dabei von der Wahrheit abgewendet, wie es Niklaus in der Pilatus-Vision erschütternd sah. Visionen sind dem Blitz vergleichbar, der sich nicht einfangen läßt. Sie spotten aller Erklärung und können nur angenommen oder verworfen werden. Die bestürzenden Gesichte gehören zum Leben des Niklaus, denn er wurde von ihnen geführt, und sie haben sich in den entscheidenden Situationen in seinem Dasein eingestellt. Wer auf die vordringliche Pilatus-Vision näher eingeht, dem fährt ein Schrecken in die Glieder, so daß er versucht ist, vor dem Einsiedler zu fliehen. Aber wohin? Die Stimme des

Mannes holt ihn immer wieder ein, auch wenn der Mensch aus Eigennutz noch größere Gebresten an seinem Herzen bekommt, als er sie heutzutage schon hat.
Der Einsiedler im Ranft wurde von den Eidgenossen nie vergessen, und nie mußte er neu entdeckt werden. Allezeit blieb er im Bewußtsein seines Volkes lebendig. Aber die ins Außerordentliche weisende Gestalt veränderte sich seit dem Ende des sechzehnten Jahrunderts, indem die einsetzende Barockisierung sachte seine Persönlichkeit umdeutete[2]. Der Barock mit seiner triumphierenden Gebärde hat seine Berechtigung, aber seine Überfülle ist bei Niklaus nicht am Platze. Unmerklich frisierte, versüßlichte und verharmloste er die Gestalt, so daß die erschreckenden Züge und auch das Hoheitsvolle immer mehr zurücktraten. Die Barockisierung ist nicht nur in der bildnerischen Darstellung deutlich sichtbar, auch in der von Peter Canisius herausgegebenen Gebetssammlung bekommt Niklaus eine Redseligkeit, die nicht zu dem schweigsamen Manne paßt. Die Ummodellierung schadete ihm, indem seine Gestalt eine geleckte Glätte erhielt und nicht mehr viel von seiner Urtümlichkeit zu spüren war. Im neunzehnten Jahrhundert erfuhr der Angleichungsvorgang durch Deschwandens Bilder noch eine weitere Verschlimmerung. Niklaus' Dasein wurde im erbaulichen Stil zu einer rührend-frommen Lebensgeschichte geformt, nach dem üblichen Schema «mehr ein Engel denn ein Mensch», die sich gut zum Vorlesen in einem Jungfrauenverein eignete und mit dem wirklichen Klausner wenig zu tun hatte. Erbaulichkeit ist nicht zu verwerfen, ist sie doch sympathischer als der freche Zynismus. Trotzdem ist jede Stilisierung falsch, weil sie ungewollt eine Verharmlosung nach sich zieht und Niklaus zu einer Art religiösen Figur des Heimatschutzes mit lokalpatriotischem Zuschnitt macht. An dieser Geschmacksfadheit leidet ein großer Teil der Bruder Klausen-Literatur, die gut gemeint und schlecht gekonnt ist. Mit ihren blumigen Schilderungen von lieblichen Obwaldnerwiesen stellt sie eine heute kaum noch zu ertragende Lektüre dar. Dabei redet doch die von Robert Durrer vorbildlich herausgegebene Quellensamm-

lung eine andere, viel härtere Sprache, die der abschwächenden Barockisierung ein Ende bereitet.

Niklaus gehört dem spätgotischen Zeitalter an – mit diesem Satz steht und fällt jede Erfassung seiner Persönlichkeit. Das Hintergründige, Fremdartige, ja Unheimliche seiner Gestalt muß ihm zurückgegeben werden. Dadurch kehrt er aus unserer Zeit, die ihn so merkwürdig unlebendig gemacht hat, in sein Jahrhundert zurück und nimmt sein ursprüngliches Aussehen wieder an, das viel elementarer und gewaltiger wirkt. Niklaus war ein von Gott erfaßter Mensch, ein Mann, der nicht mit kulturellen Maßstäben gemessen werden darf. Sein Dasein unvoreingenommen, nicht zurechtgestutzt betrachtet, weist für modernes Empfinden beinahe archaische Dimensionen auf. Niklaus mutet den heutigen Menschen unverständlich an, aber war er nicht schon seinen Zeitgenossen unfaßlich? Schon damals fuhren sie erschrocken zurück bei seinem Anblick und rätselten über sein Fasten. Die Andersartigkeit muß bestehenbleiben und darf nicht eingeebnet werden. Niklaus' Gebärden veranlassen den Menschen, stille zu stehen, nachzudenken und in sich zu gehen, weil seiner grandiosen Vision vom Pilatusberg Offenbarungscharakter zukommt, die das eigene Leben besser zu verstehen hilft. Wer sich einmal ernsthaft und nicht bloß zur Unterhaltung mit ihm in ein inneres Gespräch einließ, der wird nie mehr von ihm loskommen und mit seinen Gedanken immer wieder zu ihm zurückkehren. Der Klausner wird zu einer Sinnbildfigur für die allezeit unverändert dableibende Wahrheit, die mit ihrer durchdringenden Strahlkraft leuchtend wie am ersten Tag ist.

Da wandte Gott die reinigende Feile an

Das fünfzehnte Jahrhundert war eine verwirrte Zeit. Niemand wußte das besser als Niklaus, der ohne den spätmittelalterlichen Hintergrund nicht zu verstehen ist. Zwar wird er von der damaligen Philosophie und Theologie keine Kenntnis besessen haben, weder von seinem großen Namensvetter Nikolaus von Kues mit seiner Einsicht, «es ist etwas Großes, sich ohne Wanken festhalten zu können, wo die Gegensätze in eins fallen»[3], noch von den unfruchtbaren Reformkonzilien. Das Jahrhundert war aufgewühlt und zerrissen; Boschs phantastische Bilder dokumentieren erdrückend anschaulich die dämonischen Tendenzen. Niklaus schritt als ein Fremdling durch den Aberglauben und die Zweifelssucht, die Sinnlichkeit und die Auflösung seiner Zeit hindurch und bewies damit, daß in allen Jahrhunderten der Mensch unter schwierigen Umständen den Weg zum Ewigen suchen mußte. Die Situation der Kirche und die politische Lage der Eidgenossenschaft war im fünfzehnten Jahrhundert alles andere als erfreulich, aber Niklaus begegnete ihr nicht mit Kritik und Protest, sondern er litt unter ihr und betete für sie. Es ist eine Frage, wie Niklaus in der trostlosen Verwirrung den Pfad ohne seine Visionen gefunden hätte, denn dank ihnen blickte er in die göttliche Zeitlosigkeit mit ihren richtungsweisenden Bildern. Auf die ausklingende Gotik kann das Wort angewendet werden: «Zu jenen Tagen aber waren Offenbarungen des Herrn selten; Gesichte waren nicht häufig.»[4] Bei Niklaus aber war «die Lampe Gottes noch nicht erloschen», im Gegenteil, er zündete sie aufs neue an. Die Gesichte stellten sich bei ihm unerwartet wieder ein und erhellten den dunklen Raum seiner Zeit. Unter diese Sicht gehört sein Leben.

Niklaus' Dasein gehen einige vorgeburtliche Ereignisse voran, die von ihm berichtet werden. Nach dem Zeugnis Heini Amgrunds, des Pfarrers von Stans, habe Niklaus zu ihm gesagt, «daß er im Mutterleib, ehe er geboren war, einen Stern am Himmel gesehen habe, der die ganze Welt durchschien, und seit er im Ranft wohne, habe er stetsfort einen Stern am Himmel gesehen»[5]. Obschon Heini Amgrund ein ernster Zeuge ist, der die Aussage aus Niklaus' Munde erfahren hat, empfindet der kritische Mensch den im Mutterleib erblickten Stern als eine allzustarke Zumutung. Der Bericht erregt seinen Unwillen, weil er für die üblichen Methoden der Geschichtsforschung unzugänglich bleibt und vorgeburtliche Ereignisse für ihn unannehmbar sind. Bei allem Verständnis für das Gefühl des Unbehagens ist doch die strikte Ablehnung eine voreilige Einstellung. Gewiß sind Niklaus' Erlebnisse vor der Geburt eine ungewöhnliche Sache, ob es sich nun um die Vision mit dem Stern oder mit dem Erkennen seiner Paten bei der Taufe gehandelt haben mag[6]. Sie sind aber nicht einmalig in der Gottesgeschichte, deuten jedoch an, daß schon gleich zu Beginn die gewöhnlichen Maßstäbe nicht angewendet werden können. Der Prophet Jeremia und der Apostel Paulus sprechen ebenfalls von vorgeburtlichen Bestimmungen, ohne damit eine Lehre von der Präexistenz der Seele zu verbinden[7]. Es gibt Dinge, die man nicht begreifen kann und die ganz dem Geheimnis verhaftet bleiben; die ewigen Mysterien dürfen nicht in innerseelische Vorgänge abgewertet werden. Vorgeburtliche Geschehnisse sind den unvergänglichen Legenden gleichzusetzen, bei denen nicht die Geschichtlichkeit das entscheidende Problem ist, sondern der ihr zugrunde liegende Sinngehalt. Die Sinndeutung von Niklaus' vorgeburtlicher Vision ist leicht zu verstehen: über seinem Dasein leuchtet ein durch alles finstere Gewölk hindurchscheinender Stern. Der von Niklaus erblickte Stern war, allegorisch gedeutet, der Stern von Bethlehem, der ihn zum zeitlosen Stall geführt hat.

Noch heute stehen in Flüeli das Geburts- und das Wohnhaus. Beide werden jedes Jahr von vielen Menschen besucht. Das Wohngebäude ist ein gut proportioniertes Bauernhaus, schlicht, und doch von stattlichem Aussehen. Die Herdstätte ist rauchgeschwärzt, die Wohnstube niedrig, die Schlafkammer primitiv. Alle Räume reden von urschweizerischer Einfachheit. In dieser häuslichen Geborgenheit wohnten einige Menschen genauso, wie sie heute auf den Bauernhöfen wohnen. Aus Niklaus' Jugendzeit sind nur wenige Mitteilungen auf die Nachwelt gekommen. Von Schulbildung wird nichts berichtet, er war «prachtvoll ungelehrt», meint Mojonnier[8]. Ob Niklaus später lesen und schreiben lernte, ist fraglich, jedenfalls betonen die alten Quellen, Niklaus sei ein Analphabet gewesen. Ein «Studierter» war er nicht, wie würde er sonst zu den Unmündigen gehören? Dagegen hatte er von frühester Jugend an auf dem väterlichen Heimwesen mitzuhelfen, und zwar streng mitzuarbeiten. «Es gab keine Art Arbeit in dieser Zeit, die er nicht gebückten Leibes unternommen hatte.»[9] Das tägliche Brot mußte erarbeitet werden, «gebückten Leibes» sogar, denn bei dem umfangreichen Besitz und dem großen Viehbestand war die Mühe groß. Noch standen keine landwirtschaftlichen Maschinen zur Verfügung, die der Bauer sitzend bedienen konnte. Im Schweiße seines Angesichtes verrichtete Niklaus seine bäuerliche Arbeit, es war Alltag, grauer, schwerer Alltag, der keine Idealisierung verträgt. Niemals war alles sonnig, es gab Unglück im Stall, karge Ernten und manchmal auch Mißhelligkeiten mit Nachbarn. Eine realistische Betrachtung kann seine Herkunft nicht anders sehen.

Niklaus war ein in sich gekehrter Jüngling. Sein Jugendkamerad Erni Rohrer bezeugt im hohen Alter, «Bruder Klaus sei immer ein eingezogener, tugendhafter, frommer und wahrhafter Mensch gewesen, der niemanden erzürnte. Wenn sie vom Acker oder anderen Arbeiten heimkamen, so entfernte sich Bruder Klaus stets allein hinter einen Stall oder sonst einen einsamen Ort. Da betete er und ließ ihn und die andern Knaben laufen, wohin sie wollten.»[10] Eingezogenheit darf nicht als Eigenbrötelei abgetan werden. Nicht einmal die Bezeichnung «Einzelgänger» trifft zu, sonst hätte er nicht in jungen Jahren den Weg zu den Ämtern gefunden. Dagegen war er in seiner Frömmigkeitsausübung keusch, indem er sie vor den Augen der andern Menschen verbarg.

Den herangewachsenen Mann zog die Gemeinde zur Mitarbeit heran. «Er war mächtig in Gericht und Rat», berichten die alten Urkunden[11]. Der später heiliggesprochene Niklaus führte damals den Prozeß, den die Gemeinde Sachseln gegen ihren landesfremden Pfarrer anstrengte, dem sie den nassen Zehnten verweigerte, woraus eine nicht gerade übermäßig klerikale Gesinnung spricht. Mehrere Jahre dauerte seine Amtstätigkeit, während der er reichlich Gelegenheit hatte, die Winkelzüge der politischen Machenschaften wahrzunehmen. Dagegen übte er das Landammannamt nicht aus, wie Gundelfinger irrtümlich berichtet; es wurde ihm zwar angetragen, aber er schlug es wohl wegen der unerquicklichen Erfahrungen aus. Auch vom Richteramt zog er sich zurück, als er in einem visionären Erleben Feuerflammen von schrecklicher Gestalt aus dem Munde eines Richters hervorbrechen sah, der das eindeutige Recht eines Armen zugunsten eines reichen Mannes beugte. Schon damals war nicht die Gerechtigkeit die oberste Richtschnur. Niklaus war bedrückt ob dieser Wahrnehmung, die ihm schwer zu schaffen machte. Gerechtigkeit ist ein urmenschliches Verlangen, aber das Recht ist eine allzu hohe Angelegenheit, über die der Mensch bei aller ernsthaften Bemühung nicht verfügt. Die Gerechtigkeit liegt in den Händen Gottes und kann auf Erden kaum je vollständig verwirklicht werden. Niklaus' Amtstätigkeit darf nicht phantasievoll ausgemalt werden, weil die Urkunden aus jener Zeit in Obwaldens Archiv fehlen. Das Wort «mächtig in Rat und Gericht» endigte für Niklaus in einem bitteren Enttäuschungserlebnis. Alle politische Tätigkeit gleicht einem Versprechen, das nicht gehalten werden kann, und oft führt es den redlichen Menschen in schwere Kollisionen. Während viele Männer diese Dinge nicht durchschauen, hat Niklaus dieses Auseinanderfallen bemerkt. Aber er antwortete darauf nicht mit öffentlichem Protest, da diese hilflose Gebärde ohnehin im Leeren verpufft. Niklaus brachte den Mut auf, aus den schlimmen Erfahrungen die Konsequenz zu ziehen und gab, «mit Ekel erfüllt vor den weltlichen Geschäften», der politischen Amtstätigkeit den Abschied. Schweigend zog er sich aus der öffentlichen Wirksamkeit zurück.

In jenen Jahren beteiligte sich Niklaus auch an den Kriegszügen. Die landläufige Anschauung liebte es, ihn als tapferen Eidgenossen zu bezeichnen, obschon es keine zeitgenössischen Berichte über seine Kriegserlebnisse gibt. Selbstverständlich mußte Niklaus ein trefflicher Soldat gewesen sein, eine Vorstellung, die namentlich zum innerschweizerischen Mannestum gehörte. Als Gründer der Eidgenossenschaft rühmen sie sich gerne ihrer kriegerischen Heldentaten und verfallen dabei oft in eine törichte Prahlerei. Der Liedervers «laßt hören aus alter Zeit» erfordert eine Korrektur. Die Kriegszüge der Schweizer im fünfzehnten Jahrhundert haben nur noch wenig mit dem Erringen der alten Freiheit zu tun. Diese denkwürdigen Tage waren vorbei, geblieben aber war eine unbändige Rauflust, die in den Schulbüchern verherrlicht wird. Die Eidgenossen waren der Kriegslust mit ihrer Beutegier zugetan. Niklaus distanzierte sich davon, da er als ernster Christ nicht die grobschlächtige Freude am blinden Dreinschlagen haben konnte. Die alten Quellen reden eine deutliche Sprache, wenn man sie unvoreingenommen liest. «Er nahm nie ohne auf obrigkeitlichen Befehl an Kriegen teil. Er war der größte Freund des Friedens, doch wo es fürs Vaterland zu streiten galt, wollte er nicht, daß die Feinde wegen seiner Untätigkeit unverschämt großtun könnten; sobald deren Kräfte aber zusammengebrochen und überwunden waren, mahnte er nachdrücklich zur Schonung.»[12] Diese Berichterstattung unterscheidet sich wesentlich von der ungezügelten Kriegslust der damaligen Eidgenossen und hebt Niklaus aus den Anschauungen seiner Zeit heraus. Von seiner Teilnahme an den Kriegszügen wird ausdrücklich gemeldet, daß er «die Feinde wenig geschädigt habe»[13], eine Notiz, mit der die patriotische Geschichtsschreibung nichts Rechtes anzufangen weiß. Niklaus war als Rottmeister im alten Zürichkrieg und auch am unrechtmäßigen Raubzug der Eidgenossen im Thurgau beteiligt. Dagegen wird heute angezweifelt, daß Niklaus es war, der das Frauenkloster St. Katharinental vor der Einäscherung durch die eidgenössischen Truppen gerettet hat. Warum auch nur? Der Gegenbeweis steht auf schwachen Füßen, und der Bericht paßt durchaus zu Niklaus. Vom gewalttätigen Bürgermeister Hans Waldmann liegen keine derartigen Überlieferungen vor, und die Fähigkeit zur edlen Tat ist Niklaus durchaus zuzuschreiben; er erschien auch hierin den Leuten anders als die andern. Der Obwaldner Bauer kannte das Kriegshandwerk aus eigener Anschauung und nahm auch die Schattenseiten der eidgenössischen Feldzüge wahr. Eigene Erfahrungen während seiner Soldatenzeit, und nicht eine moralistische Doktrin, machten Niklaus zum «größten Freund des Friedens». Er war ein Eidgenosse des fünfzehnten Jahrhunderts und ragte doch weit über seine Zeitgenossen hinaus.

Trotz seiner Verschiedenheit war Niklaus von natürlicher Wesensart. Er verheiratete sich mit Dorothea Wyß, einem Mädchen von bäuerlicher Schönheit; dies drücken doch die alten Worte aus, nach denen sie ein «frisches Angesicht und eine glatte Haut» hatte[14]. Sie stammte aus einer rechtschaffenen und frommen Familie. Die beiden Menschen fühlten sich zueinander hingezogen, empfanden Liebe und Zärtlichkeit – Wölflin schreibt ausdrücklich von «seiner geliebten Ehefrau»[15] – und verstanden ihre Ehe als eine göttliche Anordnung, in der ihre Liebe ihre Vollendung fand. Er vermählte sich gewiß aus eigenem Antrieb und nicht aus bloßem Gehorsam gegenüber dem elterlichen Wunsch; die ehelichen Freuden waren ihm sicher nicht «schrecklich und irgendwie wildfremd». Ihnen wurden denn auch zehn Kinder geschenkt. Niklaus wußte noch nichts von den Problemen «eheliche Partnerschaft», «Kirche und Geburtenregelung» und wie alle diese Podiumsgespräche lauten, mit denen lediglich eine Not übertönt und keine echte Hilfe geleistet wird. Auf seine Ehe sind die Worte anzuwenden: «Das ist in der Ehe – nicht mehr: Ein Mann, eine Frau, einige Kinder, einige Geräte zum Essen und zum Schlafen und vielleicht noch ein paar Tiere. Es ist wie am Anfang der Schöpfung. Und vom Anfang der Schöpfung an bis heute, immer ist dies da: ein Mann, eine Frau mit ein paar Kindern und ein paar Dingen im Hause der Ehe.»[16] Es verdient festgehalten zu werden, daß Niklaus zu den verheirateten Heiligen gehört. Man kann auch in der Ehe zu Gott aufsteigen, eine liebenswerte Lebensgefährtin samt der lebhaften Kinderschar ist hiefür kein Hindernis, im Gegenteil, sie stellen eine ausgezeichnete Gelegenheit dar, die Ehe im Dienste des Glaubens zu leben und die Christlichkeit in allen Lebenssituationen zu bewähren. Es stimmt nicht, daß nur Jungfrauen und Klosterleute heiliggesprochen wurden; Ludwig von Frankreich, Elisabeth von Thüringen, Birgitta von

Schweden, Niklaus von Flüe, um nur einige Namen zu nennen, widerlegen diese Behauptung. Auch gibt es neben den kanonisierten noch die vielen unkanonisierten Heiligen, unter denen man Mütter und Väter findet. Um die wirkliche Gottnähe eines Menschen weiß nur der Ewige Bescheid.

Visionen widerfuhren schon dem jungen Niklaus. Nach dem Bericht eines Jugendkameraden sah der Sechzehnjährige «einen hohen, hübschen Turm an der Stätte, wo jetzt sein Häuschen und seine Kapelle steht»[17]. Deswegen gleich von einer Berufungsvision zu reden, ist eine bloße Konstruktion von psychologisierenden Historikern[18]. Die Deutung steht in einem allzu starken Widerspruch zu seinem eigenen Verhalten, da Niklaus noch viele Jahre gar nicht an eine außergewöhnliche Berufung dachte. Es legt sich ein viel schlichteres Verständnis nahe: inmitten seiner Entwicklungsjahre leuchtet schon ein visionärer Turm auf, sozusagen das höhere Ziel, das ihn davor bewahrte, sich in den gegensätzlichen Gefühlen des jungen Menschen zu verlaufen.

Als er später einmal nach seinen weidenden Pferden schaute, überkam ihn unerwartet eine Vision. Er sah plötzlich aus seinem eigenen Munde «eine weiße Lilie von wunderbarem Wohlgeruch emporwachsen, bis daß sie den Himmel berührte. Als aber bald darauf das Vieh vorüberkam und er ein Weilchen den Blick senkte und sein Auge auf ein Pferd heftete, das schöner als die andern war, sah er, wie die Lilie aus seinem Munde über jenem Pferde sich niederneigte und von dem Tiere im Vorübergehen verschlungen wurde.»[19] Niklaus fuhr erschrokken zurück, denn er empfand Freude und Stolz an seinen edlen Pferden, aber in seiner Vision verschlang gerade sein schönstes Tier die wohlduftende Lilie. Was mochte das rätselvolle Gesicht wohl bedeuten? Niklaus begriff die Vision durchaus als Warnsignal: er war in Gefahr, ob der Genugtuung am Irdischen das Überirdische zu verlieren! Der Mensch kann nicht nur den kostbaren Schatz im Acker erwerben, er kann ebensogut seine Drachme verlieren, wie die Parabel Christi dartut. Diese Möglichkeit liegt näher, als es sich der ahnungslose Mensch gewöhnlich denkt, jedenfalls war Niklaus ob der Lilienvision tief beunruhigt; nichts wußte er zu seiner Verteidigung anzuführen.

Nach einiger Zeit wurde Niklaus von einer neuen Vision heimgesucht. Er hörte eine Stimme aus der Wolke, die zu ihm sagte, «er handle töricht, wenn er, auf eigene Kraft sich stützend, unfreiwillig dem göttlichen Willen sich unterwerfe, da jenem Gotte nichts angenehmer sei, als freiwilliger Gehorsam»[20]. Auch die Stimme aus der Wolke hatte einen mahnenden Sinn. Jedenfalls verstand sie Niklaus als einen Vorwurf, nicht unmerklich im Endlichen zu versinken. Familie und Besitztum sind erfreuliche Erscheinungen, es läßt sich gut leben, und man kann sich ihnen wohlig überlassen. Aber nur allzu gerne verfällt der Mensch einer Alltäglichkeit, über die er nicht mehr hinaussieht. Niklaus wollte nicht in den Vorläufigkeiten des Lebens steckenbleiben, die Lilienvision peitschte ihn auf, und die Stimme aus der Wolke hatte ihn unüberhörbar angerufen. Allezeit kommt es auf die Stimme von oben an, das wußte Niklaus, waren ihm doch die Visionen zu einem Element der religiösen Unruhe geworden, die zu unterdrücken er sich nicht erlaubte. Die alte Vita schließt denn auch die Visionen-Überlieferung mit den Worten ab: «Durch diese Stimme gewarnt, fing er an, die häuslichen Interessen, auf welche er bishin große Mühe verwendet, zu verachten und hiefür um so sorgfältiger sich für das Überirdische zu interessieren.»[21]

Niklaus hatte Visionen, doch bekam er es auch mit dem Teufel zu tun, diesem schändlichen Begleiter seines entbehrungsreichen Lebens, den er gleich zum ersten Male als das erkannte, was er war: der Versucher, der ihn von seinem Weg abbringen wollte. Es wäre verfehlt, die Kämpfe mit dem Teufel zu verschweigen, wie es in gewissen Niklaus-Darstellungen geschehen ist, nur weil es dem aufgeklärten Zeitbewußtsein ein Ärgernis bereitet, von solch «abergläubischen» Dingen zu hören. Die alte Berichterstattung meldet übereinstimmend, daß «ihm der Teufel täglich viel zuleide tat»[22]. Die Urkunden, die vom Leiden, vom Ungemach und von der Unruhe berichten, die der Teufel ihm zufügte, sprechen eine zu unmißverständliche

Sprache, als daß sie spiritualistisch verflüchtigt werden könnten. Der Obwaldner Bauer erfuhr den Teufel höchst handgreiflich: Niklaus säuberte einmal seine Bergmattalp vom Dornengestrüpp, «als ihn der Teufel solchermaßen einen Rain hinunter in ein großes Gestrüpp warf, daß er ohnmächtig und auch sonst übel zugerichtet ward»[23]. Sein Sohn stieß auf den besinnungslos am Boden liegenden Vater, trug ihn in die nächste Scheune, und als Niklaus wieder zu sich kam, erzählte er vom Angriff des Teufels, den Gott zugelassen habe. Die Versuchungen waren auch sublimerer Art, indem der Teufel später einmal in Gestalt eines reichgekleideten Edelmannes zu ihm kam und ihm die so vernünftig klingenden Worte zuflüsterte «es sei für ihn völlig unnütz, außerhalb der menschlichen Gesellschaft ein so einsames und viel zu strenge begonnenes Leben zu führen; denn dadurch könne er nicht in die Herrlichkeit des Paradieses gelangen. Wenn er mit ganzer Sehnsucht darnach verlange, so sei es nützer, sich den Sitten der übrigen Menschen anzupassen.»[24] Der Hinweis auf die Sitten der übrigen Menschen ist ein feingesponnenes Netz, in das sich der nach den Ansichten der Leute ausrichtende Christ nur allzuleicht verfängt. Nicht aber der visionäre Niklaus. Später «drang oft der böse Feind mit solchem stürmischen Angriff auf das Häuschen ein, daß dem Gebäude der sofortige Einsturz drohte. Zuweilen betrat er auch in schreckhafter Gestalt das Gemach, ergriff ihn bei den Haaren und zog ihn trotz seines Widerstandes zur Tür hinaus.»[25] Dermaßen dramatisch und massiv erlebte Niklaus den Teufel. Sein Leben floß nicht wie ein klares Wässerlein dahin; der Ablauf glich eher der schäumenden Melchaa. Es erregte unheimliche Gefühle im Menschen, Abgründe taten sich ihm auf, Mächte spielten eine Rolle, von denen der gleichgültige Mensch keine blasse Ahnung hat und die doch das Dasein aller Kreatur bestimmen. Sind die Teufelsbegegnungen nur Produkte einer überhitzten Phantasie? Sind es lediglich Einbildungen eines melancholisch veranlagten Menschen? Naive Ausflüchte! Niklaus erfuhr den Teufel am eigenen Leib. Die Bestreitung der Existenz des Widersachers verrät eine Blindheit gegenüber den finsteren Geschehnissen, die sich jeden Tag auf der Welt abspielen. Nach Franz von Baader «glaubt die Welt dem Teufel zu viel, um an ihn glauben zu können; denn daß es keinen Teufel gibt, das macht ihr nur der Teufel weis»[26]. Niklaus bewies dank dem unverbildeten Bauerndenken noch einen Sinn für unsichtbare Realitäten; der Teufel bedrohte ihn, aber er befand sich nicht in dessen Gewalt. Er leistete Widerstand, was den Satan zu einer Gebärde der Verzweiflung veranlaßte, denn schließlich mußte er unverrichteter Dinge abziehen.

Den Kontrapunkt zu diesem düsteren Geschehen bildete Niklaus' intensives Gebetsleben, mit dem allein er die Teufelsangriffe zu bezwingen vermochte. Niklaus stellte es nicht zur Schau. Vom Gebet ist eine religiöse Keuschheit nicht abzulösen, und Niklaus betete im Verborgenen. Schon als Jüngling pflegte er sich zu verstecken, damit er beim Gebet nicht gesehen werde. Auch der Hausvater ging mit seinen Angehörigen zu Bett, und wenn die ganze Familie schlief, stand er wieder auf, um beim Ofen kniend zu beten. Er betete nicht im Litaneiton, still, aber unablässig, nicht aufhörend sprach er zum Ewigen: «Gott verleihe uns eine selige Stunde zu leben und zu sterben, durch Christus, unseren Herrn.»[27] Niklaus war dabei, seine Gedanken gingen nicht spazieren, er redete in innerer Versenkung mit Gott. Wenn er nachts nach Einsiedeln pilgerte, pflegte er während des ganzen Weges ein einziges Vaterunser zu beten, weil er über jede Bitte meditierte. Es war ein Rufen aus der Tiefe, was wichtiger ist als alle Proklamationen und Manifeste. Niklaus gehörte zu den großen Betern der Christenheit. Der Rosenkranz ist nicht nur das Attribut in der bildlichen Darstellung, sondern er bringt sein wesentliches Anliegen zum Ausdruck. Niklaus war von der Macht des Gebetes getragen, und aus dem Gebet flossen ihm seine Einsichten zu. Die Zeitgenossen haben keines seiner Gebete überliefert, und das bekannte Gebet:

«O Herr, nimm von mir, was mich wendet von dir.
O Herr, gib auch mir, das mich kehret zu dir,
O Herr, nimm mich mir, und gib mich ganz zu eigen dir»[28],

ist, strenggenommen, keine Formulierung von ihm. Dem Geiste nach aber atmet es ergreifend seine Spiritualität. Die Auffassung, «sein Gebet ist noch größer als seine Tat», weil jedes seiner Gebete die Fülle besaß, ist durchaus richtig[29].

Visionen, Teufelskämpfe und Gebetsleben bewirkten im erdverbundenen Bauer eine tiefgreifende Veränderung. Eine innere Unruhe bemächtigte sich seiner. Das gemächliche, gewohnheitsmäßige Leben entsprach ihm ohnehin nicht; es ist auch mit einem christlichen Dasein nicht vereinbar. Er verausgabte sein religiöses Wachsein nicht durch eine nach außen gewandte Betriebsamkeit. Die Unruhe war bei ihm innerlich, und der Glaube bekundete sich in einer starken seelischen Bewegtheit. Die metaphysische Unruhe gehörte zum christlichen Leben, das immer wieder vor der Frage steht: Herr, was willst du, daß ich tun soll? Niklaus, von den Visionen beunruhigt, wurde zum aufgeschreckten Menschen, der nicht länger auf der gewöhnlichen Heeresstraße des Lebens marschieren wollte. «Die liebe Frau und die Gesellschaft der Kinder wurden ihm lästig», und Niklaus geriet in einen Zustand quälender Ratlosigkeit[30]. Aus dem gewöhnlichen Dasein heraus gerufen, suchte er einen neuen Weg, den er freilich noch nicht kannte.

Nach Niklaus wandte Gott «die reinigende Feile und den antreibenden Sporn an»[31]. Diese aufschlußreiche Äußerung erhellt Niklaus' innere Lebensgeschichte, denn schon seine mahnenden Visionen sind als reinigende Feile zu verstehen. Durch den antreibenden Sporn geriet er in harte Kämpfe hinein, eine höhere Hand nahm ihn in den Griff, und es war an kein Ausweichen zu denken. Geschabt, geraspelt und gefeilt wurde er, daß die Späne stoben. Ohne diese Reinigung gelangt kein Mensch ins Reich Gottes. Sie ist die unumgängliche Voraussetzung dazu. Die Schule Gottes ist nicht leicht, und schmerzhaft war auch der Weg, den Niklaus gehen mußte. Eines war ihm nur klar: er durfte nicht mehr in der bisherigen Lebensform verharren. Leidenschaftlich bemühte er sich, Gewißheit über den einzuschlagenden Weg zu erhalten. Das innere Ringen ist nicht zu übersehen, denn auch er ist, trotz aller Begnadung, nicht als Heiliger vom Himmel gefallen. Eine solche Vorstellung entspricht der frommen Erbauungsliteratur und nicht der Wirklichkeit. Vielmehr hat er mit dem Engel des Herrn gerungen und hat wie Jakob gesiegt. Bei Niklaus' innerer Entwicklung hört die psychologische Verstehbarkeit vollends auf und geht von selbst immer mehr in eine überpsychologische Erhellung über. Ohne die reinigende Feile ist das sich Gott nähernde Leben des Niklaus nicht denkbar, mochte sie noch so schmerzlich für ihn gewesen sein.

Seine Gedanken fixierten sich immer mehr auf «Abbruch». Diese Formulierung kommt mehrfach in den alten Quellen vor[32]. Allein schon das häusliche Fasten steht unter diesem Gesichtspunkt. Er begnügte sich mit einem Stück Brot und gedörrten Birnen. Der Abbruchsgedanke steht im Gegensatz zum Bestreben, sich immer neue Dinge zuzulegen, das Wohnen zu verschönern und das Leben zu bereichern. Niklaus kannte diese unersättliche Gier, die doch nie befriedigt werden kann, nicht, er war auf Abbruch bedacht, er wollte auf der ganzen Linie die Fesseln lösen, ohne sich damit dem Leeren auszuliefern. Er dachte an die Zeit, da das irdische Haus ohnehin abgebrochen wird. Abbruch hatte für ihn nichts Destruktives an sich. Verzicht und Entsagung war zunächst sein großes Thema, das bei ihm nicht wehmütige Resignation bedeutet, da sein äußerer Abbau von stärkstem inneren Aufbau begleitet war. Er empfand den Abbruch nicht als Qual, sondern als Wende von der Zerstreuung zum Wesentlichen, als Befreiung von unnötigem Ballast. Ohne Entsagung ist ein religiöses Leben nur schwer denkbar, und das Wort Christi, «wer sein Leben erhalten will, wird es verlieren, wer es verliert, wird es behalten», hat zeitlose Gültigkeit. Da man den inneren Sinn des Abbruchs nicht erfaßte, sprach man die abgedroschenen Worte von der «mittelalterlichen Weltflucht», womit man Niklaus nicht gerecht wurde. Der Gedanke des freiwilligen Abbruchs allein dringt in seine innere Überlegung ein. Statt eine fragwürdige Dingmystik zu betreiben, durchschaute Niklaus scharf die Vergötterung der Dinge, die den Menschen fesselt und versklavt. Die schöne

Lilie mußte vor dem gefräßigen Pferd gerettet werden; dies konnte nur auf dem Weg des Abbruchs gelingen. Die Selbstaufgabe fiel auch Niklaus nicht leicht, denn es waren damit Tränen, Schmerzen und Leiden verbunden, die er sich und den Seinen zufügte. Trotzdem war sein asketischer Weg nicht aus einem verzweifelten Krampf hervorgegangen; er wurde ihm als ein Geschenk von oben gegeben, das ihm die Freiheit von den Dingen vermittelte.

Nach innerem Ringen entschloß sich Niklaus, seine ihm verbleibenden Jahre als Pilger zu verbringen. Fünf Jahrzehnte hatte er der Familie und der Gemeinde gewidmet, der Rest seines Lebens sollte nun Gott gehören. Er legte den Plan seiner Gattin vor, die darüber nicht wenig bestürzt war. Dorothea verwarf das Vorhaben entschieden und war nicht gewillt, auf den Gatten und Vater ihrer Kinder zu verzichten. Diese weibliche Reaktion spricht für und nicht gegen sie. Niklaus dagegen war seiner Sache sicher und gab trotz des Widerstandes seiner Frau den Vorsatz nicht so schnell auf. Lange sprachen die beiden Ehegatten darüber, und jeder hatte gewichtige Argumente ins Feld zu führen. Niklaus berief sich auf die Stimme von oben, die in den Visionen zu ihm gesprochen hatte. Dorothea erinnerte an das Sakrament der Ehe, das unauflöslich ist und lebenslängliche Treue in sich schließt. Ein ergreifendes Ringen begann zwischen den beiden Ehegatten, jeder von ihnen vertrat seine Ansicht mit Nachdruck. Niklaus gab sich die größte Mühe, Dorothea zu überzeugen, und «als er sie immer wieder drängte, gab sie schließlich widerstrebend und unter vergeblichem Flehen ihre Zustimmung»[33]. Es war kein freiwilliges Einverständnis. Niklaus, als der stärkere Mensch, hatte es ihr abgerungen, und Dorothea beugte sich zuletzt dem höheren Befehl. Dorotheas «vergebliches Flehen» und auch ihre Einwilligung sind anerkennenswert. Eines nicht ohne das andere. Es war eine von unendlicher Traurigkeit verhängte Situation. Dorothea vermochte als liebende Gattin das Vorhaben ihres Mannes nicht völlig zu verstehen. Ihre Zustimmung war ihr letzter Liebesbeweis, ein Opfer, zu dem wenige Frauen fähig wären. In ihm überstieg Dorothea sich selbst. Die Haltung der einfachen Frau aus dem Volke ist eine bewundernswerte Leistung, die höchste Anerkennung verdient.

Niklaus' Trennung von seiner Familie wird immer wieder falsch beurteilt. Jeder Lümmel, der überhaupt noch nie etwas Rechtes gedacht hat, fühlt sich berufen, seiner Mißbilligung über Niklaus' Verletzung der Familienpflichten Ausdruck zu geben. Die allzu voreilig urteilenden Menschen werfen sich in die Brust, führen sich als moralische Richter auf, ohne sich zu fragen, ob sie auch hiefür die innere Berechtigung haben. Dabei ist doch das Wort aus der «Mönchsgeschichte» des altkirchlichen Historikers Theodoret über Symeon den Säulensteher zu wiederholen: «Ich bin überzeugt, daß dieses Stehen nicht ohne göttliche Fügung von oben erwählt worden ist, weshalb ich Tadelsüchtige ermahne, ihre Zunge zu zügeln und ihr nicht freien Lauf zu lassen. Sie mögen bedenken, daß der Herr oft solches zum Nutzen der Saumseligen veranstaltet hat.»[34] Es ist eine Verkennung des Problems, Niklaus' Weggehen zu verteidigen. Der Christ denkt ernst über die Familie, aber er weiß auch, daß es einen Ruf Gottes gibt, der über der Familie steht und ihre Bande sprengt; in der vorliegenden Situation wiegt er um so schwerer, als Niklaus sich nicht von einer zerrütteten Ehe löste, sondern sich von einer geordneten, guten Ehebeziehung lossagte. Sein Entschluß barg ein erschütterndes Drama in sich. Wäre er zu Hause geblieben, so wäre er dem höheren Befehl untreu geworden, und nun, da er ihm folgte, versetzte er den Seinen eine tiefe Wunde. Er konnte handeln, wie er wollte, stellte er sich außerhalb der ethischen Bestimmung. Eine christliche Tragödie von shakespearischem Ausmaß liegt darin verborgen, ein Drama, das jenseits von Lob und Tadel ist. Auch im religiösen Raum spielen sich tragische Situationen ab, und selbst Heilige kennen sie. Johanna von Chantal hat sie erlebt, als sie über den auf der Schwelle liegenden Sohn hinwegschritt, um ins Kloster zu gehen. «Die Tragödie stellt die große Frage unserer geschichtlichen Existenz; sie erhebt sich dort, wo der Blick über die Erde emporsteigen muß. Wo das Tragische eliminiert ist, lohnt sich das Dasein nicht mehr.»[35] Die christliche Tragödie kennt einen gangbaren Weg, während die antike Tragödie die Ausweglosigkeit darstellt. Auch Niklaus' Drama kann der mitfühlende Christ nur mit einem tränenüberströmten Antlitz zuschauen; jedes kommentierende Wort ist abwegig.

Endlich kam der schwere Tag des Abschiedes, an dem Niklaus «alles, was ihm kostbar, wert und lieb war», verließ[36]. Es war am Gallustag, die Jahreszeit duldete keinen Aufschub mehr, denn die Blätter begannen sich zu verfärben. Außer den Hausgenossen war kein Mensch Zeuge der schmerzvollen Losreißung. Hart drückte die nächtliche Stunde auf alle Anwesenden. Unbemerkt und unauffällig ging er von dannen, innerlich getrieben vom göttlichen Befehl und in der «festen Meinung, sich ins Elend zu begeben und als Wallfahrtsbruder von einer heiligen Stätte zur andern zu wandern»[37]. Der alte Ausdruck «sich zu verelenden» ist mit «in die Fremde, Verbannung, Armut und Einsamkeit gehen» zu übersetzen; er schloß auch den Verzicht auf die Heimat in sich, der ihm neben der Trennung von der Familie ebenfalls schwer zu schaffen machte. In jener herbstlichen Nacht sagte Bruder Klaus, wie er sich fortan nannte, seiner liebenswerten Gattin und seinen Kindern Lebewohl. Er glaubte, nie mehr zu den Seinigen zurückzukehren. Wer meint, bei dem Anblick dieses Abschiedes noch geschwätzig räsonieren zu müssen, entbehrt des elementarsten Gefühles für die Einmaligkeit der Schicksalsstunde im Leben eines Menschen. Es sind die Außenstehenden, die so reden, jene, die nichts begriffen haben. Angetan mit einem langen grauen, bis an die Knöchel reichenden Gewand, ohne Kopfbedeckung, barfuß, und nur mit einem Stab in der Hand trat Bruder Klaus aus dem Haus und schritt in die dunkle Nacht hinaus.

Wer Gott dienen will, darf sich um niemanden kümmern

Der durch die dunkle Nacht schreitende Pilger lenkte seine Schritte in die Fremde und suchte die Armut Christi in der Ferne zu verwirklichen. Nach der Niklaus-Literatur strebte er dem Elsaß zu, wo der rätselhafte Gottesfreund wohnen sollte. In der Nähe von Liestal überkam ihn abermals eine warnende Vision. Er sah das ganze Städtchen in blutrotes Licht getaucht, als lohte eine große Feuersbrunst zum Himmel. Erschrocken stand er still und fragte beunruhigt nach dem Sinn dieses Zeichens. Er kam mit einem Bauern ins Gespräch und verriet ihm sein Vorhaben. Es war keine Unterhaltung zwischen zwei Bauern, sondern die Rede ging zwischen einem Landwirt und einem Pilger im Aufbruch hin und her, und da gab es keine Verständigung. Der Bauer schüttelte über Niklaus mißbilligend den Kopf und riet ihm in barschem Ton zur Umkehr, da die Eidgenossen wegen ihrer Rauflust im Ausland nicht beliebt waren.

Das visionäre Zeichen, unterstützt durch die derbe Rede des Bauern, verfehlte nicht den Eindruck auf Bruder Klaus. Er war kein Mann, der allen Argumenten unzugänglich blieb. Eine sichtliche, sonst bei ihm gar nicht wahrzunehmende Unsicherheit bemächtigte sich seiner, er schwankte innerlich, und der vor ihm liegende Weg verlor sich im Nebel. Ein einziges Mal scheint Bruder Klaus von einer zögernden Verwirrung erfaßt worden zu sein, in der die klaren Linien zu flimmern begannen. Kaum aufgebrochen, legte ihm der Ewige einen Balken auf den Weg, der ihn am Weiterschreiten hinderte. Angesichts der sich herabsenkenden Nacht kroch Bruder Klaus unter einen Zaun. Er war erschöpft und aufgewühlt. Es begann eine jener vielen schweren Nächte, die in seinem Leben einen breiten Raum einnehmen sollten. Schon zu Hause hatte er manche Nacht wachend zugebracht, und später erst recht, aber in dieser Damaskusnacht «kam ein Glanz und ein Schein vom Himmel, der öffnete ihn am Bauche, wovon ihm solcher Schmerz geschah, als ob ihn einer mit einem Messer aufgeschnitten, und zeigte ihm, daß er wieder heim und in den Ranft gehen sollte»[38]. Ob es eine Vision oder ein Traumgesicht war, ist aus der Überlieferung nicht recht ersichtlich, jedenfalls zeigt der unbeholfene Ausdruck, dass er trotz des himmlischen Glanzes einen überaus schmerzvollen Vorgang zu erleiden hatte. Der gleichsam mit dem Messer aufgeschnittene Leib zeigte ihm, daß die göttliche Operation bis zum Innersten vordrang; es blieb Bruder Klaus nichts erspart. Das schmerzhafte Erlebnis unter dem Zaun gehört zu den entscheidenden Ereignissen in seinem Leben. Das visionäre Traummesser war schärfer denn ein zweischneidig Schwert; Leib und Geist, Mark und Bein schien es zu trennen. Bruder Klaus schreckte zurück, Halt wurde ihm geboten, und er achtete die Warnung. Er erkannte seinen Weg in die Ferne als ein Mißverständnis. Der wahre Abbruch besteht nicht darin, daß man in die Weite flieht, sondern daß der Mensch ins Innere und zu sich selbst geführt wird. Bruder Klaus fühlte sich «wie an einem Seil» zurückgezogen[39]. Er deutete das visionäre Seil nicht falsch: es zog ihn mit aller Macht in seine Heimat zurück; ein Widerstreben war unmöglich, und indem er dem Zeichen gehorchte, gewann er die innere Festigkeit wieder.

Beim Morgengrauen kroch er unter dem Zaun hervor und trat den Rückweg an. Er sah darin kein fatales Versagen, im Gegenteil, Ergebung wurde von ihm verlangt, und deshalb ging er den Weg zurück. Hiezu braucht es oft mehr Mut und Kraft als für ein blindes Vorwärtsstürmen. Er wanderte die gleiche Strecke zurück, nicht als Sieger, sondern als ein Geschlagener und Zurückgeworfener. Ob ein Mensch seine Niederlage eingesteht oder nicht, gibt über seine innere Stärke Auskunft. Der Rückwanderer kam in der folgenden Nacht wieder nach Flüeli, klopfte aber nicht an die häusliche Türe, sondern legte sich still im Kuhstall nieder, um ein wenig auszuruhen. Am frühen Morgen, ehe der Tag heraufstieg, verließ Bruder Klaus in aller Heimlichkeit den Stall. Unerkannt ging er an seinem Wohnhaus vorüber, in dem alle in tiefem Schlafe lagen, und begab sich auf die schwer zugängliche Klisterlialp.

Einige Tage später entdeckten ihn die Jäger, unter ihnen sein ihm zugetaner Bruder, der ihn mit leidenschaftlichen Worten beschwor, «daß er sich nicht durch Hunger selber töte. Niklaus antwortete ihm: Keineswegs, auch in Zukunft nicht, da ich ja bisher noch nicht gestorben bin.»[40] Bruder Klaus lehnte jede Rückkehr in sein Wohnhaus ab und hat es später als eine Gnade bezeichnet, daß er nie mehr vom Verlangen nach seinem Weibe geplagt wurde. Die Nachricht von seinem Aufenthalt auf der Alp durcheilte das Dorf und gab zu allerlei Gerede Anlaß. Der hereinbrechende Winter mit seinen Schneemassen nötigte ihn, sich talwärts zu begeben, und er richtete sich im Ranft, unweit seines Wohnhauses, eine notdürftige Unterkunft ein. Er war abseits von seinem Volk und doch wieder in seiner unmittelbaren Nähe. Damit hatte Bruder Klaus die ihm zukommende Stätte im Herzen der Eidgenossenschaft gefunden. Nicht daß damit alle Probleme für ihn gelöst gewesen wären. Er hatte auch in Zukunft mit dem Teufel zu kämpfen, und auch Visionen wurden ihm zuteil, aber von den Zweifeln über seine Lebensgestaltung war er endgültig befreit. Für immer wußte er, wohin er gehörte. Es war die Stelle, an der er im jugendlichen Alter den visionären Turm gesehen hatte, der er jetzt selbst geworden war. Später faßte die Landsgemeinde den Beschluß, «unter Widerspruch seiner Blutsverwandten, welche sagten, daß es nach größeren Beweisen und längerer Beharrung zu solch mühevollen Ausgaben von Zeit gewesen wäre»[41], ihm eine kleine Kapelle zu bauen, die sich an seine Zelle anlehnte und von der aus er ungesehen durch ein kleines Fensterchen der Messe beiwohnen konnte. Das armselige Häuschen hat sich bis zum heutigen Tag erhalten. Kein Tisch, kein Geschirr und kein Bett waren vorhanden. Zwei kleine Räume, verbunden durch eine steile Treppe, genügten ihm. Er hatte den Abbruch restlos vollzogen. Der wilde Wald umgab die dürftige Behausung, weswegen man Bruder Klaus auch «Waldbruder» genannt hat. Tatsächlich lebte er fortan außerhalb der menschlichen Kultur, innerlich losgelöst von den Menschen und mit ihnen durch eine unverkennbare Solidarität verbunden. Oft zog er sich noch tiefer in den Wald zurück, und es ging das Geflüster um, daß er manchmal «bei Unserer Lieben Frau zu Einsiedeln gesehen wird, aber kein Mensch begegnet ihm unterwegs, weder auf dem Hin- noch auf dem Rückwege»[42]. Der Ranft sollte auch für den heutigen Menschen keine bloße Sehenswürdigkeit sein, gibt er doch die einzigartige Gelegenheit, im Geiste den Heiligen zu besuchen.

Bruder Klaus lebte als Einsiedler in der Ranftschlucht. Die ersten Biographen sahen in ihm das Eremitentum erneuert und nannten ihn einen wiedergekommenen Antonius von Ägypten. Diese Auffassung ist durchaus richtig. Bruder Klaus war ein Anachoret, der jedoch die Einsamkeit nicht als eine würgende Verlassenheit erlebte wie die spätromantischen Dichter, die darob stöhnten. Er war kein in sein Ich eingesperrter Mensch, der ungewollt in eine Isolierung hineingeraten war. Der beständige Wunsch, in einer zufällig zusammengewürfelten Gesellschaft von Menschen seine Zeit zu verbringen, ist Flucht vor sich selbst und läßt zuletzt doch nur das Gefühl der Leere zurück. Statt vom Fluch und vom Leid der Einsamkeit zu reden, erlebte Bruder Klaus sie als Trost, Einkehr und Sammlung. Es war eine Einsamkeit mit dem Ausblick nach oben, er wollte innig und noch inniger mit Gott sein, und deshalb konnte er niemanden bei sich haben. Doch wehe dem Menschen, der allein ist, wenn nicht der Ewige bei ihm ist, denn dann ist das Alleinsein schlechterdings nicht zu ertragen. Unzählige Menschen fühlen sich völlig verlassen, weil sie nicht von Gott getragen werden. Bruder Klaus sehnte sich nach einer beständigen Verbindung mit dem Allmächtigen; der äußere Abbruch hatte ihm denn auch den größten inneren Reichtum gebracht. Ohne die Unterscheidung der beiden Einsamkeiten, der verlassenen und der erfüllten Einsamkeit mit Gott, ist Bruder Klaus nicht zu verstehen. Nur ein Gottesfreund, wie er einer war, vermag Einsamkeit auf die Dauer zu ertragen, ohne Schaden an seiner Seele zu nehmen; er erlebt sie als Beglückung und nicht als Verarmung. Der Christ muß die Einsamkeit lieben lernen.

Das Einsiedlertum war für Bruder Klaus die äußere Bedingung

für sein Büßerleben. Der Klausner war, was viel zuwenig unterstrichen wird, vor allem eine spätmittelalterliche Büßergestalt und kein barocker Spaziergänger. Schon sein armseliger Rock kündet den Verzicht an, er stand damit in offensichtlichem Gegensatz zu der in der Renaissance aufgekommenen Kleiderpracht. Bruder Klaus trug kein Schuhwerk; selbst im Winter wandelte er barfuß über den mit Schnee bedeckten Boden, und stets ging er unbedeckten Hauptes. Verborgen trug er einen Bußgürtel, der heute im Kollegium in Sarnen aufbewahrt wird. Er weihte die Kapelle Maria Magdalena, dem Urbild der Büßer, deren Legende ihm Tränen entlockte, Tränen, die er beim Abschied von seiner Familie nicht geweint hat. Alle diese Tatsachen weisen auf sein Leitbild hin: das zeitlose Büßertum. Seine Buße erstreckte sich auch auf den Schlaf, indem er halb stehend, mit dem Rücken an die Wand gelehnt oder auf der Bank liegend mit einem Stein als Kopfkissen schlief. Mit seiner asketischen Haltung huldigte er jedoch keiner Neigung zu ekelerregenden Dingen oder sonst irgendeiner Selbstquälerei. Der Büßer wollte schon gar nichts von anerkennenden Lobessprüchen wissen: «Nichts Gutes sollst du von dir selbst rühmen.»[43] Obwohl alles in seiner Zelle von einem beängstigenden Abbruch sprach, forderte er niemanden auf, Buße zu tun. Er selbst tat Buße, ohne ein Wort darüber zu verlieren, und verlangte sie nicht von andern Menschen. Mit seinem ganzen Wesen verkörperte er die Buße schlechthin, indem er Sühne leistete für die sündigen Mitmenschen. Das ist wohl auch der geheime Grund, daß ihm das einfache Volk bis zum heutigen Tag mit einer verehrenden Liebe zugetan ist. Es traute ihm auch zu, den Brand von Sarnen kraft seines Gebetes eingedämmt zu haben. An jener Stelle steht heute die Kapelle auf dem Flüelifelsen.

Das Fasten war ein Bestandteil des Büßerlebens von Bruder Klaus. Er hatte es schon in der Welt beobachtet, indem er trotz der schweren Arbeit an vier Tagen der Woche die Fastengebote innehielt, die sich der Bauer selbst auferlegte. Im Ranft erfuhr sein Fasten eine unerhörte Steigerung. Zunächst aß er noch einige Wurzeln und trank gelegentlich aus der vorbeifließenden

Melchaa. Dann verzichtete er auch darauf, um durch die Nahrungslosigkeit «die Welt besser los zu sein»[44]. Er besprach sich darüber mit seinem Seelsorger, dem Pfarrer Oswald Isner, der ihm riet, mit dem «Abbruch der natürlichen Speise» weiterzufahren, sofern er es ohne leiblichen Schaden tun könne. Bruder Klaus versuchte es und lebte fortan ohne Speise und Trank. Darob ist er in der Christenheit zum beispiellosen Faster geworden. Freilich haben es die Menschen selten als eine Bußübung verstanden, indem sie darin eine mirakulöse Tat sahen und vom Fastenwunder sprachen. Das Gerücht verbreitete sich, und bald gab es «keinen Menschen in Deutschland, der die Kunde dieses Wunders nicht vernommen hatte». Ungewollt wurde Bruder Klaus berühmt. Aber man nahm damals das Mirakel nicht ohne weiteres an, Zweifel meldeten sich, denn es war auch für die wundersüchtige Zeit des Spätmittelalters «eine unerhörte Historie»[45]. Die Zeitgenossen konnten es nicht fassen, weshalb die Behörden von Obwalden die Schlucht während einiger Wochen von Wachen umstellen ließen, um herauszufinden, ob Bruder Klaus nicht heimlicherweise Nahrung zugetragen werde. Der Verdacht war völlig unbegründet[46], und der reine Akt der Buße mußte anerkannt werden.

Bruder Klaus selbst war darauf bedacht, sein büßerisches Fasten zu verbergen. Als ihn einmal ein Abt anpolterte: «Du bist also derjenige, der sich rühmt, in so vielen Jahren nichts gegessen zu haben?», antwortete der Einsiedler überlegen: «Guter Vater, ich habe nie gesagt und sage nicht, daß ich nichts esse.»[47] In welchem Gegensatz stehen Frage und Antwort! Von Selbstruhm ist nicht eine Spur zu entdecken. Natürlich wurde er mehrfach darauf angesprochen, aber auf alle zudringlichen Fragen antwortete er mit betonter Zurückhaltung: «Gott weiß», und weiter sprach er nicht darüber[48]. Er ließ sich zu keinen anderen Worten verleiten; dieses Schweigen spricht für den büßenden Eremiten, der das Geheimnis nicht preisgab. Er empfand die Fähigkeit, ohne Speise und Trank zu leben, als eine Gnade, die ihm Gott geschenkt und die er nicht selbst errungen hatte.

Anders verhielten sich die Theologen. Sie schalteten sich ein und betrachteten sich als zuständig, diese Angelegenheit zu beurteilen. Beim Thema «Bruder Klaus und die Theologen» hat man zwei Gruppen zu unterscheiden. Der Waldbruder war mit einzelnen Priestern eng befreundet: Pfarrer Oswald Isner und Heini Amgrund gehörten zu seinen Vertrauten. Ihnen verdankte er viel, und sie waren ihm auch nahe verbunden. Andere Theologen mißtrauten ihm und argwöhnten darüber, daß ein unstudierter Laie eine höhere Vollkommenheit erreicht haben sollte als die Vertreter des Altars. Sie versuchten, ihn unsicher zu machen, was er jedoch mit der schlichten Erklärung niederschlug: «Wenn ich die Demut habe und den Glauben, so kann es nicht fehlen.»[49] Die Antwort beeindruckte den berühmten Prediger Geiler von Kaiserberg dermaßen, daß er sie noch dreißig Jahre später auf der Kanzel erwähnte. Auch der Generalvikar des Bischofs von Konstanz setzte ihm mit der Frage nach der höchsten Tugend zu, und nachdem Bruder Klaus ihm «den Gehorsam» genannt hatte, verlangte er von ihm, auf den Gehorsam pochend, daß er jetzt vor seinen Augen Speise zu sich nehme. Der Waldbruder gehorchte, aber das kleine Stücklein Brot bereitete dem des Essens ungewohnten Bruder Klaus eine Art Erstickungsanfall, der den Generalvikar nicht wenig erschreckte[50]. Andere Theologen liebten es, ihn mit spitzfindigen Fragen zu bedrängen, und hätten ihn zudem gerne der Inquisition ausgeliefert. Die Behörden von Sachseln sahen sich genötigt, ihn vor diesen «fremden Schelmen» zu schützen[51].

Schließlich gab es noch das einfache Volk, das sich zunächst ebenfalls über die Nahrungslosigkeit verwunderte, sich aber mit seinem Gefühl für das Echte vor der unfaßlichen Tatsache beugte. Gerade deswegen verehrte es Bruder Klaus schon zu seinen Lebzeiten und nannte ihn instinktsicher «den lebenden Heiligen», wohl wissend, daß die echten Heiligen leben und nicht tot sind. Es gäbe noch viele Vernunftgründe, die sich gegen das Fastenwunder anbringen ließen, aber sie haben wenig zu bedeuten, weil sie auf einer ganz anderen Ebene liegen. Für den Glauben steht die Nahrungslosigkeit des Bruder Klaus fest;

er ist der Heilige, der ohne Speise lebte. Das Fastenwunder ist ein Zeichen und steht in deutlichem Gegensatz zur ungezügelten Freßsucht der Menschen, die allezeit in Gefahr sind, in der Gaumenlust den Sinn des Lebens zu erblicken. Wer diese Zeichenhaftigkeit übersieht, deutet es unrichtig. Als Zeichen steht es außer Diskussion, und von seiner Tatsächlichkeit waren zur Reformationszeit die katholischen wie auch die evangelischen Christen überzeugt.

Die einzige einleuchtende Deutung des Fastenwunders – zu erklären gibt es da nichts, denn ein erklärtes Wunder ist kein Wunder mehr – stammt von Bruder Klaus selbst. Er sagte zum Kilchherr von Kerns einmal «in seinem Häuschen in großem Vertrauen, wenn er bei der Messe sei und der Priester das Sakrament genieße, dann empfange er davon eine Stärkung, daß er ohne Essen und Trinken sein möge, sonst möchte er das nicht erleiden»[52]. Der heimliche und vertrauensvolle Hinweis auf die Eucharistie, die seine Seele mit unaussprechlicher Süßigkeit erfüllte, entspricht der Sakramentsmystik, die man in Ehrfurcht andeuten, nicht aber rational ausdeuten darf. Die Aussage von Bruder Klaus allein – das heilige Brot, das er in der Messe zu sich nehme, befreie ihn vom täglichen Brot, um das der Christ im Unser-Vater bittet – entspricht dem inneren Verständnis des Fastenwunders; alle anderen Worte fallen dagegen ab.

Bruder Klaus war ein Büßer und gehört sogar zu den großen Büßergestalten der Christenheit. Er verstand den Abbruch als Buße, die bei ihm keine bloße Verneinung war. Er mähte nicht einfach die Wiese seines Lebens kahl. Der Hinweis auf die Eucharistie deutet auf den Hintergrund seines Fastens und zugleich auf das mystische Leben hin, das die notwendige Ergänzung zu seinem büßerischen Dasein ist. Obschon Bruder Klaus ein Laie war, zählt er zu den großen Mystikern der Schweiz, da Mystik geistliche Erfahrung und nicht Studium zur Voraussetzung hat. Umfassende Gelehrsamkeit ist ihr eher abträglich, wogegen sie durch religiöse Erlebnisse gefördert wird. Bruder Klaus führte ein mystisches Leben; seine Einsamkeit, sein Schweigen, sein Fasten, alles weist auf Mystik hin, aus der er zu verstehen ist. Schon früh hat ihn ein befreundeter Priester in die Passionsmystik eingeführt: «Es bleibe die andächtige Betrachtung des Leidens Jesu Christi. Er lehrte mich die Abschnitte des Leidens unterscheiden durch die sieben kanonischen Stunden. Darauf hielt ich Einkehr in mich und begann die Übung täglich zu erfüllen.»[53] Die Passionsmystik hat Bruder Klaus die Erfüllung gebracht; mit Leib und Seele war er der Kreuzesmystik zugetan. Die Mystik war damals in der Schweiz nicht unbekannt. Man pflegte sie im Kloster Engelberg und auch im Tößtal, wovon die zürcherische Nonne Elsbeth Stagel schon im vierzehnten Jahrhundert schrieb. Wahrscheinlich wurde Bruder Mathias Hattinger, der ein Einsiedlerleben in Wolfenschießen führte, hierin zum ersten Mittelsmann für Bruder Klaus. Die Mystik war die Quelle, aus der er gespeist wurde. Bruder Klaus verkörperte sie in seinem Sein und vertrat sie nicht bloß mit Worten. Bedeutsam war für ihn das Blatt mit dem einfachen Bild eines Rades, das er «mein Buch» nannte, daraus er lerne und an dem er das unergründliche Geheimnis der Gottheit betrachte[54]. Ein süddeutscher Pilger schenkte ihm das Blatt, der auch das Wort von Bruder Klaus überlieferte: «In einem jeden Brot ist die Gnade des allmächtigen Gottes verborgen.»[55] Das Radschema ist nicht etwa eine Schöpfung von Bruder Klaus, aber es war für ihn eine Hilfe zur mystischen Versenkung, «eine Art Fibel der Mystik». Die Radskizze und das daraus hervorgegangene Visionenbild sind Zeugen einer mystischen Tradition; sie dienten Bruder Klaus zur Pflege einer tiefsinnigen Trinitätsmystik, der er neben seiner Sakramentsmystik huldigte. Offenbar stand Christus im Mittelpunkt, was auch der Pflege der Passionsmystik entsprach[56]. Betende Meditation der Radskizze und des Visionenbildes füllten die Tage, Wochen und Monate in seiner Zelle aus und leiteten ihn immer wieder zum Ewigen hin. Nach der ältesten Vita lernte Bruder Klaus in der «Hochschule des Heiligen Geistes»[57], durch die allein er immer tiefer in das Übernatürliche hineinwuchs. Der Waldbruder hat die spätmittelalterliche Mystik überliefert und ist deren bedeutendster Repräsentant in der Schweiz.

Nach einigen Jahren seines Aufenthaltes im Ranft kam ein Mann aus Württemberg zu ihm, der das gleiche Einsiedlerleben zu führen wünschte. Bruder Klaus besprach sich mit ihm und erlaubte ihm zuletzt, am gegenüberliegenden steilen Abhang eine Behausung zu beziehen. Über die Bruder-Ulrich-Klause heißt es, «es stehen darin etliche Passionsbilder unseres Herrn und Heiligenbilder. Der genannte Bruder Ulrich ist ein kleiner Mann und ißt im Tage nicht mehr als drei Bissen Brot, in Wasser getaucht. Er lebt auch in größter Mäßigkeit und trinkt nicht.»[58] Bruder Ulrich besaß in seiner Zelle auch Bücher – die Evangelien und das Leben der Altväter –, in denen er eifrig las und aus denen er zuweilen auch Bruder Klaus erzählte. Nach einer Überlieferung war er ein Edelmann, der aus Noricum stammte. Über sein Aussehen gibt das Gemälde im Museum von Sarnen Auskunft. An Bedeutung ist Ulrich nicht mit Bruder Klaus zu vergleichen; er war ein Schüler des Einsiedlers, ohne ihn auf eine schülerhafte Weise nachzuahmen, aber noch heute kann man den an die Kapelle angebauten kleinen Raum nicht betrachten, ohne auch die Luft echter Einsamkeit einzuatmen.

Der vom Geheimnis umwitterte Bruder Klaus übte eine starke Anziehungskraft auf nah und fern aus. Obschon sich seine Zelle abseits der Straße befand und die damaligen Verkehrsmittel primitiv und mühsam waren, wurde Bruder Klaus häufig von Menschen aufgesucht. Der Zulauf war namentlich während des Sommers groß, da er «eine besondere Gnade hatte, nicht nur einfache Seelen zu ermahnen, sondern auch die Trauernden und Schwermütigen zu trösten»[59]. Er erlaubte auch seiner Frau und seinen Kindern, zu ihm zu kommen – der umgekehrte Fall trat nie ein, indem er seine frühere Häuslichkeit besucht hätte. Er besprach sich mit ihnen über ihre Angelegenheiten, woraus eindeutig hervorgeht, daß zwischen ihnen kein Zerwürfnis bestand. Nicht allen Besuchern war der Zutritt ohne weiteres gestattet. Bruder Klaus erkannte mit scharfem Blick, ob die Menschen nur aus Neugierde oder mit einem Anliegen zu ihm kamen. Er war imstande, Widerspruchsgeister so barsch wegzuweisen, daß sie einen Denkzettel mit nach Hause nahmen. Dagegen war er ein hervorragender und freundlicher Berater der mit seelischen Nöten belasteten Menschen. Er pflegte das Fensterchen zu öffnen und die Besucher mit den Worten anzusprechen: «Gott gebe euch einen guten, seligen Morgen, ihr lieben Freunde und ihr liebes Volk.»[60] Die Begrüßung «Der Name Jesu sei euer Gruß» schaffte sofort eine ermutigende Atmosphäre. Der sonst nicht redselige Mann empfing die Besucher mit Wohlwollen, erkannte er doch mit seinem prophetischen Geiste oft zum voraus aus weiter Ferne kommende Pilger. Einem Bauern, der eine Frau der Hexerei verdächtigt hatte, sagte Bruder Klaus: «Du hast einen bösen Verdacht auf das Weib, du tust ihr Unrecht, gehe deswegen, bitte sie um Verzeihung, so wird dir dein Vieh fortan behütet werden, denn weil du so freventlich von diesem Weibe geurteilt hast, darum hat der böse Feind Gewalt bekommen, dein Vieh anzugreifen.»[61] Wären doch nur die Inquisitoren, die die Hexen aburteilten, von dieser lichtvollen Weisheit erfüllt gewesen, unendlich viel Leid wäre der Christenheit erspart geblieben! Bruder Klaus stellte sich mit aller Kraft dem Argwohn und der Verdächtigung entgegen, die sich im Leben der Menschen wie Ungeziefer einnisten. Einer Frau, die ihren Gatten des ehebrecherischen Umgangs mit der Nachbarin verdächtigt hatte, sagte er, sie solle ruhig heimgehen, sie tue jenen Unrecht, weil sie unschuldig seien. Seine Seelsorge war geradezu hellseherisch, ein Charisma, das man nur erkennt, wenn man sie im einzelnen verfolgt. Ein Jüngling aus Burgdorf besuchte Bruder Klaus. Der Name des Jünglings ist nicht überliefert, und man weiß auch nicht, was aus ihm geworden ist. Er selbst schrieb anschaulich über seine Besuche beim Einsiedler. Die Aufzeichnungen haben sich erhalten und zeugen davon, daß es zu allen Zeiten junge Menschen gegeben hat, die in ihrem dunklen Drang einen Weg suchten und nicht den törichten Dingen nachliefen. Wie schön, daß im ernsten Leben des Einsiedlers auch die Jugend anwesend ist; das Gespräch zwischen Bruder Klaus und dem Burgdorfer Jüngling beweist, daß die jungen Menschen weder damals noch heute notwendig sich und der alten Generation entgleiten müssen. Der Klausner hat der reiferen Jugend ein Wort zu sagen, darüber ist kein Zweifel möglich. Der Jüngling aus Burgdorf suchte ihn mit hochgespannten Erwartungen auf und war dann beim erschreckenden Anblick des Waldbruders vor Ehrfurcht so verwirrt, daß er nur einige hilflose Worte zu stammeln vermochte. Er tat bloß die eine Frage, ob er in dieser Gegend bleiben dürfe, obwohl seine Eltern nichts davon wüßten. Bruder Klaus erwiderte ihm: «Wenn du Gott dienen willst, mußt du dich um niemanden kümmern»[62], eine Antwort, die des Einsiedlers eigene Freiheit von allen Menschenmeinungen darlegt. Wahrhaftig, dieser Ratschlag riecht nicht nach Lindenblütentee, der gewöhnlich der Jugend in den christlichen Vereinen verabreicht wird. Er bekundet vielmehr eine prachtvolle Unabhängigkeit. «Sich um niemanden kümmern» heißt weder nach rechts noch nach links schauen, wenn man den großen Aufbruch wagen will. Die Jugend muß den Mut zum eigenen Denken aufbringen und ihre letzte Chance nützen. Da der Burgdorfer Jüngling die erste Gelegenheit nicht richtig wahrgenommen hatte, machte er nach einiger Zeit einen zweiten Besuch, und nun kam es zu einem ausführlichen Gespräch, bei dem sich Bruder Klaus ungezwungen auf einen Steinhaufen setzte und der Jüngling sich zu seinen Füßen niederließ. Derart anschaulich ist die Szene überliefert. Dann sagte Bruder Klaus zum begierig lauschenden Jüngling: «Gott weiß es zu machen, daß dem Menschen eine Betrachtung so schmeckt, als ob er zum Tanze ginge, und umgekehrt weiß er ihn eine Betrachtung so empfinden zu lassen, als ob er im Kampfe streite.»[63] Die Erwähnung des Tanzes befremdete den Jüngling, er hatte ein solches Wort aus dem Munde des heiligen Waldbruders nicht erwartet. Bruder Klaus spürte es und fügte nochmals mit Nachdruck hinzu: «Ja, als sollt' er an einen Tanz gehen.» Diese Bemerkung enthält jenen feinen innerschweizerischen Humor, der oft weit geht und doch immer die Grenzen zu wahren weiß. Auf das Geständnis seiner Schwachheit, er kehre trotz aller guten Vorsätze immer wieder zum Unerlaubten zurück, erwiderte Bruder

Klaus: «Man muß rasch wieder aufstehen!»[64] Einen besseren Ratschlag kann man selbst heute einem jungen Menschen nicht geben.

Es haben sich noch andere Besucherberichte erhalten, die alle den Vorteil haben, Schilderungen von Augenzeugen zu sein. Bruder Klaus wurde mit «Vater» angesprochen[65], er war auch der Altvater, wie man das russische Wort Starez am besten verdeutscht. Der Einsiedler war ein begnadeter Seelsorger, da er wußte, was für ein verzagtes und trotziges Ding das menschliche Herz ist. Auch gab er nie generelle Antworten, sondern befaßte sich mit jedem einzelnen in seiner besonderen Situation. Die Menschen spürten die ewige Weisheit aus seinem Munde sprechen, und darum pilgerten sie von weit her zu ihm, um seinen Rat in ihrer Gewissensnot zu erfahren. Als Laie hörte Bruder Klaus keine Beichte und erteilte deswegen auch keine Absolution. Trotzdem gingen die Menschen erleichterten Herzens von dannen und empfahlen anderen Menschen, zu ihm zu gehen, weil sie dort das Wort zu hören bekämen, dessen sie bedurften. Die Unberatenheit der Menschen war zu allen Zeiten groß. Geistige Orientierung, nicht psychologische Testerei hilft ihnen, und noch immer ergibt eine Erleuchtung von oben die richtige Wegleitung. Die Schweiz hat kaum je einen größeren Seelsorger hervorgebracht, als Bruder Klaus einer war, und es ist ein nicht zu überschätzendes Geschenk, wenn ein Land eine derart überragende Persönlichkeit in seiner Mitte hat.

Bruder Klaus' Seelsorge erstreckte sich weit über das Einzelschicksal hinaus und umfaßte die ganze Eidgenossenschaft. Der ungebildete Waldbruder wurde zum politischen Berater vieler Menschen. Davon zeugen zahlreiche Briefe und Dokumente. Von Deutschland, Österreich und Italien kamen Boten, die seinen Rat einholten. Vor allem beriet er seine Landsleute in politischer Beziehung. Bruder Klaus war von der Kultur weggegangen in die Einsamkeit, aber er war kein Kulturverächter und verleugnete die Solidarität mit den Menschen keinen Augenblick. Er versetzte sich stets in die konkrete Lage seiner Mitlandsleute und gab ihnen seine Richtlinien von einer höheren

Warte aus, «zur Ruhe des Vaterlandes, zur nachbarlichen Einigkeit, zur Ehre Gottes und zum Gehorsam gegen dessen Gebote»[66]. Er war gegen das fremde Mietgeld, wie man das Pensionenunwesen nannte. Dabei wußte er aus eigener Erfahrung um das unerfreuliche Gebiet der Politik. Umsonst hatte er nicht vorzeitig den Abbruch seiner Amtstätigkeit vollzogen. Ehrgeizige und machtlüsterne Menschen tummeln sich im politischen Bereich, Intrigen und Unaufrichtigkeiten sind an der Tagesordnung, und wenige Politiker nur nehmen nicht teil daran. Kaum ist es möglich, inmitten der Politik ein reines Herz zu behalten. Jeder tiefere Einblick hinter die Kulissen des politischen Geschehens widert den ehrlichen Menschen an.

Trotzdem entzog sich Bruder Klaus nicht der politischen Beratung, wenn sie auch nicht auf der gleichen Ebene wie seine frühere Amtstätigkeit lag. Mit dem Einsiedler trat ein völlig fremdes Element in den politischen Raum ein, eine Andersartigkeit, die nicht genügend betont werden kann. Das ist das Ungewöhnliche an ihm, denn nur ganz ausnahmsweise nimmt man dieses lautere Interesse inmitten des politischen Schmutzes wahr. Auf den Einbruch dieser völlig uneigennützigen Stimme gilt es zu achten, ist sie doch das direkte Gegenteil von alldem, was sich christliche Politik nennt. Seine Beratung war nur möglich, weil er sich jenseits aller Parteien befand. Erfaßt man den überparteilichen Standpunkt nicht, übersieht man das Wesentliche von Bruder Klausens Wirken. Er drängte sich nicht als politischer Berater auf, die Leute kamen zu ihm, und nicht er ging zu ihnen. Er war weder bloßer Kritiker der damaligen Gesellschaftszustände noch ein verkappter Moralist. Stets riet er zu beidseitigem Entgegenkommen und erteilte Ratschläge, die einer begründeten Autorität entsprangen. Zuweilen nahmen seine Ausführungen den Charakter einer Mahnung an, doch trug er seine Warnungen nie in polterndem Ton vor. Sie überzeugten durch die ihnen innewohnende Evidenz und klingen selbst bis in die Gegenwart hinein.

Das unvergängliche Beispiel von politischer Beratung war jenes an der Stanser Tagsatzung von 1481. Die Eidgenossen hatten die Schlachten gegen Karl den Kühnen geschlagen, obschon sie mit dem Herzog von Burgund direkt nichts zu tun hatten und nur durch die Machenschaften des französischen Königs in die Auseinandersetzung verwickelt wurden, wie es das politische Ränkespiel zuweilen will. Der Sieg hatte den Eidgenossen überschwenglichen Ruhm eingetragen, dem sie jedoch nicht gewachsen waren. Er stieg ihnen in den Kopf, machte sie übermütig und uneinig. Mehrere Tagsatzungen beschäftigten sich mit der Beute und den Folgen des Burgunderkrieges. Die letzte fand in Stans statt und ließ die Gemüter in erregten Debatten aufeinanderplatzen. Die Abgeordneten gerieten scharf aneinander, und zuletzt schien kein anderer Ausweg mehr möglich, als das Schwert zu ziehen. Die Eidgenossenschaft stand auf dem Höhepunkt ihres Ruhmes und zugleich hart am Rande des Bürgerkrieges, der wahrscheinlich ihr Ende bedeutet hätte.

Pfarrer Heini Amgrund von Stans erkannte die Gefahr der Selbstzerfleischung und bat die Tagsatzungsherren, noch kurze Zeit beieinander zu bleiben, er wolle den Einsiedler fragen, der schon bei den Vorentscheidungen ein Wort mitgesprochen hatte. Bei einbrechender Dunkelheit eilte er mitten im Winter über die eisigen Stege in vier Stunden von Stans in den Ranft, klopfte zu mitternächtlicher Stunde an Bruder Klausens Zelle an und trug ihm das Anliegen vor. Der Waldbruder überlegte sich die Situation, besprach sie im völlig finsteren Gemach mit dem aufgeregten Pfarrer und gab ihm ganz klare Anweisungen. In der Morgendämmerung trat der Priester den Rückweg an, traf in letzter Minute schweißtriefend in Stans ein, wo die Herren eben damit beschäftigt waren, die Pferde zu satteln und den Streit mit dem Schwert auszufechten. Mit Tränen in den Augen bat Heini Amgrund, sich nochmals zu versammeln und die Botschaft des Bruder Klaus anzuhören. Auf ihre Frage, was er gesagt habe, gab er zur Antwort, daß er die Botschaft des Einsiedlers nicht vorher ausplaudern, sondern nur der versammelten Tagsatzung vortragen dürfe. Was Bruder Klaus im einzelnen gesagt hat, ist nicht bekannt; die scheinbar unüberbrückbaren Gegensätze aber waren durch seinen Weitblick und seine

Friedensliebe in zwei Stunden geordnet. Bruder Klaus selbst war auf der Tagsatzung nicht anwesend, aber sein Wort, sein Geist, seine Autorität waren eindringlich gegenwärtig und geisterten spürbar durch die Reihen der Abgeordneten, so daß die Tagsatzungsmitglieder sich der inneren Kraft des Waldbruders nicht entziehen konnten. Das Ansehen des stillen Beters war in der Eidgenossenschaft dermaßen groß, daß sich die Gesandten seinen Vorschlägen beugten. In einem überaus kritischen Moment der Schweizergeschichte konnte nur noch die starke Friedenskraft Bruder Klausens die Eidgenossen zur Besinnung bringen. Ausdrücklich wird vermerkt, daß er «sehr großen Fleiß und Ernst darauf verwandte, daß es in Freundschaft abging»[67]. Der Friede war gerettet, Glockengeläute verkündete ihn am andern Tag in der ganzen Schweiz. Durch höhere Fügung ist Bruder Klaus zum Retter des Vaterlandes geworden. Wenn er bei Weib und Kindern geblieben wäre, so hätte er dieses Werk niemals zustande gebracht. Der weltabgeschiedene Einsiedler aber war fähig, das überlegene Wort zu sprechen und die heilbringende Friedenstat zu vollbringen.

Sieben Jahre überlebte Bruder Klaus die Einigung des Vaterlandes. Dann trat eine Krankheit an ihn heran, die den Siebzigjährigen zu Boden warf. Er klagte über heftige Schmerzen in den Knochen und Sehnen; sich hin- und herwälzend konnte er nirgends ruhig bleiben. «Nach seiner Gewohnheit auf dem bloßen Boden ausgestreckt», hauchte er am Tage des Frühlingsbeginns seine Seele aus[68]. Sein Tod wurde im ganzen Land betrauert, und das Bewußtsein, mit ihm sei eine einmalige Erscheinung dahingegangen, war verbreitet und begründet, denn seither hat die Eidgenossenschaft nie wieder seinesgleichen gehabt.

Machet den Zaun nicht zu weit

Mehrere Zeitgenossen berichteten vom Schrecken, der ihnen beim Anblick des Einsiedlers in die Glieder gefahren sei. Vor

Entsetzen sind Bonstetten «die Haare zu Berge gestanden, und seine Stimme blieb ihm im Rachen stecken»[69]. Den Burgdorfer Jüngling «erfaßte die Verwirrung vor seinem Anblick»[70]. Das unwillkürliche Zurückschaudern vor dem Büßer war nicht zufällig, denn das Aussehen des Waldbruders hatte etwas Wildes und Unkultiviertes an sich. Er selbst «gab als Grund dieses Schreckens an, daß er einst einen riesigen Lichtglanz gesehen, der ein menschliches Antlitz umgab, bei dessen Anblick sein Herz, in kleine Stücke zerspringend, vor Schreck erschauderte. Völlig betäubt und instinktiv den Blick abwendend, sei er zur Erde gestürzt. Aus diesem Grunde komme sein eigener Anblick andern Leuten schreckbar vor.»[71] Das Nähere der Schreckensvision ist nicht bekannt, aber sie war furchtbar, ähnlich der Mark und Bein durchdringenden Pilatus-Vision, in der eines Mannes Antlitz zu sehen und kaum zu ertragen war. Wer, von einem visionären Lichtglanz geblendet, völlig betäubt zu Boden stürzt, kann nachher nicht mehr mit charmantem Lächeln in die Welt blicken. Das Antlitz muß verändert sein, und darum sind alle barockisierenden Darstellungen von Bruder Klaus falsch. Die Statue von 1504 bringt das erschreckte Aussehen am ehesten zum Ausdruck. Sie zeigt eine verzehrte Gestalt, mit sehendem Blick und geöffnetem Mund, gezeichnet vom spätgotischen Lebensgefühl. Sie entspricht Schotts Schilderung von seinem Besuch: «Er war ein Mensch mit ungepflegtem Haarwuchs, jedoch einem edlen, von Magerkeit verrunzelten und erdfahlen, wie mit Staub bestreuten Angesicht.»[72]

Nichts von der Unheimlichkeit des Waldbruders ist im 1947 aufgefundenen Altarflügel vorhanden. Das Bild stellt eher den klugen Berater dar, wie der Mann aussah, bevor ihm die schreckliche Antlitzvision zu teil wurde. Neben diesen Bildern dürfen noch das farbige Blatt in der Zentralbibliothek Zürich aus der Mitte des sechzehnten Jahrhunderts, die Kopie von Hans Fries' Bildnis und die Ölminiatur der ehemaligen Ambraser-Sammlung erwähnt werden, die alle eine Ahnung vom unbürgerlichen Aussehen des Einsiedlers vermitteln, einschließlich der Fresken in der Kapelle von Galgenen. Der Einsiedler war ein

Mann des Volkes, er stammte aus dem Volke und zählte sich selbst zu dem Volke, wennschon er es an geballter Gotteskraft bei weitem überragte. Gerade deswegen liebte ihn das christliche Volk, das in ihm den Heiligen sah und auch fernerhin sehen wird, ein Glaube, der ihm hilft, die Stürme der modernen Zeit zu bestehen.

Bruder Klaus war ein Obwaldner, seine Mutter eine Nidwaldnerin. Bis zum heutigen Tag halten die Unterwaldner ihren größten Sohn in hohen Ehren, und es wäre unrichtig, wollte man ihnen diesen Mann unter der Hand wegziehen. Er muß in der Landschaft belassen werden, in die er hineingeboren wurde und über der um seinetwillen noch heute eine fühlbare Weihe liegt. Trotzdem ist er nicht nur eine Ortsgestalt, die dem patriotischen Bewußtsein seiner Landsleute schmeichelt. Er ragte über Unterwalden hinaus, dachte eidgenössisch und geht uns alle an. Ungeachtet seiner tiefen Verwurzelung in der alten Kirche, ist er trotzdem keine nur katholische Erscheinung. Er lebte in der Zeit der ungeteilten Christenheit, weshalb ihm eine konfessionelle Sicht nicht gerecht werden kann. Zwingli, Bullinger, Vadian schätzten Bruder Klaus überaus, und der aufgeschlossene evangelische Christ von heute teilt diese Hochachtung besonders deshalb, weil der Einsiedler vom Ranft vor allem eine christliche Persönlichkeit ist. Er selbst hat mit dem Gegensatz der Konfessionen wenig zu tun, ist er doch allein am Ewigen orientiert und schreitet als Christ quer durch die unheilvolle Spaltung hindurch. Die Teilung in einen religiösen Bruder Klaus, dem die Innerkantone mehr zugetan blieben, und in einen politischen Bruder Klaus, den die Stadtkantone beanspruchten, ist unhaltbar, weil sie trennt, was unbedingt zusammengehört, und es nur einen Bruder Klaus gibt, der jenseits der Parteien Streit steht. Der Waldbruder darf trotz seiner starken Verbundenheit mit seiner Heimat nicht als eine bloß eidgenössische Gestalt betrachtet werden. Er ist nicht nur «Euer Heiliger», wie Pius XII. bei der Heiligsprechung freundlicherweise zu den anwesenden Schweizern sagte[73]. Der unablässige Beter sprengt die nationale Einschränkung, und obschon er «der gute

Geist der Eidgenossen» war, «sticht er eigentümlich aus der vaterländischen Ahnengalerie hervor»[74]. Schweizergeschichtlich betrachtet, ist er eher eine einmalige, unvergleichliche Randgestalt, die sich innerhalb und zugleich außerhalb seines Volkes befindet. Die ganze Christenheit sieht in ihm eine Persönlichkeit von seltener Wirkung. Wie viele Menschen aus dem Ausland pilgerten zu ihm, und wie viele Bruder-Klaus-Kirchen sind nur in den letzten Jahrzehnten in Deutschland entstanden! Seine weitreichende Ausstrahlung kennt keine nationalen und konfessionellen Grenzen und dringt zu allen Menschen vor, die sich unvoreingenommen an ihn wenden. Mit ihm, dem leuchtendsten schweizerischen Heiligen, kann der heutige Mensch jederzeit einen Dialog führen, steht doch Bruder Klaus viel plastischer vor uns als beispielsweise Meinrad oder Idda von Toggenburg.

Der Kristallsarg in der Kirche von Sachseln mit den in Silber gefaßten Gebeinen ist mit farbenprächtigen, von den Kantonen geschenkten Kerzen umstellt. Aber genügt es, dem Heiligen gleichsam Beifall zu klatschen und sich an seiner Glorie zu erfreuen? Ist es passend, sich an seinem Lichte zu ergötzen und doch nicht zu tun, was er sagte? Es gibt wohl kaum einen stärkeren Gegensatz als den zwischen dem Büßer aus dem Ranft und dem lebensgierigen Menschen der gegenwärtigen Wohlfahrtsgesellschaft. Bruder Klaus scheint der modernen Zeit fernzustehen. Nicht nur geschäftstüchtige Unternehmer winken sofort mit einer heftigen Gebärde ab, wenn man von ihm zu reden beginnt, sondern auch neuzeitlich eingestellte Ordensleute stehen ihm distanziert gegenüber und urteilen mehr als seltsam über ihn. Der Strom des Lebens rauscht an ihm vorüber, man läßt ihn im Ranft abseits stehen und glaubt, angeblich wichtigere Fragen diskutieren zu müssen. Aber am Gegensatz entzündet sich das Leben, und der Widerspruch einer intensiven Ausstrahlung und einer kopfschüttelnden Ablehnung gehört zum Geheimnis von Bruder Klaus. Er gehört trotzdem zu den aktuellsten Persönlichkeiten der Schweiz, mögen dies die Leute nun wissen oder nicht. Bruder Klaus ist von einer unzeitgemäßen Vordringlichkeit, er hat etwas an sich, das einen nicht mehr losläßt. Wer sich ihm einmal genähert hat, der muß sich immer wieder mit ihm beschäftigen. Nie erlebt man die Genugtuung, ihn völlig erfaßt zu haben. Alles, was man über ihn denkt und sagt, sind nur Annäherungsversuche, und keinem ist ein Gelingen beschieden. Auch die nachfolgenden Ausführungen bleiben weit hinter dem Heiligen zurück. Für Robert Durrer, der sich um Bruder Klaus hoch verdient gemacht hat, war der Einsiedler «der erste eidgenössische Patriot, der praktisch und theoretisch den Begriff eines über die kantonalen Interessenkreise hinausgehenden gemeinsamen schweizerischen Vaterlandes uneingeschränkt vertrat»[75]. Die Bezeichnung «Patriot» ist jedoch eine abgegriffene Vorstellung, weil sie Bruder Klausens tiefer und schweigender Liebe zu seinem Land nicht gerecht wird. Er hatte, im Gegensatz zum modernen Menschen, eine Heimat, und was für ihn Heimat war, das läßt sich, losgelöst von seiner religiös-mystischen Verwurzelung, schlechterdings nicht begreifen. Durrers Leistung liegt in seiner vorbildlichen Quellensammlung. Je mehr man sich in sie vertieft, um so mehr erahnt man die Größe des Klausners. Auch der Dichter Heinrich Federer hat die weltliche Phase des Bruders Klaus glänzend geschildert. Das unvollendete Werk führt jedoch nur bis zu dem Zeitpunkt, da Bruder Klaus in den Ranft hinabgestiegen war; die Vollendung war Federer leider nicht beschieden. «Wäre sie ihm gelungen? Wäre er dem Mystiker gerecht geworden? Die Antwort auf diese berechtigte Frage ist nicht leicht. Wir möchten bezweifeln, ob ihm das letzte Wort über den Heiligen geglückt wäre»[76], und zwar deswegen, weil er mit seiner poetischen Auffassung vom «Spitzbuben Gottes» ins Ästhetische ausgewichen ist. Bruder Klaus wurde schon ein Wachtfeuer genannt, «von Gott entzündet, im Dunkel der Zeit»[77]. Er war zu diesem Amt bestimmt; «obwohl Niklaus keine Kenntnis der Buchstaben hatte, pflegte er doch aus der Wissenschaft, die ihm von oben eingegossen war, auch gelehrte Leute häufig von der Unkenntnis geheimer Dinge zu erlösen»[78]. In ihm hatte die Stimme der Unmündigen einen besonders hellen Klang, und «wer Bruder Klausens Erscheinung ganz durchdenkt, wird klarsichtiger und ermißt, was der Titel ‹der ewige Mahner› besagt.»[79]

Aus seinem Vermächtnis spürt man deutlich seine Sorge um die Eidgenossen. Die geistige Hinterlassenschaft des Einsiedlers ist bedeutsam. Da sie nicht in materiellen Dingen bestand, verflüchtigte sie sich nicht im Laufe der Zeit. Sie redet heute so deutlich wie ehemals, und es ist geboten, das anzutretende Erbe nicht länger brachliegen zu lassen.

Das Wesentliche von Bruder Klausens Sendung liegt in seiner christlichen Fundamentierung aller Lebensfragen. Die betenden Hände und die nach oben gerichtete Haltung ist grundlegend für den Büßer. Bruder Klausens politische Beratung stammt aus dem Glauben, und sein Glaube wirkte sich politisch aus, weil bei ihm alles tief, tief im christlichen Erdreich verwurzelt war. Nur weil der Einsiedler ein gläubiger Christ war, vermochte er eine Losung von nachhaltiger und überzeitlicher Verpflichtung auszugeben. Wollte man die Richtlinien von der christlichen Unterlage abtrennen, würden sie sich verflüchtigen und im Winde verflattern. Sie sind an den religiösen Wurzelgrund gebunden und erhalten nur von dort ihre Lebenskraft. Bruder Klausens christliches Bekennertum war niemals nur eine persönliche Privatmeinung, die sich auch durch eine andere ersetzen ließe. Der Büßer drängte zur Gottverbundenheit, er wollte mit Gott leben, seine Bewältigung der Probleme ist immer christlich bedingt, und nur von da her ist sein anzutretendes Erbe zu verstehen, das bei aller Klugheit nicht aus der Vernunft, sondern eindeutig aus dem religiösen Herzen kam. Wenn die Schweiz die christliche Grundlage, als nicht mehr zur modernen Zeit passend, preisgibt, verwirkt sie das Recht, sich auf den Einsiedler zu berufen. Es ist und bleibt an diese Voraussetzung gebunden.

Bruder Klaus wußte um eine Konzeption der Schweiz – seinen Anweisungen liegt eine Idee von der Eidgenossenschaft zugrunde. Er trug kein fertiges System oder eine ausgearbeitete Staatslehre vor; dies war bei seiner Unwissenschaftlichkeit gar nicht möglich. Aber er legte einige wenige, ganz klare Richtlinien dar, die Sinn und Bedeutung der Eidgenossenschaft umreißen. Es ist durchaus geboten, auf dieser seiner Grundlage weiterzudenken und sie auf die heutige Zeit zu übertragen. Eine durchdachte Gesamtkonzeption von der Eidgenossenschaft mangelt den meisten Volksvertretern, was sich bei den zu treffenden Entscheidungen nachteilig auswirkt. Ganz dem Tagesgeschehen verhaftet, achten sie darauf, wie sie mit ihrem Ressort am geschicktesten durchkommen und am wenigsten der Kritik ausgesetzt sind. Aus einer solchen Einstellung kann nur kurzsichtige Politik hervorgehen. Echte Politik ist von fundierten Ideen getragen. Diplomatie und Schlauheit genügen niemals. Bruder Klaus stand gerade und aufrecht da wie die Bäume außerhalb seiner Zelle. In seiner Einsamkeit dachte er grundsätzlich über die eidgenössische Bestimmung nach. Seine politischen Ansichten sind aus der Welt des Ewigen gedacht und münden dauernd in eine Überpolitik ein. Nur bei den ganz großen religiösen Gestalten findet man dieses tiefe Verantwortungsgefühl.

Das erste Wort, das Bruder Klaus zu den Eidgenossen sprach, richtet sich gegen ihre Großmannssucht, der sie damals zu verfallen drohten. Sie lauert dem Menschen beständig auf. Der Waldbruder durchschaute den fatalen Wunsch, sich aufzublähen, hinter dem doch meistens gar nichts steckt. Er riet den Eidgenossen: «O liebe Freunde, machet den Zaun nicht zu weit, damit ihr desto besser verharret in Frieden, Ruhe und Einigkeit und daß ihr bei eurer sauer erworbenen löblichen Freiheit bleiben möget. Beladet euch nicht mit fremden Sachen. Verbindet euch nicht mit fremder Herrschaft. Hütet euch vor Zwietracht und Eigennutz. Beschirmt euer Vaterland und bleibet dabei. Lasset euch nicht gelüsten und setzt euch nicht für Kriege ein. Im Falle aber, daß euch jemand überfallen wollte, da streitet tapfer für eure Freiheit und euer Vaterland.»[80] Jedes Wort hat Gewicht und kann nicht genug bedacht werden. In seinen Äußerungen liegt echte Weisheit verborgen, eine Weisheit, wie sie nur Heiligkeit hervorzubringen vermag. Weisheit und Heiligkeit gehören zusammen. Bruder Klaus begründet auch seine Worte: «Wenn ihr in euren Grenzen bleibt, so kann euch niemand überwinden, sondern ihr werdet euren Feinden zu jeder Zeit überlegen und Sieger sein. Wenn ihr aber, von Habsucht und Herrschsucht verführt, euer Regiment nach außen zu verbreiten anfanget, wird eure Kraft nicht lange währen.»[81] Der Rat «machet den Zaun nicht zu weit» wendet sich nicht gegen ein organisches Wachstum, das zu einem gesunden Staatsleben gehört, wohl aber gegen eine überstürzte Ausdehnung, die sich immer mehr und noch mehr vergrößern will. Der Mensch kann nie genug haben und wird schließlich der Gefangene seiner eigenen Machenschaften, indem ihm die Dinge entgleiten. Bruder Klaus wollte nichts von einer künstlichen Abschnürung wissen, die die Eidgenossenschaft der natürlichen Entwicklung ferngehalten hätte, doch sah er in der beutegierigen Eroberungssucht eine schwere Gefahr, der die Eidgenossen nicht gewachsen gewesen wären. «Den Zaun nicht zu weit zu machen» heißt in der Gegenwart, der übermäßigen Ausdehnung der Industrie steuern, die unter dem Vorwand «Fortschritt» einseitig wirtschaftliche und nicht mehr nationale Interessen verfolgt. Die rein gewinnsüchtige Expansion der Wirtschaft überfordert die Schweiz und liefert sie ausländischem Kapital und ausländischen Arbeitskräften aus, die unmerklich dazu beitragen, daß die Schweiz eines schönen Tages nicht mehr die Schweiz ist. «Machet den Zaun nicht zu weit» ist auch gegen eine überdimensionierte Hochschulpolitik geltend zu machen, eine Politik, die nur zur Vermassung führt, in der gerade die Wissenschaft nicht mehr richtig gedeihen kann. Bruder Klausens Worte sind von einer geradezu unheimlichen Aktualität; werden sie nicht befolgt, erlebt auch die moderne Schweiz ein neues Marignano! Würde seine Mahnung nicht mehr gelten, könnte man nicht von einem anzutretenden Erbe reden, das die heutigen Eidgenossen daran erinnert, bei den löblichen Freiheiten zu bleiben und sie nicht um ein schnödes Linsengericht zu verkaufen. Der Einsiedler riet zur Kleinheit, und darin besteht die Kraft der Schweiz. Kleinheit ist nicht

Kleinlichkeit, und mit dem Kleinstaat muß nicht notwendig ein Unbehagen verbunden sein. Nach Bruder Klaus ist auch die Existenz kleiner Völker berechtigt; es können nicht alle Supermächte sein. Wegen der Kleinheit riet er den Eidgenossen zum Verzicht auf unbedachte Vergrößerung und riet ihnen, sich nicht mit fremden Angelegenheiten zu beladen. Er warnte immer wieder davor, sich «durch Geschenke der Fremden kaufen zu lassen» und eine bloße Utilitätspolitik zu betreiben. Sein erster Biograph meinte denn auch: «Er wäre bald mit unserer Eidgenossenschaft zu Ende gewesen, wenn nicht die Gebete des Nikolaus und anderer Frommen bei Gott geleuchtet hätten.»[82]

Es lohnt sich, über Bruder Klausens vaterländische Worte nachzudenken, intensiv über sie zu reflektieren, und es schaut dabei viel mehr heraus, als wenn einer die Nase beständig in die Tageszeitungen steckt. Nach der Idee des Einsiedlers liegt die Mission des Kleinstaates in einer den Großmächten entgegengesetzten Richtung. Der Kleinstaat ist eine Insel der Verständigung inmitten eines Meeres von Auseinandersetzungen. Die Stärke des Kleinstaates liegt in der Konzentration nach innen und nicht in der Ausdehnung nach außen. Aber in seinem Innern muß Ordnung sein, sonst ist das Haus der Heimat auf Sand gebaut.

Des Einsiedlers zweites Wort wandte sich gegen die berühmte und berüchtigte Rauflust der Eidgenossen, die sich nicht nur nach außen richtete; sie balgten sich auch gerne unter sich. Die Eidgenossen waren damals ein streitsüchtiges Volk, und wer ihre Geschichte unvoreingenommen verfolgt, muß sich dies eingestehen. Bruder Klaus hatte die Kriegslust selbst mitangesehen, hatte an den Feldzügen teilgenommen, und gerade dieser Umstand machte ihn zum überzeugten Gegner des Krieges. Weil es keine christliche Rechtfertigung des Krieges gibt, blieb Bruder Klaus unwandelbar bei seiner ablehnenden Haltung. Noch viel weniger ist Bruder Klaus mit den modernen Protestlern gegen den Krieg zu vergleichen, denen es mehr um den Protest als um den Frieden zu tun ist. Sogar das Wort Pazifist sagt in seinem Fall zuwenig aus, weil er um die gefallene Schöpfung Bescheid wußte und sie nicht durch ein Wunschdenken überspielte. Der Waldbruder war ein Friedensfreund, das ist eines seiner hervorstechendsten Merkmale. Er hat «den Frieden begehrt», er wurde ein «Liebhaber des Friedens» genannt, er ermahnte «die Eidgenossen, immer Frieden zu halten», und sein Rat war stets darauf gerichtet, «die Sache gütlich beizulegen, denn eine Guttat erzeugt die andere»[83]. Das sind in aller Schlichtheit mächtige Worte, und das Große an ihnen ist, daß der Einsiedler selbst sie nicht nur gesprochen, sondern auch gelebt hat. Er war der Friede, er strömte eine Friedenskraft aus, die alle zu spüren bekamen. Er hat den Frieden mit unvergänglichen Worten gepriesen: «Gehorsam ist die größte Ehre, die es im Himmel und auf Erden gibt, weshalb ihr trachten müßt, einander gehorsam zu sein, und Weisheit ist das Allerliebste, denn sie fängt alle Dinge am besten an. Friede ist allweg in Gott, denn Gott ist der Friede, und Friede mag nicht zerstört werden, Unfriede aber zerstört. Darum sollt Ihr schauen, daß Ihr auf Frieden stellet, Witwen und Waisen beschirmt, wie Ihr es bisher getan habt. Und wessen Glück sich hienieden mehret, der soll Gott dafür dankbar sein, so wird es sich auch im Himmel mehren. Den offenen Sünden soll man wehren und der Gerechtigkeit allwegs beistehen. Ihr sollt auch das Leiden Gottes in Euren Herzen tragen, denn es ist des Menschen größter Trost an seinem letzten Ende. Mancher Mensch ist zweifelhaftig in seinem Glauben, und der Teufel tut manchen Angriff im Glauben und allermeist durch den Glauben. Wir sollen aber darin nicht zweifelhaft sein, denn er ist so, wie er gesetzt ist. Und ich schreibe Euch dies nicht, weil ich etwa glaube, daß Ihr nicht recht glaubet, ich zweifle nicht daran, daß Ihr gute Christen seid, ich schreibe es Euch zu einer Ermahnung, daß Ihr, wenn der Böse Feind Euch anficht, desto ritterlicher widerstehet.»[84] So sprach der ehemalige Rottmeister, und seine Worte sind von außergewöhnlichem Gewicht. Tatsächlich gewinnt kein Volk durch kriegerische Auseinandersetzungen, da Unfriede stets zerstörerisch wirkt. Der Krieg schafft nur neue Probleme. Es ist unmöglich, Bruder Klaus zu lieben und gleichzeitig den Krieg zu verherrlichen. Das geht nicht zusammen. Mit seiner Gestalt verbindet sich das Wort vom Frieden, das im Evangelium begründet ist. Bruder Klaus hat dieses biblische Wort aufs neue auf den Leuchter gestellt. Mit seinem Friedenswort versuchte er einen neuen Klang in die eidgenössische Politik hineinzubringen, aber das Wort verhallte ungehört und wurde später weder in den italienischen Feldzügen noch in den beschämenden Religionskriegen befolgt. Die Eidgenossen haben Bruder Klaus verehrt, aber sie sind seinen Mahnungen nicht nachgekommen. Um diese bittere Feststellung kommt man nicht herum. Bruder Klausens Wort «Fried' ist alleweg in Gott» hat auch eine persönliche Bedeutung. Man kann nicht in Frieden leben, wenn man nicht innerlich ein friedvoller Mensch ist, ein Mensch, der den Zustand der Unzufriedenheit und der Zerrissenheit überwunden hat. Der Friede beginnt im Innern des Menschen und strahlt von dorther aus. Christen sind friedfertige Menschen, die lieber Unrecht leiden als Unrecht tun. Bruder Klausens Friedenswort ist auch auf die konfessionelle Spaltung anzuwenden. Diese Trennung, die zu Religionskriegen führte und jahrhundertelang einfach hingenommen wurde, ist mit dem Evangelium schlechterdings unvereinbar. Der Einsiedler ist der Mann des Friedens, und es ist kein Zufall, daß er in den letzten zwei Weltkriegen mit neuer Leuchtkraft den Menschen erschienen ist. Sie spürten in jener Situation eindeutig: Er weist uns auf den richtigen Weg, mag die große Welt in ihrem Haß seiner auch nicht achten.

Bruder Klausens Friedenswort entsprach einer doppelten Notwendigkeit angesichts der Gefahr, die mit dem Wort Burgunderbeute umschrieben ist. Der Krieg gegen Karl den Kühnen brachte den Eidgenossen eine unermeßliche Beute ein. Sie erhielten dadurch eine Großmachtstellung, für die ihnen die charakterliche Voraussetzung einfach fehlte. Die Beute namentlich war mit schweren Nachteilen verbunden, das Haben drohte den Eidgenossen zum Verhängnis zu werden. Die Verteilung war schwierig und aufreizend, die Begehrlichkeit groß, und jeder fürchtete, zu kurz zu kommen. Das Problem der Burgunderbeute ist nach Kurt Guggenheim eine immer wiederkehrende Gefahr. Wann immer die Schweiz es mit einer großen Beute zu tun hat, gerät sie in schwerwiegende Probleme, um nicht zu sagen in eine Krise hinein. Sich in einem kargen Dasein zu bewähren ist leichter, als in einem Überfluß nicht übermütig zu werden. Der allzu große Reichtum steigt den meisten Menschen in den Kopf; sie vergessen ihre Grenzen, ihre Wünsche werden angestachelt und sie glauben, alles haben zu müssen. Zu allen Zeiten hat die Beute die Eidgenossen verblendet.

Vieles ist noch in Ordnung in der heutigen Schweiz, die Handelsbilanz ist gut, die Industrie arbeitet vortrefflich, so daß ein Zweckpessimismus nicht am Platze wäre. In geistiger Beziehung aber steht es in der Gegenwart nicht sonderlich gut; mit den Augen des Bruder Klaus betrachtet, stehen wir in einer inneren und äußeren Bedrohung, die an einem kleinen Punkt eingesetzt hat und immer größere Formen annimmt. Das Schweizerische verflüchtigt sich, es ist in Gefahr, seine Eigenart zu verlieren. Die leeren Kirchen und die Haltlosigkeit der Menschen sprechen eine deutliche Sprache. Das Problem der Burgunderbeute kehrt in anderer Form wieder, besonders wenn Bruder Klausens Worte in Anwendung auf die Gegenwart betrachtet werden. Das Wort «Burgunderbeute» ist heute eine Chiffre für Hochkonjunktur und Wohlfahrtsgesellschaft, die beide allzu große moralische Anforderungen an die Eidgenossen stellen. Die Veränderungen, zu rasch gekommen, haben die Bedürfnisse der Menschen hochgeschraubt. Die gegenwärtigen Schweizer schämen sich der groben Arbeit, die «gebückten Leibes» verrichtet werden muß. Es ist ein Trend zum Amerikanismus da, der den Eidgenossen mehr schadet als der Kommunismus, weil er nicht, wie jener, als Feind erkannt wird. Gegenwärtig ahmt man alles kritiklos nach, was von Amerika kommt, und wird sich gar nicht bewußt, welcher geistigen Reisläuferei man damit verfällt. Die Gefahr der Burgunderbeute ist wiederum ungeheuer aktuell, sie bedroht uns gegenwärtig schwer und kann in keiner Weise verneint werden.

Die Not der heutigen Schweiz ist deshalb größer, weil die mahnende Stimme eines Bruder Klaus fehlt. Es wäre ein utopisches

Wunschdenken, wollte man eine neue Bruder-Klaus-Gestalt fordern. Eine solche Persönlichkeit läßt sich weder postulieren noch wiederholen. Auch damals war der Waldbruder ein reines Geschenk des Himmels an die Eidgenossenschaft. Da zur gegenwärtigen Stunde kein Mensch, wie er einer war, lebt, bleibt uns nur die innere Beschäftigung mit dem Einsiedler aus dem Ranft übrig, indem man in seine Gedankenwelt eindringt und dann in seinem Geiste die heutigen Probleme zu bewältigen versucht. Aus einer neuen Begegnung mit Bruder Klaus kann eine Kraft hervorbrechen, die auch der modernen Situation gewachsen ist. Darum ist der Waldbruder vordringlicher als je. Wir dürfen nicht fremden Erscheinungen nachjagen, sondern müssen uns auf die von unserem Lande hervorgebrachten Kräfte besinnen. Anstelle der kritischen und erbaulichen Beschäftigung mit Bruder Klaus hat das innere Gespräch zu treten, indem man über ihn meditiert und ihn immer wieder neu befragt. Um zu einer echten nationalen Gemeinschaft zusammenzuwachsen, bedarf es religiöser, personaler Kräfte, und dafür genügen Kunst, Dichtung und Philosophie nicht.

Es gilt, das anzutretende Erbe fruchtbar zu machen und einen neuen Zugang zu Bruder Klaus zu suchen. Es ergäbe ein schiefes Bild, wollte man ihn aus seiner Zeit herauslösen und der heutigen Lebensanschauung anpassen. Man muß zu ihm gehen und ihn in seiner Zelle aufsuchen. Es gibt eine Besuchsfrömmigkeit, von der die alten Wallfahrer eine Ahnung besaßen, die aber den heutigen Menschen abhanden gekommen ist. Wer sich in dem kleinen, kargen Raum innerlich sammelt und stille wird, wem es gelingt, allein in der Zelle zu sein und so intensiv an Bruder Klaus denkt, bis er leise zu sprechen beginnt, dem widerfährt ein seltenes Erlebnis. Er spürt plötzlich die unsichtbare Anwesenheit des Einsiedlers, fühlt seine geistige Kraft, die sich nach innen und nicht nach außen ergießt. Wer die Atmosphäre des Einsiedlers in sich aufgenommen hat, empfindet und hört zugleich die lautlosen Worte des Eremiten. Die Zelle beginnt gleichsam zu leben, und der Besucher hat das Bedürfnis, so lange in der Meditation zu verharren, bis der Geist Bruder Klausens auf ihn übergegangen ist. Erst dann hat er das Wesentliche empfangen, was in keinem Buche über Bruder Klaus steht: er hat den seinsmäßigen und nicht den bloß intellektuellen Zugang zu ihm gefunden. Der Einsiedler wird ihn fortan durch das Leben begleiten. Das ist keine romantische Schwärmerei, sondern Realität, erfahrbare Realität. Bruder Klaus ist da, und er bleibt da!

Wer diesen überintellektuellen Zugang zu Bruder Klaus gefunden hat, wird sich zuletzt an ein Wort von Jeremias Gotthelf erinnern, dessen christliche Dichtung aus dem gleichen Erdreich stammte. In einem Aufsatz über Bruder Klaus forderte der geistesmächtige Bauerndichter am Schluß nachdrücklich auf, dem Waldbruder nicht bloß ein Denkmal, sondern einen religiösen «Altar im eigenen Herzen zu errichten, der nicht mehr vergeht»[85].

BRUDER LORENZ

Im Anblick eines entblätterten Baumes

Mit achtzehn Jahren widerfuhr Nicolas Hermann ein gewöhnlich-ungewöhnliches Erlebnis. Es ereignete sich inmitten des kalten Winters. Er erblickte, wie schon unzählige Male vorher, einen entblätterten Baum. Was jedoch bis dahin bei ihm noch nie geschehen war, geschah jetzt: er staunte ihn unverwandt an und konnte sich kaum vom Anblick erholen. Viele Menschen sind schon vor einem blühenden Baume stillgestanden und haben die weiße Blütenpracht bewundert. Wer liebte nicht diese Schönheit? Bei Nicolas dagegen verhielt es sich ganz anders. Der Baum war kahl und stand inmitten einer öden Landschaft, die eher ein Gefühl der Trostlosigkeit erweckte. Unbewegt stand der Baum und streckte seine leeren Äste nach allen Seiten aus. Während die meisten Menschen dabei nichts weiter denken, als daß es eben Winter sei, überkam Nicolas das große Staunen: Wie kommt es, daß ein kahler Baum, der aussieht, als wäre er tot, einige Monate später eine verschwenderische Fülle von Blüten und Blättern hervorbringt? Wer macht dies, und wer bringt das zustande? Wie ist die Verwandlung vom Toten zum Lebendigen überhaupt möglich?
Bei dieser Frage durchzuckte Nicolas zum ersten Male in seinem Leben eine Ahnung von der Macht und der Kraft Gottes, die die ganze Natur belebt und bewegt. Nie hatte ihn bis dahin ein ähnliches Gefühl durchbebt. Angesichts eines kahlen Baumes kam dem jungen Bauernburschen mit einem Schlag die Weisheit Gottes zum Bewußtsein. Gott, an den er völlig gewohnheitsmäßig geglaubt hatte, war plötzlich in ihm lebendig geworden. Durch den entblätterten Baum erkannte er die Tat-

sache, daß Gott ist, daß er unumstößlich ist, ja, daß er das einzig Sichere in diesem Meer von Unsicherheit ist. Diese wichtigste Einsicht, die nicht nur Nicolas, sondern einem jeden Menschen zuteil werden kann, bedeutet das Erwachen aus der Dumpfheit zum lebendigen Bewußtsein. Sonderbare Feststellung: Millionen Menschen haben im Winter schon kahle Bäume gesehen und sich dabei nichts, aber auch gar nichts gedacht, weil sie das Staunen durch die kritische Einstellung ersetzt haben. Hier aber geht plötzlich einem jungen, einfachen Burschen an diesem wiederkehrenden Anblick das Tiefste auf, was es überhaupt gibt: Die Existenz Gottes! Die älteste Lebensbeschreibung bemerkt über den Vorgang: «Der Anblick eines entblätterten Baumes im Winter ließ seinen Geist mit einem Schlage zu Gott aufsteigen und flößte ihm ein so erhabenes Erkennen ein, daß dieser Eindruck noch nach vierzig Jahren in seiner Seele genauso stark und lebendig war wie im ersten Augenblick. So verhielt er sich bei jeder Gelegenheit: Das Sichtbare führte ihn zum Unsichtbaren.»[1]

Das alltäglich-unalltägliche Erlebnis wird die Bekehrung Nicolas' genannt, und zwar veranlaßt durch seine eigenen Worte, wonach diese innerste Berührung ihn vollständig von der Welt losgerissen habe. Aber in dieser Äußerung ist Nicolas eine Verwechslung widerfahren, denn dermaßen losgelöst war er erst später, nicht schon damals. Die Bezeichnung «Bekehrung» umschreibt das Vorkommnis höchst ungenau. Abgesehen davon, daß dieser Begriff verbraucht ist und besser einige Zeit nicht mehr verwendet würde, versteht man doch unter «Bekehrung» eine Umwandlung des Lebens. Nicolas hatte sie in jener Stunde nur im Keimzustand erlebt, war er doch nicht von jenem Tage an ein neuer, wiedergeborener Mensch, der fortan ganz andere Wege wandelte als bisher. Von all dem kann keine Rede sein. Angebrachter ist es, das Baumerlebnis im symbolischen Sinn zu deuten und gleichsam zu Nicolas zu sagen: «Du aber bist der Baum.» Der kahle Baum zur Winterszeit ist tatsächlich ein Gleichnis für sein eigenes Leben. Bis zu jener Stunde war Nicolas ein toter Baum, an dem nichts Erfreuliches wahrzunehmen war. Die Wintermonate dauerten auch bei ihm noch einige Zeit an, bis er völlig aus seinem Winterschlaf erwachte und an seinem Lebensbaum Blüten und Früchte zu wachsen begannen. Der Gotteseindruck war in ihm erwacht und machte ihn fortan zu einem suchenden Menschen, wenn auch noch Jahre verstreichen mußten, bis er seinen Weg gefunden hatte.

Was war vor dem Baumerlebnis im Dasein des Nicolas geschehen? Darüber ist nicht viel überliefert. Es hat seine großen Schwierigkeiten, von Nicolas' Leben zu berichten. Ihm war kein dramatisches Leben beschieden, und er liebte es auch nicht, von seiner äußeren Laufbahn zu erzählen. Es schien ihm unwichtig zu sein, davon zu reden, und so hüllte er sich in Schweigen. Die wenigen überlieferten Geschehnisse erhellen nur für einen kurzen Augenblick sein Leben, weshalb die spärlichen Nachrichten festgehalten werden müssen, weil sie doch ein Licht auf den Mann werfen, über den man nie eine ausführliche Biographie wird schreiben können. Alles spielte sich bei Nicolas im Innern ab, auf einer Ebene, die sich dem Blick des Hagiographen entzieht. Es ist eine öfters gemachte Wahrnehmung: Je weniger im äußeren Bereich geschieht, um so mehr ereignet sich in der Seele des Menschen. In der neuesten Zeit ist hiefür Marie Noël ein anschauliches Beispiel. Was hat doch diese Dichterin, die in einer französischen Provinzstadt das Leben einer sittsamen, langweiligen Jungfer führte, in ihrem Innern für aufregende «Erfahrungen mit Gott» erlebt!

Nicolas wurde im kleinen Dörfchen Hériménil, in der Nähe von Lunéville, in Lothringen geboren. Das genaue Geburtsdatum ist nicht zu ermitteln, wahrscheinlich war es im Jahre 1608. Es ist auch nicht klar, ob er neben französischen auch deutsche Vorfahren gehabt hat. Seine Eltern waren Bauern, wie man damals sagte, von geringer Herkunft. Damit mag sein derbes Äußeres zusammenhängen, das gelegentlich erwähnt wird. Das elterliche Heimwesen litt unter den Wirren des Dreißigjährigen Krieges, und die Ausbildung des Knaben ließ zu wünschen übrig. Man weiß gar nichts von seiner Kindheit, dagegen ist aus seiner Jugendzeit überliefert, daß seine rechtschaffenen

Eltern darauf bedacht waren, ihren Sohn im christlichen Glauben zu erziehen.
Einige Zeit nach dem Baumerlebnis wurde Nicolas Soldat. Schon die Berufswahl, die durch die Zeitumstände gegeben war, verbietet es, von einer Bekehrung unter dem entlaubten Baum zu sprechen. In einem seiner Briefe finden sich einige Bemerkungen über seine Erfahrungen als Soldat. Er spricht von den täglichen Gefahren des Lebens und des Seelenheiles, denen der Soldat ausgesetzt ist, er anerkennt den Mut der Soldaten und meint sogar, sowohl mit dem Marsche als selbst mit dem Schwert in der Hand könne ein inneres Gebet verbunden werden[2]. Der rauhe Soldatenberuf war zu allen Zeiten keine fromme Tätigkeit, wenn auch Jesus zum Hauptmann von Kapernaum gesagt hatte: «Solchen Glauben habe ich in Israel nicht gefunden.»[3] Gewiß gab es auch immer wieder religiöse Soldaten; ihre Frömmigkeit kam nur in seltenen Augenblicken zum Vorschein und blieb meistens auf ihre Privatsphäre beschränkt. Nicolas war wahrscheinlich ein Soldat in Wallensteins Heer auf deutschem Boden. Es tobte damals der Dreißigjährige Krieg, der Deutschland in Schutt und Asche legte. Nur mit Vorbehalten kann er ein Religionskrieg genannt werden, da in ihm mehr aus politischen Gründen um die reine Macht als um religiöse Überzeugungen gekämpft wurde. Nicolas selbst pflegte nicht über sein Soldatenleben zu sprechen, da es nicht seine Art war, mit Abenteuern zu prahlen. Erbauliches ließ sich ohnehin nicht darüber erzählen. War er ein Haudegen? War er ein Plünderer, der mitnahm, was nicht niet- und nagelfest war? «Der abenteuerliche Simplicissimus»-Roman von Grimmelshausen gibt eine Vorstellung vom verrohten Soldatenleben aus dem Dreißigjährigen Krieg. Die Söldner waren beutegierige Gesellen, denen das Menschenleben nicht heilig war und die sich kein Gewissen daraus machten, ein Dorf in Flammen aufgehen zu lassen. Nicolas war wegen des Baumerlebnisses kein brutaler Landsknecht, doch stand auch bei ihm das Kriegshandwerk zunächst im Vordergrund und überschattete alles andere.
Während seiner Soldatenzeit wurde Nicolas von herumstreifen-

den schwedischen Söldnern gefangengenommen. Sie verdächtigten ihn der Spionage, und er geriet in eine schwierige und bedrohlich werdende Situation. Man pflegte auch damals mit Spionen nicht große Umstände zu machen und drohte, ihn kurzerhand an einem Baum aufzuhängen. Es hätte nicht viel gefehlt, und Nicolas wäre ganz erbärmlich an einem Galgen umgekommen. Er aber verlor in dieser äußerst gefährlichen Lage seine Geistesgegenwart nicht. Unerschrocken antwortete er der Mannschaft: «Ich bin der nicht, wofür ihr mich haltet; und da mich mein Gewissen keines Lasters beschuldigt, so fürchte ich den Tod nicht.»[4] Dies sind sozusagen die ersten, von ihm überlieferten Worte, denn das Baumerlebnis entlockte ihm keine Worte, sondern er staunte dabei und verstummte. Nicolas erste Worte haben keine ausgesprochen religiöse Färbung, doch besitzen sie einen hellen Klang, indem sie vom Gewissen sprechen, das ihn auch während seiner Soldatenzeit geleitet hat. Sein unbelastetes Gewissen befreite ihn von der Todesfurcht, die sonst nur zu leicht den Menschen erbleichen läßt. Nicolas war mutig, sein Mut hatte ihn auch in der Stunde der Gefahr nicht verlassen, und immer ist es der Mut, der zuletzt Eindruck macht. Die Offiziere beschlossen, diesen Mann, der sie mit offenen Augen anschaute, wieder laufenzulassen. Somit war Nicolas der Gefahr entronnen, die ihm leicht hätte das Leben kosten können.

Später wurde er bei Rambervillers im Kampf verwundet, weshalb man ihn aus dem Heeresdienst als unbrauchbar ausschied. Nun kehrte er zunächst in sein Elternhaus zurück, behaftet mit einem bleibenden Nachteil, indem seiner Verwundung wegen das eine Bein lahm blieb. Offensichtlich hatte sich sein Suchen seit dem Baumerlebnis in einer falschen Richtung bewegt. Nicolas hatte zunächst seine irrige Fährte nicht eingesehen, obschon ihn die Gefangennahme hätte warnen sollen. Er glaubte, die Soldatenlaufbahn unentwegt weiterverfolgen zu müssen, bis ihm schließlich die Vorsehung Einhalt gebot. Mit dem gelähmten Bein war die ganze Soldatenherrlichkeit mit einem Schlag vorbei. Nicolas war ein verkrüppelter Mensch geworden, eine Vorstellung, die jedes idealisierende Bild verbietet. Doch plagten ihn deswegen keine Minderwertigkeitsgefühle. Er wußte wahrscheinlich, was im Evangelium stand: «Es ist besser, daß eines deiner Glieder verderbe, und nicht der ganze Leib in die Hölle geworfen werde.»[5]

In die Heimat zurückgekehrt, verdingte sich Nicolas als Diener bei dem reichen Schatzmeister Fieubert in Paris. Er war willens, die Befehle von den Augen seines Herrn abzulesen, aber er sagte von sich selbst, er sei ein unbeholfener und plumper Bursche gewesen, zwar voll guten Willens, aber doch nicht gewohnt, sich in einer vornehmen Umgebung zu bewegen. Der hinkende Mann, taperig wie er war, zerbrach beinahe alles, was ihm in die Hände kam. Er selbst machte sich darüber Vorwürfe, aber damit war nicht viel geholfen. Nicolas war offensichtlich für den Posten eines eleganten Hausdieners nicht geeignet, weshalb er die Stelle verließ.

Die Tätigkeit beim Schatzmeister hatte Nicolas Gelegenheit gegeben, das eitle Wesen der Welt näher kennenzulernen. Erschütternd kamen ihm die Verderbnisse der Zeit und die Unbeständigkeit der Menschen zum Bewußtsein. Nun wollte er seiner Odyssee ein Ende bereiten. Das religiöse Suchen, das während seiner Soldatenzeit beinahe im Kanonendonner untergegangen war, drängte sich ohnehin wieder stärker hervor. Nun versuchte er zunächst, ein Einsiedlerleben zu führen, zu dem er sich in seinem unbeweibten Zustand befähigt fühlte. Aber er hatte sich getäuscht, denn er vermochte das Einsiedlerleben nicht durchzustehen. Sein Onkel, der selbst Klosterinsasse war, gab ihm den Ratschlag, als Laienbruder in einen Orden einzutreten. Diese Wegweisung leuchtete Nicolas ein, und er entschloß sich, den Rat seines Onkels zu befolgen.

Die erste Phase aus dem Leben des Nicolas zeigt einen Menschen, der ein Leben wie tausend andere geführt hat. Zwar leuchtete die Wahrheit einen Augenblick vor seinem Geiste auf; dann erlosch sie wieder und schien aus seinen Augen zu entschwinden, da er ein wenig sinnvolles Leben führte. Wie war es nur möglich, daß er aus diesem dumpfen Dasein herausfand?

Meine Art zu leben ist nicht aus Büchern geschöpft

Man kennt das damalige mondäne Frankreich, das Saint-Simon in seinen Memoiren schildert und das in üppigen Hochzeitsfeierlichkeiten, in gesellschaftlichen Intrigen, in unberechenbaren Launen der Fürstlichkeit, in Zerstreuung und Vergnügungssucht der vornehmen Kreise bestand und das, näher besehen, hohl, nichtssagend und öde war. Kein Wort ist darüber zu verlieren. Daneben gab es noch das andere Frankreich, wenn auch die Tatsache, daß das Land des heiligen Ludwig so viele Mystiker von höchstem Rang hervorgebracht hat, fast unbekannt ist. Dieses andere Frankreich erlebte zu jener Zeit einen mystischen Frühling: ein wirkliches Brünnlein Gottes sprudelte hervor und gab Wasser die Fülle. Die religiösen Wellen gingen damals hoch. Natürlich war damit auch einiges modische Getue verbunden, indem einige Menschen in ihrer Erregung nicht mehr zwischen echter und falscher Mystik zu unterscheiden wußten. Neben fragwürdigen Vorkommnissen darf man aber nicht übersehen, daß es doch zahlreiche, von Gott berührte Menschen gab, die wußten, daß die Kirche nur durch die Wiederherstellung der Heiligkeit reformiert wird und man alle Mißbräuche beseitigen muß, um den Protest überflüssig zu machen. Es gab unter ihnen recht kühne Stimmen, die schon zu jener Zeit verkündeten: «Unser Herr redet zu ihnen diese Sprache des Beispiels dreißig Jahre lang, danach spricht er sanft und liebreich, schließlich mit Festigkeit, ohne jedoch gegen sie die Waffen der Suspension, des Interdikts oder der Exkommunikation anzuwenden.»[6] Die französischen Mystiker, zu denen neben Bernières-Louvigny auch Vincent von Paul zählt, führten ein geistliches Leben. Bei ihnen hielt die Liebe mit der Erkenntnis Schritt, und sie wußten um die Stille Christi. Nach Caussade werden «alle Dinge durch ihr eigenes Gewicht bewegt, die leichten nach oben, die schweren nach unten; mein Gewicht ist meine Liebe; durch sie werde ich überall hingetragen, wohin ich mich begebe»[7].

Zu diesen religiösen Erneuerungsbewegungen zählten auch die von Teresa von Avila und Johannes vom Kreuz reformierten unbeschuhten Karmeliter, die in jenen Jahren aus Spanien nach Frankreich kamen. Madame Acarie, die schon eine zweite Katharina von Genua genannt wurde, förderte sie eifrig und trat selbst, nachdem sie Witwe geworden war, als einfache Laienschwester in den Orden ein. Sie war der Überzeugung, daß das geistliche Leben in wenigen Worten bestehe und in einer großen Zuneigung zu Gott. Madame Acarie hat nichts geschrieben, nach ihrem Tode aber besaß der Karmel schon siebzehn Häuser in Frankreich. Sie wies ihre Leute an, auch mit den niedrigsten Personen im Kloster demütig zu sprechen. Sie selbst war eine liebenswürdige, unbefangene Frau, die in Gott versenkt war und doch mit ihren Kindern zu spielen wußte. Barbe Acarie lebte nach der Maxime: «Man muß nachgeben, außer wenn die Ehre Gottes verlangt, daß man widerstehe; wer nachgibt, trägt immer den Sieg über seine Gegner davon.»[8]

Nicolas klopfte an die Pforte des Klosters der unbeschuhten Karmeliter in Paris und begehrte als Laienbruder aufgenommen zu werden. War es eine reine Zufälligkeit, daß er in den Karmel einzutreten wünschte, oder hätte er sich ebensogut den Benediktinern oder den Franziskanern anschließen können? Die Frage aufwerfen, heißt sie verneinen. Weder stand das benediktinische Gotteslob noch die franziskanische Armut bei Nicolas im Mittelpunkt. Man weiß nicht, ob und wie viel Nicolas von den Klassikern des Karmel gelesen hat, daß er aber ein klares Bewußtsein von dem hatte, was es heißt, ein Sohn des Karmel zu sein, kann nicht bezweifelt werden. Was ein Kloster der Einsamkeit und Arbeit, des Gebetes und des Gehorsams, der Opferübung und der Sühne ist, das wußte Nicolas genau. Die Vereinigung mit Gott im Innersten der Seele durch die Vermittlung Christi ist karmelitische Mystik. Dies war auch Nicolas' innerstes Anliegen, freilich brauchte er nicht die übliche Terminologie der Mystik des Karmel, doch war ihm die Forderung «Gott um Gottes willen zu lassen» und «allein mit dem Alleinigen» zu sein durchaus vertraut. Der Laienbruder nahm die Spiritualität des Karmel in sich auf – das Gegenteil anzunehmen, wäre unwahrscheinlich. Nicolas gehörte in die große Tradition des Karmel, er vertrat sie selbständig und plapperte ihr nicht einfach nach. Er hat sein Äußerstes für Gottes Höchstes gegeben – das ist echt karmelitisch gelebt. Henry Brémond warf die Frage auf: «Wer vermöchte überhaupt den Zauber zu benennen, der von einem Karmeliterinnenkloster ausgeht?»[9]

Bei seinem Eintritt in den Karmel bekam Nicolas den Namen: Bruder Lorenz von der Auferstehung. Nach einer Überlieferung geschah der Eintritt 1666, als er fünfundfünfzig Jahre alt war. Dieses Datum aber stimmt nicht mit den eigenen Angaben von Bruder Lorenz überein. Er erwähnte in einem Brief, er habe mehr als vierzig Jahre im Kloster zugebracht. Daraus geht hervor, daß er viele Jahre früher eingetreten sein muß, wahrscheinlich schon in seinem sechsundzwanzigsten Lebensjahr. Das genaue Datum ist nicht mehr mit Sicherheit zu ermitteln, und ist auch nicht von großer Bedeutung. Wichtig bleibt einzig, daß er eingetreten und dort geblieben ist, weil er den Ort der Stille gefunden hatte, wohin er gehörte.

Die Oberen erkannten den Novizen nicht, und Bruder Lorenz hatte im Kloster zunächst einige Schwierigkeiten, auf die er nicht vorbereitet war. Er glaubte, durch die Abgeschiedenheit in den Garten Gottes eingetreten zu sein, eine Erwartung, in der er getäuscht wurde. Auch das Kloster gehört zur irdischen Welt, und es käme schon auf das Kloster im Kloster an, um den Frieden Gottes zu finden, der jedoch nicht in des Menschen Macht steht, sondern der ihm nur geschenkt werden kann. Er fühlte sich zunächst isoliert, dies um so mehr, als man ihn seiner mangelhaften Bildung wegen geringachtete. Man demütigte ihn und dachte nicht darüber nach, daß Christus bei der Fußwaschung wohl sich selbst erniedrigte, nicht aber die andern. Die absichtliche Demütigung eines Mitchristen ist ein Verstoß gegen die Menschenwürde. Bruder Lorenz ließ sie über sich ergehen und arbeitete viele Jahre lang zunächst im Küchendienst und hernach in der Schusterwerkstätte. An beiden Arbeiten hatte Bruder Lorenz keine Freude. Mit dem Geschirr wußte er nicht umzugehen und das Klopfen des Leders verursachte einen Lärm, der seiner nach Stille verlangenden Seele nicht entsprach. Bruder Lorenz klagte nicht und tat stillschweigend, was man ihm befahl. Auch Jakob Böhme, von dem er freilich nichts wußte, hatte als erleuchteter Mann den Beruf eines Schusters ausgeübt. Dank seiner Bereitwilligkeit legte sich auch der Widerwille, und schließlich führte er die Arbeiten mit Geschick zur Zufriedenheit seiner Vorgesetzten aus. Als man ihm einmal, um ihn zu prüfen, aus dem Kloster zu jagen drohte, nahm er die Mitteilung gelassen hin und erwiderte nur: «Ich bin in Gottes Hand, er wird mit mir tun, was ihm gefällt; ich arbeite nicht, um den Menschen zu gefallen; wenn ich ihm hier nicht nützlich sein kann, werde ich ihm an einer anderen Stelle dienen.» [10]

Bedeutend mehr zu schaffen machten ihm die schweren Depressionen, die ihn bald nach dem Klostereintritt heimsuchten. Die Sünden seines Lebens – über die man nichts Näheres weiß – bedrückten ihn. Seine Seele empfand Bitterkeit und Finsternis, Furcht und Verzweiflung; er selbst kam sich klein und häßlich vor. Eine seelische Qual bemächtigte sich seiner und bedrückte ihn, wie dies oft als Reaktion auf hochgespannte Erwartungen bei einem Klostereintritt geschieht. Statt in den Hafen des Friedens einzulaufen, wie er gehofft hatte, geriet seine Seele in eine immer größer werdende Verwirrung hinein, und eine Zeit geistlicher Dürre kam über ihn. Es war nicht nur eine üble Laune oder eine schnell vorüberhuschende Stimmung, denn die Zeit der peinigenden Anfechtung dauerte volle vier Jahre. Bruder Lorenz hatte unablässig mit dem Gedanken zu kämpfen, er gehöre unwiderruflich zu den Verdammten, möge er sich anstrengen wie er wolle, er entgehe der Hölle doch nicht. Die grauenhafte Aussicht legte sich wie eine Zentnerlast auf sein Gemüt und vertrieb alle Daseinsfreude. Er selbst sprach von einem schweren Seelenleiden, das er nicht zu überwinden fähig sei. Obwohl er ganze Nächte vor dem Tabernakel verbrachte, fühlte er doch keine Erleichterung. Die düster-melancholischen Gemütszustände dürfen nicht mit dem Worte «leere Einbildungen» abgetan werden. Sie lassen den betroffenen Menschen in unvorstellbare Tiefen fallen. Seine Anfechtungen zeigen, daß Bruder Lorenz der Weg nicht leicht gemacht wurde und daß auch er nur durch inneres Ringen zum Ziel gelangt ist. Anders hat noch nie jemand die Krone errungen. Seine seelische Verfinsterung bereitete ihm schwere Qualen; sie ist als Schwermut zu diagnostizieren, gegen die die seelsorgerliche Hilfe kaum aufzukommen vermag. Nach der ältesten Vita hat Bruder Lorenz gesagt, «er habe vier Jahre lang schweren Kummer gehabt, der so groß gewesen sei, daß kein Mensch in der ganzen Welt ihn von dem Gedanken hätte befreien können, er sei verdammt»[11].

Während der Zeit der bedrückenden Depressionen verharrte Bruder Lorenz keineswegs in einem passiven Zustand, sondern suchte dauernd in Büchern nach einer Wegleitung. Biographen vermuteten, Bruder Lorenz habe neben Augustinus und Thomas von Aquino vor allem die Nachfolge Christi von Thomas von Kempen gelesen. Auch die Schriften von Ruysbroeck und Bonaventura seien ihm vertraut gewesen. Doch sind dies bloße Vermutungen, die sich nicht durch Äußerungen von Bruder Lorenz belegen lassen und gerade für seine Anfechtungsperiode nicht zutreffen. Bruder Lorenz las in mancherlei Büchern über den Weg zu Gott. Das damalige Frankreich brachte eine bedeutsame religiöse Literatur hervor, die nur Unkenntnis unterschätzen kann. Statt vieler Beispiele sei nur Franz von Sales «Theotimus» genannt, ein Buch, das sich wie religiöse Lyrik liest. Es gibt religiöse Schriften – ich rede jetzt nicht von Salbung triefender Erbauungsliteratur –, die wie Musik klingen und den wilden Hunger nach dem Geistigen zu stillen vermögen. Wie armselig wäre das Leben, wenn es diese echte Seelenkost nicht mehr gäbe, die nahrhaft wie kräftiges Bauernbrot ist. Trotz diesen Schatzkammern fand Bruder Lorenz nicht in den Büchern, auch nicht in den frommen Büchern das, was er suchte. Unmißverständlich gestand er: «Ich habe meine Art und Weise zu leben nicht aus Büchern geschöpft.»[12] Das Geständnis hat seinen eigenen Klang und ist nicht zu überhören. Das Wort «Bücher» steht hier stellvertretend für menschliche

Klugheit überhaupt. Von niemandem erfuhr Bruder Lorenz entscheidende Hilfe, weder von seinem Orden noch von irgend einem Geistlichen. Seine Art und Weise zu leben wurde ihm von Gott selbst mitgeteilt. Bruder Lorenz war eine unmittelbare Gestalt und besaß ein direktes Gottesverhältnis. Damit ist nicht nur seine Unabhängigkeit und Selbständigkeit betont, sondern auch gesagt, daß man sich bei ihm nicht auf literarischem Gebiet befindet. Es spielt sich alles auf einer elementaren Ebene ab, die mit dem Wort Mystik angedeutet ist. Er meinte, die mannigfachen Bücher, von denen jedes wieder eine eigene Art lehre, beschwere eher seinen Geist, als daß sie ihm weiterhelfen. Nach seiner Überzeugung können die Bücher der allerberühmtesten Schulen nur wenig lehren im Vergleich mit der unmittelbaren Mitteilung Gottes. Bruder Lorenz war kein von Büchern abhängiger Mensch; er betete, und für ihn war das Gebet das große Buch. Dies sagte Bruder Lorenz zu einer Zeit, die noch nicht die große Inflation der Bücherproduktion der Gegenwart erlebt hatte, von der man weiß, daß sie mehr zur Verwirrung als zur Heilung der Welt beiträgt.

So wenig wie Bruder Lorenz ein Mann der Literatur war, so wenig zählt er zu den Intellektuellen. Er hegte gegen die Gelehrsamkeit ein tiefes Mißtrauen. «Wenn ihr», sagte er einmal zu seinen Brüdern, «große Fortschritte in dem Leben des Geistes machen wollet, so achtet nicht auf die schönen Worte und auf die spitzfindigen Reden der Gelehrten dieser Erde; wehe denen, welche in der Wissenschaft der Menschen ihren Vorwitz zu befriedigen suchen; der Schöpfer ist es, welcher die Wahrheit lehrt, welcher in einem Augenblicke das Herz der Demütigen unterrichtet und denselben mehr von den Geheimnissen des Glaubens und von der Gottheit selbst zu erkennen gibt, als wenn sie selber eine lange Reihe von Jahren hindurch betrachtet hätten.»[13] Von den logischen Schlußfolgerungen hielt er nicht allzuviel. Sie waren ihm höchstens ein schwacher Widerschein und niemals das Originale, auf das die Augen gerichtet sein müßten. Natürlich ist ein Mensch wertvoller, der Gedanken hat, als einer, der keine hat. Aber nicht der Gedanke an sich ist gut, sondern es fragt sich immer, was für ein Gedanke es ist. Der Laienbruder sagte einmal, «die Gedanken können alles verdrehen». Man möchte im ersten Moment widersprechen, und doch kann der seltsame Ausspruch nicht einfach abgelehnt werden. Mit den Gedanken beginnt nach Bruder Lorenz das Übel, weil im Gedanklichen gerne etwas Zerstreuendes und Gleitendes liegt. In aller Einfachheit war sich der Laienbruder über den Unterschied zwischen Wissen und Glauben klar, und nie wäre er dem Wahn verfallen, mit dem Verstand das göttliche Geheimnis ergründen zu können. Wenn ein Mensch zu Gott kommen will, braucht er weder Klugheit noch Wissenschaft, sondern nur ein entschlußfähiges Herz. «Es ist ein großer Unterschied zwischen den Werken des Verstandes und den Werken des Willens. Die ersteren sind weniger wichtig. Die anderen bedeuten alles.»[14] Der Verstand neigt zur Flüchtigkeit, er läßt sich gerne etwas Neues einfallen, namentlich wenn die Grundpfeiler der Ordnung wanken. Es ist damit sicher nicht das letzte Wort über den Verstand gesprochen, aber man müßte doch einmal in dieser Hinsicht über die intellektuelle Tätigkeit nachdenken. Der Laienbruder hat auf eine Gefahr hingewiesen, die gewöhnlich übersehen wird und die doch aller Beachtung wert ist. Jedenfalls ist ihr nur ein Christ gewachsen, der dieser Möglichkeit der Verirrung ins Auge schaut und sie nicht zum voraus leugnet. Es steckt im Intellektuellen etwas Luziferisches, und es ist kein Zufall, daß so viel Verrat und Chaos von den intellektuellen Menschen ausgegangen ist. Nur eine vom Logos erleuchtete Vernunft ist dagegen gewappnet, einzig das gläubige Denken – «ich glaube, damit ich einsehe» – ist dagegen gefeit.

In der Gegenwart Gottes leben

Von der jahrelangen, schrecklichen Anfechtung wurde Bruder Lorenz weder durch Bücher noch durch Gelehrsamkeit befreit. Er arbeitete sich nicht aus eigener Kraft aus dem seelischen

Tiefstand heraus – dies vermag der Mensch nur in den seltensten Fällen. Es geschah unerwartet durch eine Erleuchtung von oben, nachdem er den Entschluß gefaßt hatte, kühn zu Gott zu beten. Plötzlich überkam ihn «ein Strahl göttlichen Lichtes, welcher, da er seinen Geist erleuchtete, alle seine Furcht zerstreute und seinen Leiden ein Ende machte»[15]. So kurz die Bemerkung ist, umkreist sie doch sein entscheidendes Erlebnis. Näheres erzählt er nicht, aber diese große Stunde in seinem Leben wendete sein Dasein radikal um. Es war eine unvorhergesehene und urplötzliche Verwandlung, welche ihn vom ermüdenden Kreislauf seiner Gedanken mit einem Schlag befreite. Bruder Lorenz unterstrich das unerwartete Ereignis seiner wunderbaren Erleuchtung stark und betonte zugleich, es sei ihm ganz unmöglich, den Vorgang in Worte zu kleiden. Der Laienbruder erlebte eine Entrückung, er atmete Ewigkeitsluft und deutete den Endzustand nur mit dem köstlichen «Ruhen am Herzen Gottes» an[16]. Aus seinen Ausführungen geht klar hervor, daß das ungewöhnliche Erlebnis eine Verzückung war: «Die Ekstase und die Entrückung begegnen nur einer Seele, die sich an der Gabe erfreut und sie nicht zurückweist und die sich unabhängig von der Gabe gern Gott zuwendet. Man wird davon überrascht, man kann nichts erzwingen; Gott ist der Herr.»[17]

Der Inhalt der Erleuchtung war das Erlebnis der Gegenwart Gottes. Dies ist das zentrale Anliegen des Bruder Lorenz, und davon angemessen zu reden, ist unmöglich, weil es sich der menschlichen Sprache entzieht. Das Erlebnis der Gegenwart Gottes zertrümmert keineswegs alle Theologie, Gelehrsamkeit, Zeremonien, Gewohnheitsreligion, aber es schiebt sie stillschweigend auf die Seite, weil sie neben der neuen Erfahrung verblassen. Diese ist nicht Sittsamkeit und Bravheit, sondern ein beständiges Leben vor den Augen Gottes, ein immerwährendes Gesehen-Werden von ihm. Das ist aufreibend, da beginnt der Mensch zu keuchen, da fragt er sich zuerst: «Wohin soll ich vor dir fliehen?» Doch kommt dem Menschen dieser Gedanke nur in den ersten Momenten, denn schließlich spürt er, daß die

Gegenwart Gottes eine Seligkeit ohnegleichen ist und eine Geborgenheit vermittelt, die alle Verlassenheitsgefühle ausschließt, und daß sie eine nicht zu fassende Herrlichkeit schenkt. Bruder Lorenz war ein von der Gegenwart Gottes Überwältigter, und er stammelte dabei die Worte: «Wäre ich ein Prediger, so würde ich über nichts anderes als über die Übung der Gegenwart Gottes predigen.»[18] Ihm wurde in jener Stunde klar, daß Gott allezeit bei ihm ist, sozusagen auf dem Grund seines Herzens, und daß ihm deswegen die Möglichkeit gegeben ist, sich immerwährend auf eine stumme und geheime Weise mit Gott zu unterhalten. Seine gewöhnliche Art, mit dem Ewigen zu reden, war ein stilles Aufmerken und ein einfältiger, liebevoller Blick auf Gott. Die andern Menschen bemerkten nichts davon; sie würden es auch nicht verstanden und es nur als Müßiggang, Selbstbetrug und Eigenliebe bewertet haben. Bruder Lorenz war diese Verkennung völlig gleichgültig. Er lebte fortan in einem immerwährenden inneren Gespräch mit Gott und empfand dies als das größte Geschenk, das einem Menschen zuteil werden kann. Es gibt nichts Gewaltigeres und zugleich Freudigeres, als die beständige Verbindung mit Gott. «Man muß in der Gegenwart Gottes bleiben und sich immer wieder mit ihm unterhalten.»[19] Der Laienbruder entfernte sich nicht aus der Gegenwart Gottes, und wenn es doch einmal geschah, fühlte er sich sofort von einer inneren Stimme zurückgerufen. In der Gegenwart Gottes leben, bedeutete für ihn die Vereinigung der Seele mit Gott. «Sie ist rein geistig. Man empfindet ihr Kommen, die Seele ist nicht wie bei den anderen Vereinigungen ohne Bewußtsein. Es ist nicht etwa nur ein einfacher Ausdruck des Gefühls. Es ist vielmehr etwas Unaussprechliches, das der Seele begegnet, etwas Sanftes, Friedliches, Geistiges, Ehrfürchtiges, Demütiges, Liebevolles und sehr Einfaches.»[20] Mit all diesen Formulierungen bezeugt Bruder Lorenz seine Mystik. Die beständige Unterhaltung mit Gott findet nach Bruder Lorenz «am Grund und im Mittelpunkt der Seele statt»[21]. Er gestand einmal, daß er seit diesem mystischen Ereignis so zu leben versuchte, «als gäbe es nur Gott und mich auf der Welt»[22]. Stets hielt er sich in der heiligen Gegenwart Gottes auf und verbannte seit jener Zeit in jeder Stunde und in jedem Augenblick alles, was ihn davon hätte entfernen können. Im Leben der Gegenwart Gottes besteht das ganze mystische Leben, das während des Tages nie aufhören darf. Der Mensch muß immer wieder sein Herz erheben oder eine kleine Erinnerung an Gott vollziehen. Einen Blick nach innen, der oft nur einen Augenblick dauerte, sandte er aller äußeren Arbeit voraus. Die Bilder der Geschöpfe waren in seiner Einbildungskraft ausgelöscht. Nach Bruder Lorenz ist nichts anderes nötig, als zu erkennen, «Gott ist in unserem Innersten gegenwärtig» und der Christ soll sich fortwährend «mit Gott unterhalten, ohne Geheimnis und in aller Einfachheit»[23]. In diesem Zustand verharrte Bruder Lorenz und lebte «vierzig Jahre immer in der Gegenwart Gottes». Von Bruder Lorenz reden, heißt vom Leben in der Gegenwart Gottes reden. Mit einer Ausschließlichkeit und einer Monotonie ohnegleichen betonte er dieses Anliegen. In der Tat, ist Gott gegenwärtig, so ist dies das Größte und einzige, was es gibt. Es gibt nichts, was sich damit vergleichen ließe. Die Anwesenheit Gottes überragt alles und hebt alles aus dem Sattel. Sie ist unser Ein und Alles. Das Leben in der Gegenwart Gottes war das eine, große Ereignis in Bruder Lorenzens Dasein, unendlich größer als das Baumerlebnis, das ihm in jungen Jahren widerfahren war. Das Baumerlebnis hatte ihn davon überzeugt, daß Gott ist, aber das Leben in der Gegenwart Gottes gab ihm einen Vorgeschmack dessen, was Gott ist. Bruder Lorenz wandte sich ganz kindlich an Gott und legte Wert darauf, daß man mit der größten Einfalt mit Gott umgehen müsse. «Das Leben in der Gegenwart Gottes war ihm zur zweiten Natur geworden.»[24] Er war kein unruhiger Sucher mehr, sondern hatte, wie er bekannte, seinen Schatz im Acker gefunden. «Gott besitzt unermeßliche Schätze, die er uns schenken will, doch wir begnügen uns mit einem kleinen, frommen Gefühl, das kommt und gleich wieder verschwindet.»[25] Bei ihm verflüchtigte es sich nicht nach wenigen Minuten, es blieb, es war von Dauer und füllte alles aus. Um bei Gott zu sein, ist es nach Bruder Lorenz gar nicht nötig, sich immer in einer Kirche aufzuhalten, weil man auch im Herzen eine stille Kammer des Gebetes bereiten kann. Er schrieb einmal: «Sie werden einwenden, daß ich immer das gleiche sage. Es ist wahr, ich kenne kein geeigneteres und kein leichteres Mittel als dieses.»[26] Wenn man etwas zu sagen hat, kann man nicht vieles sagen. Bruder Lorenz hatte in aller Unscheinbarkeit nicht nur etwas, sondern das Bedeutsamste zu sagen, er hat das eine, das not tut, gesagt, er hat das Wichtigste, das Zentralste und das Vordringlichste gesagt, neben dem alles andere bedeutungslos wird.

Eine Interpretation des Lebens in der Gegenwart Gottes hat hervorzuheben, daß für Bruder Lorenz von dieser Stunde an Gott nicht mehr ein bloßer Begriff war, den er korrekt zu definieren wußte, damit alle Ansprüche des Dogmatikers befriedigt waren. Der Gottesbegriff ist meistens eine dürre Bestimmung, mit dem der Mensch auf die Dauer nicht leben kann, weil er in der rein gehirnlichen Sphäre verbleibt. Auch war Bruder Lorenz mit seinem Erleben der Gegenwart Gottes mit einem Schlag von der Vorstellung des Vergangenheitsgottes befreit. Allzuleicht betrachten die Gewohnheitschristen Gott als einen Gott der Vergangenheit, der einst zu den Menschen gesprochen und wunderbare Taten vollbracht hat, nun aber gänzlich verstummt ist. Gideon empörte sich schon über die Ansicht von einem toten Vergangenheitsgott, als er den Engel fragte: «Wo sind all seine Wunder, von denen uns unsere Väter erzählten?»[27] Für Bruder Lorenz war Gott auch keine bloße Zukunftsangelegenheit, wonach der Mensch Gott im Jenseits schauen dürfe. Das alles bleibt abstrakt und fern, blaß und unaktuell. Bei ihm war an die Stelle dieser gedanklichen Konstruktionen ein lebendiger Gegenwartsgott getreten, ein Gott mit einer spürbaren Macht, die ihm den Atem raubte, ein unfaßliches Jetzt und Hier. Der gegenwärtige Gott war die entscheidende Erfahrung des Laienbruders; Gott war für ihn eine Realität, vor der sich alles bloße Gerede in ein Nichts auflöste. Durch die Gegenwart Gottes war zwischen Bruder Lorenz und Gott eine wirkliche Verbindung hergestellt, Gott war zu sei-

hat, wie sich Thomas von Aquin am Ende seines Daseins ausdrückte, wie Stroh vor gegenüber dem, was er gesehen hat. Es ist höchstens ein Schatten, ein unbeholfenes Gestammel, aber nicht mehr. Das Geschriebene vermag weder den Verfasser noch den Leser zu befriedigen. Dieses Mißverhältnis spürte Bruder Lorenz deutlich, und schließlich wußte er auch, daß die Gegenwart Gottes mehr im Schweigen als im Reden erfahren wird.

Das Leben in der Gegenwart Gottes führt ins Zentrum des christlichen Lebens und verwandelt den Menschen von Grund auf. Alle Äußerungen Bruder Lorenzens sind von der einen Mitte aus gedacht und kehren immer wieder zu ihr zurück. Zur Stärkung seiner Seele las er nur noch ein Buch: die Evangelien. Er fand in ihm die Bestätigung seines Erlebens der Gegenwart Gottes, die ihn so reich beschenkt hatte.

Als erste Gabe empfing Bruder Lorenz einen überaus festen Glauben, der vom Leben in der Gegenwart Gottes nicht abzulösen ist. Er meinte einmal, der Mensch seiner Zeit habe den Pfad des Glaubens so sehr verloren, daß er gar nicht mehr wisse, was überhaupt Glaube sei. Er aber wußte um des Glaubens Kraft. Der Glaube war sein großer Lehrmeister und leitete ihn bei seinen täglichen Pflichten. «Mein Glaube wird mir sogar manchmal so klar, als wäre es gar kein Glaube mehr. Es scheint mir dann, der dunkle Schleier wäre hinweggezogen und der ewige Tag des andern Lebens sei bereits da.»[35] Der Glaube war zuweilen von einer solchen Intensität, daß er in ein Sehen und Erfahren überging. Dies hat Bruder Lorenz mehrfach betont, zuletzt noch in einem Brief kurz vor seinem Tode: «Was mich in diesem Leben tröstet, ist, daß ich Gott durch den Glauben schaue, und zwar auf eine solche Art, daß ich manchmal fast sagen könnte: Ich glaube nicht mehr, sondern ich sehe.»[36] Der zu einem mystischen Sehen sich steigernde Glaube vermittelte ihm eine innere Gewißheit, die sich durch nichts mehr irremachen ließ. Ohne eine unumstößliche Glaubensgewißheit ist es unmöglich, ein Leben in der Gegenwart Gottes zu führen. Er bildet die unumgängliche Voraussetzung dazu. Wer keinen Glauben aufbringt, kann um ihn flehen; den Mangel fühlen und traurig darüber sein, ist schon eine Vorform des Glaubens. Die Gegenwart Gottes erfüllte Bruder Lorenz mit einer starken Liebe. Er war ein Mann, der Liebe verströmte. Die Werke der Buße standen bei ihm nicht an erster Stelle: «Selbst wenn wir alle möglichen Bußübungen auf uns nehmen, so können sie, wenn sie ohne Liebe geschehen, nicht eine einzige Sünde tilgen.»[37] Nach seiner Auffassung machen die Menschen im christlichen Leben keine Fortschritte, weil sie in den Bußübungen steckenbleiben und dabei die Hauptsache vergessen: die Liebe zu Gott. Bruder Lorenz dachte über das Problem viel nach und gelangte schließlich zum Ergebnis: «Es ist ein viel kürzerer Weg, unmittelbar zu ihm zu gelangen, indem man sich ständig in der Liebe übt und alles aus Liebe zu Gott vollbringt.»[38]

Nicht Furcht oder Angst war das Motiv seines Handelns, sondern die Liebe. In jener Zeit wollten viele Prediger die Menschen mit dem Gedanken an die Hölle in den Himmel hineinjagen. Bruder Lorenz war ganz anderer Meinung: «Ich mache mir Gedanken weder über Tod noch über meine Sünden, weder über den Himmel noch über die Hölle. Sondern ich denke allein daran, die kleinen Dinge aus Liebe zu Gott zu vollbringen, da ich nicht imstande bin, Großes zu tun.»[39] Bruder Lorenz war von der Liebe bewegt und betrachtete auch das Leben der Menschen mit den Augen der Liebe: «Wenn ich so oft von unerfreulichen und schlechten Dingen höre, so wundere ich mich nicht darüber. Im Gegenteil: Es scheint mir erstaunlich, daß sich nicht noch viel mehr Böses ereignet, wenn ich bedenke, welcher Bosheit ein schlechter Mensch fähig ist. Ich bete für ihn, aber ich ereifere mich nicht darüber.»[40] In all seinem Tun ließ er sich stets von der Liebe leiten, ohne darauf zu schauen, ob er zu den Erwählten oder zu den Verdammten gehöre. Das Leben in der Gegenwart Gottes wird durch die Liebe und nicht durch kluge Verstandesüberlegungen unterhalten. Es geschieht durch das Herz, denn das Herz ist das religiöse Organ, und mit dem Herzen empfindet der Mensch die Liebe. Bruder Lorenz war nicht berufen, große Dinge zu tun, aus Liebe zu Gott aber wandte er den kleinen Eierkuchen in der Pfanne. «Ich werde immer nur durch die Liebe geleitet, durch keinen anderen Wunsch. Ich mache mir auch keine Sorgen, ob ich verdammt oder gerettet werde. Aber ich habe mir in allen meinen Handlungen zum Ziel gesetzt, alles aus Liebe zu Gott zu tun. Seitdem fühle ich mich wohl. Ich bin zufrieden, wenn ich aus Liebe zu Gott einen Strohhalm vom Boden aufheben darf.»[41] Doch baute Bruder Lorenz seine brennende Liebe zu Gott nicht zu einer Brautmystik nach dem Vorbild des Hohenliedes aus: «Mein Freund ist mein, und ich bin sein.»[42] Die Liebe war ihm Erkennungsmittel. Ob die Liebe dem Erkennen vorangeht oder umgekehrt das Erkennen der Liebe, ist eine in der Christenheit oft diskutierte Frage. Nach dem Laienbruder «muß man kennen, ehe man lieben kann», und ein anderes Mal fügte er hinzu: «Unsere ganze Aufgabe soll daher sein, Gott zu erkennen. Je mehr man ihn kennt, desto mehr wünscht man, ihn näher zu kennen. Und weil die Liebe mit dem Maß der Erkenntnis wächst, so wird die Liebe um so größer sein, je mehr die Erkenntnis an Tiefe und Umfang gewinnt.»[43] Nach dieser Aussage hat Bruder Lorenz das Problem im augustinischen Sinne beantwortet: «Kein Gut wird vollkommen gekannt, das nicht vollkommen geliebt wird.»

Glaube und Liebe wirkten sich bei Bruder Lorenz in einer spürbaren Freude aus: «Ich weiß nicht, was Gott mit mir machen wird. Ich bin von Tag zu Tag mehr zufrieden. So viele leiden. Doch ich, der ich strenge Bußen verdienen würde, erlebe so große und so beständige Freuden, daß ich mich nur mit Mühe beruhigen kann.»[44] Dies war seine anhaltende Seelenstimmung. Die große Freude hallte in ihm nach und verbannte jede griesgrämliche Regung. Man spürte ihm die immerwährende Heiterkeit an. «Seit etwa dreißig Jahren ist meine Seele von beständiger Freude erfüllt.»[45] Sie spricht denn auch aus allen seinen Worten: «Denn überall finde ich Freude darin, die kleinen Dinge aus Liebe zu Gott zu tun.»[46] Seitdem Bruder Lorenz begonnen hatte, ein Leben in der Gegenwart Gottes zu führen, nahm man bei ihm keine Niedergeschlagenheit und keinen

Trübsinn mehr wahr, wußte er doch, daß Traurigkeit der Gegenwart Gottes entgegensteht. Wenn die neue Ausgabe seiner Briefe, Aufzeichnungen und Gespräche die Überschrift «Die wahre Freude» trägt, so ist damit die wesentliche Seite dieses Mannes getroffen. Er war der Ansicht, daß man in der Welt nicht glücklicher und herrlicher leben könne, als wenn man sich oft mit Gott unterhalte. Man spürt denn auch seine Freude bei der Lektüre, der Jubel überquillt und hat etwas Mitreißendes an sich. «Dabei werde ich manchmal so sehr entflammt und ergriffen, daß ich aufschreie und heftige Neigung verspüre, wie ein Narr zu singen und herumzuspringen.»[47] Mit diesem heiteren Lachen haben auch die christlichen Narren ihr manchmal sonderbares Tun motiviert. Bruder Lorenzens Freude ist ansteckend, ist mitteilsam und läßt das Herz höher schlagen.

Mit dem Leben in der Gegenwart Gottes waren nicht nur die unermeßlichen Gaben des Glaubens, der Liebe und der Freude verbunden, sondern auch verschiedene Probleme wurden von selbst gelöst. Fragen, die den Menschen sonst viel zu schaffen machten, bestanden für Bruder Lorenz nicht mehr. Zu ihnen gehörte einmal das Vergangenheitsproblem. Beinahe jeder Mensch beschäftigt sich mit ihm, wenn er auf sein Leben zurückschaut. In gewissen Stunden überkommt ihn das Gefühl, alles falsch gemacht zu haben. Bruder Lorenz dagegen sagte: «Ich denke auch nicht über die Dinge nach, die ich getan habe.»[48] Er kannte keine Selbstvorwürfe, obwohl er seine Sünden nicht leichtgenommen hat. «Auf meine Fehler achte ich sorgfältig und wundere mich nicht über sie. Ich bekenne sie Gott, verteidige mich nicht und versuche nicht, mich zu rechtfertigen.»[49] Bruder Lorenz zählte seine Sünden nicht endlos auf, wie es Skrupulanten tun, er nahm sie nicht wichtiger als sie waren. Christus hatte ihm die Verfehlungen vergeben, und damit waren sie durchgestrichen. Der Mensch soll sie nicht immer wieder durchbuchstabieren. Bruder Lorenz hatte schlicht und unauffällig seine Vergangenheit vorbildlich bewältigt.

Das Leben in der Gegenwart Gottes bedurfte auch keiner Gebetsformeln mehr, die im Zeitalter der Gegenreformation eine fast unerträgliche Standardisierung und Reglementierung erfahren hatten. Er hielt das Gebet hoch, wie es bei einem Christen nicht anders denkbar ist. Ohne das Gebet gibt es gar keine Gegenwart Gottes. Bruder Lorenzens Gebet war kein Schrei nach außen, sondern ein inneres Reden mit Gott. Er betete in freudiger Dankbarkeit über die Verbindung mit Gott. Sein Gebet war kein Menschenwerk, und erst recht keine religionsphilosophische Angelegenheit. «Mein Gebet ist nichts anderes als der Gedanke an die Gegenwart Gottes.»[50] Alle Gebetsformeln lagen ihm fern. Auch von der Methode wollte er nichts wissen, nach der das göttliche Leben in der knechtischen Furcht beginnen, zur Hoffnung auf das ewige Leben fortschreiten und zuletzt in der Vollendung der reinen Liebe endigen sollte. Weil eine solche Methode ihn entmutigte, befolgte er sie nicht. «Ich rate Ihnen nicht, viele Worte beim Beten zu machen; langes Reden verführt leicht dazu, in die Irre zu gehen. Verhalten Sie sich vor Gott wie ein armer Stummer.»[51] Allzu viele Worte zerstreuen mehr, als daß sie zur inneren Sammlung verhelfen, und selbst die innigsten menschlichen Worte sind ein hilfloses Gestammel vor Gott. Bruder Lorenz machte keinen Unterschied zwischen der Zeit der Arbeit und der Zeit des Gebetes. Er war in der Küche genauso mit Gott vereinigt, wie wenn er vor dem Sakrament auf den Knien lag. Er hatte «es niemals fertiggebracht, wie die anderen nach einer bestimmten Vorschrift zu beten»[52], und bekannte wiederholt: «Ich habe alle Formen der Andacht und alle Gebete, die nicht zu meinen Pflichten gehören, aufgegeben und bemühe mich, immer in seiner heiligen Gegenwart zu verweilen.»[53]

Bruder Lorenz hatte kein Verlangen, sich mit einem geeigneten Seelenführer über den Zustand seiner Seele auszusprechen. Er unterließ dies, weil er die Erfahrung gemacht hatte, daß solche Aussprachen ihn nur in eine Unsicherheit hineinführten. Sich unter einen Seelenführer stellen, war damals ein beliebtes, beinahe modisches Verhalten. Man wählte sich einen Geistlichen, dem man die Leitung der Seele anvertraute, und war damit der eigenen Entscheidung enthoben. Bruder Lorenz genügte der

Beichtvater, und mehr bedurfte er nicht. Er stand im Verhältnis des Unmittelbaren zum Ewigen und duldete es nicht, daß sich ein fremder Mensch zwischen Gott und seine Seele stellte. Das Leben in der Gegenwart Gottes verzichtete auf alle Vermittlungsinstanzen – dies war eines der Geheimnisse von Bruder Lorenzens Mystik.

Getreu seiner Bemühung, Gott überall zu finden, gab es für ihn keine Scheidung zwischen heiliger und profaner Sphäre. Im Gottesdienst spürte er die Gottesnähe genauso, wie wenn er am Herdfeuer stand. Mit dieser Einsicht hat er eine karmelitische Tradition aufgenommen, die die Heiligung des Weltlichen erstrebte. Theresia von Avila gab ihren Töchtern zu bedenken, «daß der Herr, wenn ihr in der Küche beschäftigt seid, inmitten der Töpfe euch nahe ist»[54]. Bruder Lorenz ist in dieser Beziehung ein getreuer Sohn der karmelitischen Reformatorin. Der Mensch ist mit Gott verbunden, ob er nun betet oder einer ganz profanen Arbeit nachgeht. Bruder Lorenz fühlte sich bei den gewöhnlichsten Beschäftigungen nicht weniger mit Gott vereinigt, als wenn er sich zur Andacht zurückzog, im Gegenteil, gerade dann spürte er oft eine geistige Dürre. Die irdische und die ewige Welt sind nicht völlig getrennt, als hätten sie nichts miteinander zu tun. Das Jenseitige ist im Diesseitigen, und das Diesseitige ragt ins Jenseitige hinein. Das Sakrale und das Weltliche sind oft auseinandergefallen, aber ihrem Wesen nach gehören sie zusammen. Es war des Laienbruders tiefstes Bestreben, Gott gerade im Alltag zu erfahren, seine Anwesenheit zu fühlen und in seiner Gegenwart zu leben. Darin liegt eine zukunftweisende Haltung verborgen, denn der heutige Mensch möchte in seinem tiefsten Herzen die heilige Atmosphäre in die profane Welt hineintragen oder umgekehrt, die profanen Dinge sollten bei ihm geheiligt werden. Nur die bewußte Verbindung führt zur Einheit des Lebens.

Das Leben in der Gegenwart Gottes mit seinen Gaben und seiner Überwindung erstarrter Auffassungen zeitigte eine ungeahnte Wirkung. Wie sollte es auch anders sein bei einem Menschen von dieser mystischen Intensität.

Bruder Lorenz wurde zu einem innerlich gefestigten Menschen. Die Labilität, an der so viele kranken, war ihm fremd geworden. «Er kam nie aus seiner Fassung, war immer bescheiden und heiter, arbeitete ohne Trägheit und ohne Übereilung, blieb immer in derselben Gleichmütigkeit und in einem unerschütterlichen Frieden.»[55] Selbst eine grobe Arbeit brachte ihn nicht aus seinem Gleichmaß. Er hatte bei seiner Tätigkeit stets ein Maß und ein Ziel vor Augen. Er konnte sogar sagen: «Wenn es für mich einen Schmerz geben könnte, so wäre es der, keinen Schmerz zu haben.»[56] Von allen Stimmungsschwankungen frei, achtete er auch nie auf eine momentane Empfindung, weil er fürchtete, die Beständigkeit und die klare Linie zu verlieren. Begegnete ihm ein schlechter Mensch, wies er ihn nicht entrüstet zurück: «Ich bete für ihn, aber ich ereifere mich nicht darüber.»[57] Die seinem Wesen fern liegenden weltlichen Geschäfte erledigte er überlegen, als hätte er nie etwas anderes getan. Sie brachten ihn in keiner Weise aus seiner inneren Sammlung. Er selbst schrieb darüber: «Vor einiger Zeit hat man mich beauftragt, in Burgund Wein einzukaufen. Das war mir sehr unangenehm. Denn einmal bin ich nicht geeignet für solche Dinge; ferner habe ich ein lahmes Bein, so daß ich mich auf dem Schiff nur bewegen kann, indem ich mich über die Fässer rolle. Aber ich machte mir weder darüber noch über den ganzen Weinhandel Sorgen. Ich habe zu Gott gesagt: ‹Das ist deine Sache.› Und dann bemerkte ich: Alles ging seinen Weg; und es ging gut.»[58] Bruder Lorenz war ein seelisch völlig ausgeglichener Mensch, der weder Übermut noch Niedergeschlagenheit kannte. Immer war er in der gleichen Seelenverfassung. Gegenüber den Erregungen des Lebens empfahl er die Losung: «Wenn das Schiff unserer Seele noch unter den Winden und Stürmen schwankt, können wir den Herrn aufwecken, der in ihm ruht. Er wird das Meer bald zur Ruhe bringen.»[59]

Entsprechend der inneren Festigkeit nahm Bruder Lorenz die rechte Haltung zu den Dingen ein. Die Aufgabe ist nicht leicht für den Menschen, der sich allzugerne in die Dinge verstrickt und doch selten ihrer Herr wird. Bruder Lorenz war auch von jenen frei, die gleichgültig an den Dingen vorbeistürmen, ohne sie zu achten. Selbst wenn er zuweilen die Dinge verließ, und sich in sein Inneres zurückzog, nahm er zu ihnen doch keine negative Einstellung ein: «Ich behaupte nicht, sie müßten die äußeren Dinge für immer verlassen. Das ist nicht möglich. Die Klugheit, die Mutter der Tugenden, wird Sie das rechte Maß finden lassen.»[60] Für ihn standen die Dinge noch am richtigen Ort, er besaß sie, als würde er sie nicht besitzen. Wie Ignatius von Loyola war er bestrebt, «Gott in allen Dingen zu finden». Die alte Vita führt darüber aus: «Lorenz schaute Gott nicht nur durch den Glauben gegenwärtig in seiner Seele, sondern auch in den Dingen, die er sah.»[61] Er vertrat keine moderne, ästhetische Mystik der Dinge, die nichts mehr von deren transzendenten Beziehung weiß. Gott auch in den Dingen sehen, ist das Ziel der echten religiösen Einstellung, und zugleich ist sie eine tiefe Sehnsucht des Christen.

Bruder Lorenz wurde als schlichter Laienbruder lange Zeit in seinem Kloster verkannt. Man achtete seiner nicht sonderlich, war froh, eine willige Arbeitskraft zu haben, und ging über ihn hinweg. Seine ungewöhnliche Frömmigkeit weckte den Argwohn der Klosterbrüder, worauf Bruder Lorenz verhört und genötigt wurde, seine Ansichten darzulegen. Man glaubte, bei ihm einen gefährlichen Selbstbetrug feststellen zu müssen. Bruder Lorenz verantwortete sich mit dem ihm eigentümlichen Mut, und schließlich überzeugten sich die Oberen von der Ehrlichkeit seiner Haltung. Ob sich sogar die Inquisition eingeschaltet hat, ist eine Vermutung, die sich nicht beweisen läßt[62]. Der sechste Brief, der sich von Bruder Lorenz erhalten hat und der im Unterschied zu seinen übrigen Briefen an eine hochgestellte Persönlichkeit gerichtet ist, macht den Eindruck einer gewissen Verteidigung seines Lebens in der Gegenwart Gottes. Er rechtfertigte sich in einer freimütigen, nichts abschwächenden Art, worauf sich der gegen ihn gehegte Verdacht einer ungesunden Schwärmerei verflüchtigte. Es wurde kein Verfahren gegen ihn eröffnet, und man ließ ihn fortan unbehelligt.

Seit seinem Soldatenleben ließ Bruder Lorenzens Gesundheit zu wünschen übrig. Es bildete sich an seinem lahmen Bein ein großes Geschwür, und ein zunehmendes Gichtleiden machte ihm viel Beschwerden. Allein, Bruder Lorenz beschäftigte sich nicht allzusehr mit den Krankheiten seines Leibes, gehörte er doch nicht zu den Menschen, die beständig in Sorge sind um das Wohl und Wehe ihres Körpers. «Ich habe keine Erleichterung ersehnt, sondern um die Kraft gebeten, tapfer, demütig und mit Liebe zu leiden.»[63] Diese Bitte entspricht der Haltung des Christen, denn wer die Kraft von oben erhält, erträgt auch das Schwerste mit Würde. Nach Bruder Lorenzens Überzeugung sendet Gott dem Leib oft eine Krankheit, damit die Seele geheilt werde. Auch war er von der Gewißheit erfüllt, «wer die Krankheit aus Gottes Hand annimmt und sie als eine Wirkung seines Erbarmens und als ein Mittel zu unserem Heil betrachtet, der findet fast immer große Linderung und einen spürbaren Trost. Ich wünschte, Sie könnten sich davon überzeugen, daß Gott uns oft näher ist, wenn wir krank und schwach sind, als in den Zeiten, in denen wir uns unserer vollen Gesundheit erfreuen.»[64] Immer wieder wiederholte er den Gedanken: «Gott läßt manchmal den Körper leiden, um die Krankheit unserer Seele zu heilen.»[65]

Inmitten aller Schmerzen behielt er den Gleichmut der Seele. «Es ist um Sie geschehen, Bruder Lorenz», sagte ein Mitbruder, «Sie müssen von uns scheiden.» «Das ist wahr», erwiderte er, «ich liege auf meinem Totenbette, aber jemand wird mir bald nachfolgen, der sich dessen jetzt noch kaum versieht.»[66] Damit hatte er den sich mit ihm unterhaltenden Mitbruder gemeint, der vollkommen gesund war, der aber am andern Morgen erkrankte und an dem Tage starb, da Bruder Lorenz bestattet wurde.

Die Heiterkeit verließ ihn nicht während seiner Krankheit, fand er doch im wortlosen Gebet die innere Ruhe. Keine Klage kam über seine Lippen, und vollkommen ruhig sah er seinem bevorstehenden Tode entgegen. Freude zeigte sich auf seinem Gesicht, was «die Brüder veranlaßte, ihn zu fragen, ob er denn wirklich nicht leide. Er antwortete: ‹Verzeiht mir, ich leide, die Stiche in der Seite machen mir Schmerzen; aber mein Geist ist zufrieden.› Die Besucher fragten weiter: ‹Wenn Gott nun wollte, daß Sie diese Schmerzen zehn Jahre lang erdulden müßten, würden Sie dann auch noch zufrieden sein?› Seine Antwort: ‹Ja, nicht nur so lange, sondern, wenn Gott wollte, daß ich meine Schmerzen bis zum Tage des Gerichts ertrage, so wäre ich gern damit einverstanden; und ich würde gleichzeitig hoffen, daß Gott mir die Gnade schenkt, immer zufrieden zu sein.›»[67] Vier Monate zuvor sagte Bruder Lorenz zu mehreren Klosterinsassen, daß er vor Ende Februar sterben werde und daß er des Tages seines Todes gewiß sei. Er fürchtete auch nicht den Teufel, obwohl er ihn um sein Bett herumgehen sah, aber er spottete seiner und behielt sein strahlendes Wesen bis zuletzt. «Nachdem er zum letzten Mal die Sakramente empfangen hatte, antwortete er einem Ordensbruder auf die Frage, was er jetzt tue, womit sein Geist jetzt beschäftigt sei: ‹Ich tue das, was ich in alle Ewigkeit tun werde. Ich danke Gott, ich lobe Gott, ich bete Gott an und ich liebe ihn aus meinem ganzen Herzen. Das ist unsere wichtigste Aufgabe, meine Brüder: Gott zu verehren und ihn zu lieben und über das, was dann kommt, ohne Sorge zu sein.›»[68]

Ein Geistlicher ersuchte ihn noch, von Gott den wahren Geist der Andacht für ihn zu erbitten, worauf Bruder Lorenz antwortete, man müsse mitwirken und mitarbeiten, um sich dessen würdig zu machen. Dies waren Bruder Lorenzens letzte Worte. Am Montag, den 12. Februar 1691, um neun Uhr, starb Bruder Lorenz, er verließ diese Welt ohne Agonie, ohne zuckenden Todeskampf, bei vollem Bewußtsein, «in einem Kuß Gottes», wie Abbé de Beaufort sich ausdrückte. Er verhielt sich wie ein Kind, das in den Armen der Mutter einschläft. «Ein Glanz lag auf seinem verblichenen Gesicht wie der Glanz eines Engels.»[69]

Obschon Bruder Lorenz nur ein unscheinbarer Laienbruder war und nie im Mittelpunkt der allgemeinen Aufmerksamkeit stehen wollte, gelang es ihm doch nicht, völlig unbemerkt durch das Leben zu gehen. Am 3. August 1666 kam der Generalvikar Abbé M. de Beaufort im Auftrag des Kardinals Noailles zu ihm und erkannte während der Unterhaltung sofort die außergewöhnliche Spiritualität des einfachen Klosterbruders. Keineswegs fühlte sich Bruder Lorenz vom hohen Besuch geschmeichelt, im Gegenteil, unverblümt sagte er ihm: «Gott erleuchtet zu diesem Zweck jeden, der in Wahrheit den Wunsch hat, ihm anzugehören. Ist das Ihre Absicht, so können Sie mich besuchen, sooft Sie wollen; Sie brauchen dann nicht zu befürchten, daß Sie mich stören. Andernfalls bitte ich Sie: Kommen Sie nicht mehr zu mir.»[70] Abbé de Beaufort ging, tief beeindruckt von Bruder Lorenz, nach Hause, setzte sich an den Schreibtisch und schrieb den Inhalt des Gesprächs nieder. Dies tat er jedesmal nach den Besuchen bei Bruder Lorenz. Der Generalvikar ist der eigentliche Entdecker des Bruder Lorenz. Ohne Abbé de Beaufort wüßten wir wahrscheinlich nichts von ihm.

Dem Laienbruder war wider alle Erwartung ein starker Nachklang beschieden. Die Vorsehung erachtete seinen Tod als den geeigneten Zeitpunkt, den Glanz des Laienbruders in hellem Licht erstrahlen zu lassen, nachdem er sein Leben lang peinlich bemüht war, unbekannt zu bleiben. Schon ein Jahr nach seinem Tode gab Abbé de Beaufort eine erste Publikation, enthaltend Briefe und Gespräche mit Bruder Lorenz, heraus, denen er ein Vorwort «Eloge» beifügte. Beaufort legte Gewicht darauf, ein Augenzeuge gewesen zu sein. Schon zwei Jahre später folgte eine zweite Publikation, da man inzwischen ein kleines Bündel Papiere mit Aufzeichnungen von Bruder Lorenz gefunden hatte. Abbé de Beaufort war der Ansicht: «Nichts kann ein besseres Bild eines Heiligen geben als das, was von ihm selber stammt.»[71] Er fügte eine Lebensbeschreibung bei, in der er Bruder Lorenz einen «Himmelsbringer nannte, den nichts auf Erden festhielt»[72]. Diese beiden Ausgaben fassen unser Wissen über Bruder Lorenz zusammen, das bis heute nicht erweitert werden konnte. Die Botschaft vom Leben in der Gegenwart Gottes wurde in der katholischen Kirche nie mehr vergessen; seine Briefe, Aufzeichnungen und Gespräche erschienen immer wieder, weil sie «ein wunderbares Beispiel christlicher Einfachheit und mystischer Wärme» sind[73]. Diese Worte formulieren vortrefflich den Eindruck von Bruder Lorenz. Seine Welt breitet das menschliche Dasein nicht in seiner Mannigfaltigkeit aus; sie ist, von außen gesehen, bald abgeschritten, weil er immer wieder auf die gleichen Werte hinweist und die Konzentration auf das Eine und Alleinige alles andere ersetzt. Seine Sendung ist fern von aller intellektuellen Kälte. Ein Gefühl, eine Wärme, eine Sympathie flutet dem Menschen entgegen, die ihn aufs tiefste beglückt. Eine gute deutsche Ausgabe mit Anmerkungen gab der Kölner Erzbischof Clemens August Droste zu Vischering im Jahre 1829 heraus, die noch hundert Jahre später einen unveränderten Abdruck erfuhr. Auch im zwanzigsten Jahrhundert sind mehrere Ausgaben erschienen, von denen diejenigen von Friedrich Eichler die vollständigste ist.

Bruder Lorenzens Schrifttum blieb nicht auf den katholischen Raum beschränkt. Der um die Vermittlung romanischer Geistesgüter hochverdiente ehemalige reformierte Prediger Peter Poiret in Holland machte zuerst die evangelischen Christen auf Bruder Lorenz aufmerksam. Noch im gleichen Jahrzehnt von Bruder Lorenzens Tod erwähnte er ihn in seiner Guyon-Ausgabe, und im Jahre 1700 gab er unter dem Titel «Theologie der Gegenwart Gottes» das Schrifttum Bruder Lorenzens heraus, eine Ausgabe, die bald auch ins Deutsche übersetzt wurde[74]. Poirets in Pergament gebundenes Büchlein kann man nicht ohne Ehrfurcht in den Händen halten. Es enthält das Material, die beiden französischen Ausgaben, und setzt Bruder Lorenz mit der christlichen Tradition in Verbindung, indem Poiret erwähnt, daß das Leben in der Gegenwart Gottes schon früher von ernsten Christen vertreten worden ist. Auch der überaus hellhörige Gottfried Arnold erwähnte Bruder Lorenz ausführlich im Anhang seines Buches «Das Leben der Gläubigen», so daß der Leser ein anschauliches Bild vom Laienbruder erhält[75]. Gottfried Arnold wird mißverstanden, wenn man seine «Unpartheiische Kirchen- und Ketzerhistorie» nur als Kritik an der Kirche auffaßt; es ging dem mystisch ungemein interessierten Verfasser stets um den Hinweis auf die wahren Christen, zu denen er Bruder Lorenz zählte. Ebenso hat der von der offiziellen evangelischen Kirche der Schwärmerei verdächtigte Johann Heinrich Reitz in seiner «Historie der Wiedergeborenen» [1717] das Leben Bruder Lorenzens aufgenommen und darin die Ansicht vertreten, «daß kein Mensch, er sei denn ein recht blinder Eiferer und Sektierer, es verübeln könne, daß derselbe hieher gesetzt werde»[76]. Viel zur Bekanntmachung Bruder Lorenzens hat Gerhard Tersteegen mit seinen «Auserlesenen Lebensbeschreibungen heiliger Seelen» beigetragen, die die vertiefte Fortsetzung von Reitz' Werk darstellen und die verborgene Seite der Kirchengeschichte erhellen. Tersteegens «Lebensbeschreibungen» wurden törichterweise oft «eine bedenkliche Schrift» genannt, weil er nur Menschen aus dem katholischen Raum schildere. In Wirklichkeit aber ist dies gerade einer der Vorzüge des kostbaren Werkes. Tersteegen war nicht im geringsten an der konfessionellen Frage interessiert, wohl aber wollte er seine evangelischen Mitchristen auf wesentliche Gestalten hinweisen, von denen sie gar nichts wußten. Der ehemalige Bandweber war eine Bruder Lorenz verwandte, mystische Seele, davon zeugt schon sein Gebets- und Sterberaum in seinem nach dem Zweiten Weltkrieg wieder aufgebauten Hause in Mühlheim. Bis zum heutigen Tag ist er in seiner inneren Aufgeschlossenheit von der evangelischen Christenheit nicht eingeholt worden. Seine Worte bestehen durchaus zu Recht: «Sehet doch, was ist einfältiger und leichter zu fassen, als diese süße Lehre von dem Wege unseres Heils, welcher unser armer Laienbruder Lorenz deutlicher und kürzer beschrieben, als mancher graduierter Doktor in der Theologie nicht würde tun können. Und kein Wunder, denn darin übte er sich zu aller Zeit und an allen Orten, sowohl bei seinen Schüsseln in der Küche als in der Kirche und Kammer; beides in gesunden Tagen und in den heftigsten Schmerzen und Krankheiten; damit wir auch in diesem Exempel sehen mögen, daß nicht nur sogenannte Geistliche und Klosterbrüder, sondern ein jeder in seinem Stand und Ort, in der Gegenwart Gottes, durch dessen Gnade, leben könne; ja, daß nichts leichter und lieblicher sei als eben dieses: wer's versucht, der wird's erfahren.»[77]

Die Erwähnung der verschiedenen Ausgaben dokumentiert, daß Bruder Lorenz beide Konfessionen anzusprechen vermochte. Er gehörte mit seinem Leben in der Gegenwart Gottes dem überkonfessionellen Raum an und betonte jene Wahrheit, die der katholischen und der evangelischen Christenheit eigen ist, obschon die karmelitische Heimat nicht ausgemerzt werden darf. Obwohl er im siebzehnten Jahrhundert lebte und damals noch niemand von der Ökumene sprach, war er ein Bote jener Christenheit, die quer durch alle Konfessionen hindurch geht.

Es ist nicht leicht, eine Deutung des einzigartigen Mannes zu geben. Von Abbé de Beaufort wird er wie folgt geschildert: «Seine Vorzüge machten ihn nicht ungesellig. Er hatte eine offene Art, die Vertrauen einflößte. Man hatte sofort das Gefühl, man könne ihm alles sagen, und man gewann den Eindruck, einen Freund gefunden zu haben. Wenn er die Menschen, mit denen er zu tun hatte, kannte, sprach er sehr frei und zeigte eine große Güte. Was er sagte, war einfach, aber immer treffend und sehr verständig. Durch sein derbes Äußeres hindurch entdeckte man eine auffallende Klugheit, eine Freiheit, die über den Horizont eines einfachen Laienbruders erheblich hinausging, und einen Scharfblick, der alle Erwartungen übertraf.»[78] Nach der Schilderung des Generalvikars «fühlte er sich keiner Partei verpflichtet. Vorurteile waren ihm fremd. Die natürliche Vaterlandsliebe, die man auch an den heiligsten Stätten findet, spielte für ihn keine entscheidende Rolle. Er wurde auch von denen geliebt, die entgegengesetzte Meinungen hatten. Er wollte das Gute ganz allgemein, und es war ihm gleichgültig, durch wen oder für wen es geschah. Er war ein Bürger des Himmels; an der Erde hielt ihn nichts fest. Sein Blick war nicht auf die Zeit beschränkt. Seit langem hatte er ihn auf die ewigen Dinge gerichtet. Er betrachtete alles unter dem Blickpunkt der Ewigkeit.»[79] Sein Beispiel wird mehr gerühmt als seine Worte. Der bloße Anblick seiner Person war erhebend. Auf seinem Antlitz lagen eine seelische Schönheit und eine stille Sammlung. Bruder Lorenz gehörte zu den nicht kanonisierten Heiligen, die eine viel größere Aufmerksamkeit verdienen, als ihnen gewöhnlich zuteil wird. Es kommt nicht allein auf die offizielle Heiligsprechung an, da es noch die viel schönere, verborgene Heiligkeit gibt, eine Heiligkeit, um die allein Gott weiß, der ins Verborgene sieht.

Der erste Biograph nannte Bruder Lorenz einen «wahren christlichen Philosophen», der «sich zu der heiligen Philosophie bekannte»[80]. Zu den christlichen Philosophen gezählt und in einer Reihe mit Clemens Alexandrinus gestellt zu werden, war sicherlich eine hohe Anerkennung. Wahrscheinlich wählte Abbé M. de Beaufort diese Bezeichnung, um das eingebildete und anspruchsvolle Publikum seiner Zeit für den einfachen Laienbruder zu interessieren. Trotzdem dürfte diese Charakterisierung am wesentlichen Gehalt der Gedankenwelt Bruder Lorenzens vorbeigehen. Philosophisches Denken ist notwendig, und es gibt auch eine christliche Philosophie, man denke nur an die Alterswerke von Leopold Ziegler. Zur Zeit Bruder Lorenzens jedoch schrieb Descartes seine philosophischen Werke, die den Zweifel zum Grundprinzip erklärten und damit das neuzeitliche Denken eröffneten. Mit dem Descartesschen Prinzip wird aber dem Menschen der Boden unter den Füßen weggezogen; wer mit dem Zweifel beginnt, wird auch mit dem Zweifel endigen, und dies kann unmöglich ein religiöser Ausgangspunkt sein. Bruder Lorenz ist von der negativen philosophischen Bemühung durch eine unüberbrückbare Kluft getrennt, indem sein Leben in der Gegenwart Gottes sich auf das Sein Gottes gründet. Das Staunen war mit der Ehrfurcht verbunden, und mit seinem Erleben der Anwesenheit Gottes be-

fand er sich in einer uneinnehmbaren Bastion. Bei aller Einfalt vertrat er, ohne ein Wort darüber zu verlieren, die Einsicht: Das christliche Leben darf sich nicht auf die neuzeitliche Philosophie stützen, weil sie kein tragfähiges Fundament ist.
Peter Poiret faßte die Ausführungen von Bruder Lorenz unter dem Titel «eine Theologie der Gegenwart Gottes» zusammen; auch diese Bezeichnung war in ehrendem Sinne gemeint. Doch rückt der unpassende Begriff der Theologie Bruder Lorenz auf eine ihm wesensfremde Ebene, eine Einreihung, über die er den Kopf geschüttelt hätte. Die Theologie ist ein im Christentum früh erwachtes Bedürfnis, die Aussagen der Offenbarung gedanklich zu entfalten. Diese Bemühung geht jedoch nicht ohne Meinungsverschiedenheiten ab, weshalb sich daraus allzugerne Streitigkeiten entwickeln, an denen der Laienbruder keinen Anteil hatte. Dies geht aus dem Leben Fénelons hervor. Der vornehme, in seiner geistigen Haltung Newman verwandte Erzbischof hielt es nicht unter seiner Würde, Bruder Lorenz aufzusuchen und sich mit ihm zu unterhalten. Seinen Eindruck faßte Fénelon in einem Brief dahin zusammen, daß der Laienbruder eher «grobschlächtig der Natur nach, aber gut durch die Gnade» sei, und «diese Mischung ist eine liebenswerte und erweist Gott in ihm»[81]. Fénelon war eine reife Persönlichkeit, ein Mensch von scharfer Urteilskraft und offenem Sinn für alles echt Religiöse, der «das Evangelium als die Annahme von Gottes Geschenk» verstand[82]. Aber er wurde in den Streit um den Quietismus hineingezogen, den man innerhalb des Katholizismus der Häresie bezichtigte. Selbst heute noch nennt man die quietistische Bewegung «eine Geschwulst am gesunden Leib der Mystik», während sie sich in Wirklichkeit nur einer gewissen Übersteigerung schuldig gemacht hat[83]. Fénelon versuchte auch Bruder Lorenz als Kronzeuge für den Quietismus anzuführen, aber der Laienbruder darf nicht in diese Streitigkeiten hineingezogen werden, weil er sich ohnehin außerhalb aller Theologie befand und ihrer Polemik gänzlich ferne stand. Das Leben in der Gegenwart Gottes ist kein theologisches Axiom, sondern eine Wirklichkeit. Diese

übertheologische Einstellung entsprach dem Laienbruder, der kein Theologe war und der sich sein großes Erleben niemals durch eine gelehrte Theologie hätte verdunkeln lassen. Er war es, der die innere Seligkeit des Christen wieder lebendig gemacht hatte.

Bruder Lorenz war eine singuläre Erscheinung in seinem Jahrhundert. Es gibt höchstens eine Gestalt aus seiner Zeit, die man ihm an die Seite stellen dürfte, nämlich die aus dem heutigen Bewußtsein fast ganz entschwundene gute Armelle Nicolas. Sie war eine simple, kaum beachtete Magd. Die Ursulinerin Jeanne de la Nativité schrieb ihre Lebensgeschichte sehr gewissenhaft auf, die später von Peter Poiret ins Deutsche übersetzt und unter dem Titel «Die Schule der göttlichen Liebe» herausgekommen ist. Obwohl Armelle Nicolas als eine unscheinbare und unwissende Person betrachtet wurde, war sie in einer Schule erzogen worden, in der sie vom großen Lehrmeister eine ganz andere Form empfangen hatte, wie sich Poiret in seinem Vorbericht ausdrückte: «Der Grund ihres Studierens war ihr Herz: durch dieses Herz hatte sie Gott in allen Dingen gesucht, und endlich in ihr selbst gefunden.»[84] Armelle hatte mitten unter dem Getümmel der Menschen und unter der Last einer schweren Haushaltung nichts anderes getan, als immer und allezeit Gott geliebt. Sie hat davon ganz erstaunliche Proben abgelegt, indem sie sich dem geringsten Geschöpf ebenso leicht unterwarf wie dem größten Geiste vom Himmel und nie auf die Person sah, der sie gehorchte, sondern immer den im Auge hatte, um dessentwillen sie sich unterwarf. Ihre größte Freude war, allein zu sein, allein mit Gott, und selbst das geringste Ding war ihr ein Weg zu ihm. Armelle harrte absichtlich dort aus, wo sie am unfreundlichsten behandelt wurde. Es war großartig, wie sie in diesen unerquicklichen Situationen ihre christliche Haltung unter Beweis stellte. Innerlich hörte sie die Stimme Gottes sagen: «Meine Tochter! Solange du mich ansehen wirst, so lange wirst du mich lieben.»[85] Bruder Lorenz und die gute Armelle sind ein heiliges Paar ihrer Zeit, auch wenn sie voneinander gar nichts gewußt haben. In einer finsteren Zeit vertraten sie die Einfalt des Göttlichen in strahlender Klarheit.

Auch damals war die Welt von einem großen Lärm erfüllt. Beinahe Tag und Nacht herrschte ein Treiben und eine Unruhe, die die Menschen in einen wirbelnden Taumel versetzten. Im Gegensatz dazu war Bruder Lorenz der stille Mensch; er wollte sein Leben in der Zurückgezogenheit verbringen, denn nach ihm erkennt man den Mann, der Gott im Herzen trägt, am Schweigen und am Stillesein. Er selbst kam aus der Stille und ging wieder in die Stille zurück – dazwischen lag eine Atmosphäre der Besinnung, in der der Mensch sich selbst findet.

Er bekam bei seinem Eintritt in den Karmel nicht zufällig den Namen «Bruder Lorenz von der Auferstehung». Der Laienbruder hatte etwas mit der Auferstehung zu tun. Ohne Übertreibung darf man sagen, er war, im neutestamentlichen Sinne, der auferstandene Mensch, er war der Mann, der ein neues Leben gelebt hat. Wenn man sich eine Vorstellung machen will von dem, was es heißt, eine neue Kreatur sein, dann vermittelt Bruder Lorenz eine Anschauung, denn er gehört zu denen, die aus dem Tode in das Leben gekommen sind. Er war eine leibhaftige Verkörperung davon, was Auferstehung ist: kein leeres Grab, sondern ein neues Leben. Mit seinem spirituellen Dasein gab er die Antwort auf das leere Dasein, das Saint-Simon von der französischen Gesellschaft des siebzehnten Jahrhunderts schilderte.

Eine Deutung seines Wesens muß auf das Erlebnis mit dem Baume zurückgreifen. Am Anfang war er selbst ein kahler Baum, bis er schließlich in einen Baum von weißer Blütenpracht verwandelt wurde. Er ist eine Verwirklichung von Jesu Wort aus der Bergpredigt: «Also ein jeglicher guter Baum bringt gute Früchte.»[86] Der Laienbruder vom Karmel illustriert aufs beste dieses Herrenwort, denn er ist zum guten Baum geworden, weil er eine große Reinheit des Lebens und ein beharrliches Gefühl für die Gegenwart Gottes entwickelte und allen äußeren Arbeiten stets einen Blick nach innen voranschickte,

der in einem verschwiegenen Flüstern von Worten der Liebe bestand.
Bruder Lorenz schritt beinahe unbemerkt durch die mannigfachen Strömungen seiner Zeit. Auch im siebzehnten Jahrhundert war man von Ängsten und Hoffnungen, von Wechselfällen und Schicksalsschlägen umhergetrieben und glaubte, sich vor der Hinfälligkeit aller Dinge in eine Vergnügungswelt flüchten zu können. Auf den damals beginnenden Glaubensschwund gab Bruder Lorenz in aller Schlichtheit mit dem Erleben der Gegenwart Gottes die einzig überlegene Antwort. Er war der geheime Widerpart seiner Zeit, der Bruder, der zur Besinnung rief und eine Antwort wußte, welche die andere Möglichkeit enthüllte. Er hatte nichts mit jener Zerstörungswut zu tun, die hundert Jahre später das verzweifelte Volk in die Französische Revolution trieb. Bruder Lorenz wies eindrucksvoll auf den Weg hin, auf dem die Menschen allein dem leeren Nichts entrinnen können. Die Antwort ist um so verehrungswürdiger und verdient eine um so größere Aufmerksamkeit, als sie von einem ganz einfachen Menschen gegeben wurde, der weder eine denkerische Natur war noch irgendwelche Ansprüche erhob. Nicht viele Menschen sind gewürdigt, auf die Fragen des Lebens eine begründete Antwort zu geben. Bruder Lorenz gehörte zu den wenigen Auserwählten, so daß sich an ihm aufs neue das ärgerniserregende Wort von Paulus erfüllte: «Sehet, liebe Brüder, eure Berufung: nicht viel Weise nach dem Fleisch, nicht viel Gewaltige, nicht viel Edle sind berufen. Sondern was töricht ist vor der Welt, das hat Gott erwählt, daß er die Weisen zuschanden mache; und was schwach ist vor der Welt, das hat Gott erwählt, daß er zuschanden mache, was stark ist; und das Unedle vor der Welt und das Verachtete hat Gott erwählt, und das da nichts ist, daß er zunichte mache, was etwas ist.»[87]

BRUDER KONRAD

Von der Situation des heutigen Menschen

In Franz Kafkas Roman «Der Prozeß» ist eine kleine Erzählung eingebaut, nach der ein Mann vom Lande in das Gesetzesgebäude einzutreten begehrte. Im Moment des Eintrittes wurde er daran gehindert, indem ihm der Türhüter Schwierigkeiten über Schwierigkeiten bereitete. Es kam zu verschiedenen Gesprächen zwischen dem vor dem Eingange Wache haltenden Türhüter und dem Manne vom Lande, der glaubte, das Gesetzesgebäude sei jedermann zugänglich. Der Türhüter verneinte diese Auffassung entschieden und stellte mehrere Verhöre mit dem Manne an. Auch gab er ihm einen Schemel, auf den er sich seitwärts der Türe niedersetzen könne, bis sie aufgehen werde. Der Mann vom Lande ließ sich nieder und schaute in gespannter Erwartung auf die Türe. Viele Tage und Jahre saß er dort, bis er das Herannahen des Todes spürte und in ihm nochmals die Erfahrungen der ganzen Zeit aufstiegen. Der Türhüter erkannte, daß der Mann am Ende war, und brüllte ihn nun seines abnehmenden Gehöres wegen an: «Hier konnte niemand Einlaß erhalten, denn dieser Eingang war nur für dich bestimmt. Ich gehe jetzt und schließe ihn.»[1]

Die kleine Erzählung spricht in aller Kürze von der Lebensanschauung des unglücklichen Dichters. Kafka war kein verneinender Geist, doch war er von der stillen Verzweiflung erfüllt, obschon er wußte: «Der Mensch kann nicht leben ohne ein dauerndes Vertrauen zu etwas Unzerstörbarem in sich.»[2] Er selbst brachte als Sohn einer religiös indifferenten jüdischen Familie das Vertrauen nicht auf, sah jedoch eine Hoffnung, sogar unendlich viel Hoffnung für Gott, aber nicht für den vom Verhängnis gezeichneten Menschen. «Wir sind nihilistische Gedanken, die in Gottes Kopf aufsteigen», sinnierte er, und gerade wegen der trostlosen Philosophie endigen alle seine leidvollen Erzählungen in aussichtsloser Tragik[3]. Nach Margarete Susman, die als erste auf Kafka hinwies, darf man sich dem Dichter «nur vorsichtig und zögernd nähern»; trotzdem kann man bei ihm bloß ein «völliges Verstummen Gottes, reine Negativität einer menschgeschaffenen, gottverlassenen Welt» feststellen[4]. Ungeachtet all seiner Bemühungen gelangt der Mann vom Lande nicht ans Ziel; sein symbolischer Torhüter öffnet die Türe bis zum letzten Augenblick nicht. Der Dichter stellt die peinigende Situation mit einer quälenden Eindringlichkeit dar, weil dieser Jude seltsamerweise nichts mehr vom «Schlüssel Davids» wußte, «der öffnet, und niemand schließt zu, der zuschließt, und niemand tut auf»[5].

Die in den letzten Jahren die Welt überflutende Kafka-Welle ist nicht zufällig; seine Dichtung enthält mehr als nur ein persönliches Schicksal. In der bestürzenden Verschlossenheit von Kafkas Lebenserfahrung wird vielmehr die Situation des modernen Menschen schlechthin geschildert. Auch der heutige Mensch möchte im tiefsten Grunde eine Sinnerfüllung seines Daseins erleben, aber ein finsterer Türhüter hindert ihn daran, eine unbekannte Gestalt, in der er sich bis dahin nicht selbst zu erkennen vermochte. Nie gelingt es dem modernen Menschen, frohgemut in das Haus des Lebens einzutreten, und zu oft erleidet er das grausige Schicksal, draußen vor dem Tore an seelischem Hunger elendiglich zu darben. Kafkas faszinierende und irritierende Bildgedanken sind von einer unwiderstehlichen Anziehungskraft, weil er in einer ins Nichts gesunkenen Welt seine eigene hoffnungslose Lage erkennt.

Der von Kafkas Türhüter dem Manne vom Lande zur Verfügung gestellte Schemel ist der richtige Platz für eine neue Begegnung mit Konrad von Parzham. An sich hat der weltberühmte Dichter mit dem schlichten Klosterpförtner nichts zu tun. Kafkas Schrifttum existierte noch gar nicht zu Konrads Lebzeiten, und hätte er es gekannt, wäre die Bemerkung gefallen: «Dies verstehe ich doch nicht.» Der erwähnte Schemel besitzt jedoch den bedeutsamen Vorzug, ein geeigneter Ausgangspunkt für eine nähere Beschäftigung mit dem Pförtner von Altötting zu sein. Die Heiligen dürfen nicht modernisiert werden – das ist ein Verstoß gegen die unumgängliche Bedingung, sie mit den Augen des Glaubens in ihrem Jahrhundert anzuschauen –, aber wir konfrontieren uns bewußt mit ihnen als Menschen, die durch die moderne Zeit hindurchgegangen sind. Nun, wir lassen uns auf dem imaginären Schemel Kafkas nieder und schauen dem Pförtner ebenso gespannt zu, wie es der Mann vom Lande getan hat. Wir erheben uns nicht sogleich wieder, sondern verharren längere Zeit auf ihm und verfolgen aufmerksam das Tun und Lassen des Johannes Birndorfer, wie er mit seinem weltlichen Namen hieß, machen uns bei all seinen Worten und Werken unsere Gedanken und vergegenwärtigen uns dabei, was seit damals in der Welt alles als groß angesehen wurde und spurlos im Lethestrom versank, während die überaus schlichte Brudergestalt der Zeiten Wechsel überdauert hat.

Der nie von sich selber redete

Johannes Birndorfer war ein denkbar einfaches Leben beschieden, ein Leben ohne alle Dramatik, das auch später zu keinen Legendenbildungen Anlaß gab. Der Herkunft nach war er ein Bayer, aber wer unter dem bayrischen Naturell «die Lebenslust und den Schönheitssinn, die Spiel- und Farbenfreudigkeit, die Vorliebe für das Sichtbare und Greifbare, die Direktheit der Selbstmitteilung bis zur Derbheit» versteht, wird davon bei Johannes Birndorfer nicht viel wahrnehmen[6]. Sein Leben vollzog sich, fern von der Freude an der barocken Formenfülle, in einem unauffälligen Rahmen: Gott begegnete ihm gerade in der Einförmigkeit des alltäglichen Lebens.
Auf den ersten Blick ist Johannes Birndorfer noch ganz der Kapuzinertradition des neunzehnten Jahrhunderts verhaftet.

Von Anfang an war der Kapuzinerorden stark volksverbunden; das einfache Volk spürte in den Kapuzinerpredigten sein eigenes Herz schlagen und fühlte im Tun der Kapuziner ein christliches Verständnis für seine oft schwere Lage. Die Kräuterpäcklein für das Vieh, die Konrad den Bauern verschenkte und wofür er von einem Tierarzt einmal gerichtlich angeklagt wurde, sind ein eindeutiger Beweis für seine Verwurzelung im ländlichen Brauchtum. Ebenso selbstverständlich bewegte er sich in einer altmodischen Klostereinrichtung, die nicht die geringste Ähnlichkeit mit einem Klosterbau von Corbusier aufwies. Ihn aus dieser gegebenen Überlieferung herauszulösen, um ihn in eine attraktive Zeitnähe zu rücken, käme einer Fälschung gleich. Er war aus der bayrischen Landschaft hervorgegangen, und doch unterschied er sich in einem Punkt schon früh vom Katholizismus seiner Heimat: es fehlte ihm die patriotische Ader, wenigstens ist kein einziges nationalistisches Wort von ihm überliefert.

Johannes Birndorfer verbrachte den größten Teil seines Lebens im alten und beliebten Wallfahrtsort Altötting[7]. Man staunt schon beim äußeren Anblick desselben und bewundert den weiträumigen, prächtigen Platz, in dessen Mitte die Gnadenkapelle steht, die ein wirkliches Volksheiligtum ist. Die Außenwände der kleinen Kapelle sind mit Votivbildern überhängt, deren oft dramatische Darstellungen alle ein einziges Dankbarkeitsgefühl bezeugen: Ich habe wunderbare Hilfe erlangt! Mit ihrer Farbigkeit und manchmal künstlerischen Anschaulichkeit rücken sie in die Nähe der naiven Malerei. Im Innern der Kapelle befindet sich das aus dem Spätmittelalter stammende Gnadenbild, das seiner Transparenz wegen Tag für Tag, vom Morgen bis zum Abend, von betenden Menschen umlagert ist. Der Innenraum nimmt sich wie eine Höhle aus, in der die Leute Zuflucht suchen. Der Wallfahrtsbetrieb zeugt von einer rührenden Volksfrömmigkeit: auf den Knien rutschen gewisse Menschen um die Kapelle herum. Eine ergreifende Glaubensinbrunst führt das Volk hieher, das noch nicht im geringsten von der Autoritätskrise inmitten der Kirche angekränkelt ist. Johannes Birndorfer teilte diese Frömmigkeit vorbehaltlos. Die Wallfahrten nach Altötting sind ein Ausschnitt aus der Welt des Glaubens, die existiert und immer existieren wird; es wäre Frevel, dagegen nur eine Silbe des Spottes zu sagen.

Ungeachtet der ungebrochenen Verbundenheit mit der Volkstradition ist Johannes Birndorfer nicht aus dem vergangenen Jahrhundert zu erklären, schon deshalb nicht, weil er an den damaligen Strömungen keinen Anteil nahm. Er las weder die Romane von Fontane, noch betrachtete er die Bilder von Leibl, nicht einmal die Reichsgründung beschäftigte ihn stärker, die doch in den meisten Deutschen eine wallende Begeisterung auslöste. Johannes Birndorfer stand diesen Vorgängen nicht aus Gleichgültigkeit ferne; er wurde von einer andern Wirklichkeit bedrängt. Auch mit der vielzitierten Psychologie ist bei ihm wenig auszurichten; es gibt hier keine unberechenbare Mehrschichtigkeit mit Hilfe der Tiefenpsychologie aufzuhellen. Er war unproblematisch, einfach, gradlinig und zugleich auch hintergründig, sofern man sich vom altväterischen Gehaben nicht irremachen läßt, sondern durch die Verhüllung hindurch auf das blickt, was dahintersteht. Dahinter aber stand eine Brudergestalt, die in aller Unscheinbarkeit ein wortloses Wort zu sagen hatte, Gedanken, die man in den heutigen Romanen und Schauspielen, im Rundfunk und Fernsehen umsonst sucht und nach denen doch auch der Mensch der Gegenwart eine heimliche Sehnsucht hegt, wennschon er sich dieses Verlangen gar nicht eingesteht.

Auf dem erwähnten Schemel sitzend, fragen wir zunächst: Was tat Johannes Birndorfer, bevor er Pförtner im Kapuzinerkloster in Altötting war? Das Problem seiner geistigen Herkunft ist nicht leicht befriedigend zu beantworten. Sein Leben rollte beinahe ereignislos ab, sozusagen ohne Knoten und ohne Katastrophe. In der kleinen Ortschaft Parzham im Rottal sich abspielend, erweckt es, von außen betrachtet, den Eindruck einer merkwürdigen Unbewegtheit. Keine Sensation und keine Herausforderung ist wahrzunehmen, deren es lächerlicherweise bedarf, um das Interesse des modernen Menschen zu wecken.

Auch macht das ländliche Brauchtum, in dem Johannes Birndorfer aufgewachsen war, auf die gegenwärtigen Bauern immer weniger Eindruck, weil sie sich ihm mehr und mehr entfremden. Der städtische Geist hält auch in den Dörfern Einzug und bewirkt eine tiefgehende Veränderung der bäuerlichen Gesinnung.

Nach den traditionellen Darstellungen wuchs Johannes Birndorfer in einem katholischen Elternhaus auf, in dem eine starke Gläubigkeit und eine strenge Sitte herrschten. Joseph Anton, der sich große Verdienste um Bruder Konrad erworben hat und dessen Biographie zwar in formaler Hinsicht nicht mehr dem literarischen Geschmack von heute entspricht, als Materialsammlung aber bleibenden Wert besitzt, schreibt über das blondhaarige und blauäugige «Gnadenkind»: «Von klein auf liebte es Stillschweigen und Zurückgezogenheit und schloß keine Kameradschaft», und fügt hinzu: «Der Birndorfer Hansl ist ein Engel.»[8] Er wird als das «Muster eines christlichen Jünglings» hingestellt, der von einer «tugendhaften Mutter» inmitten einer großen Kinderschar erzogen wurde. Nach Georg Bergmanns Biographie war «Johannes Birndorfer aus lauter Beten, Büßen und Almosengeben zusammengesetzt; alle, die ihn kannten, loben ihn als Engel»[9]. Schon die Dienstboten des Hauses sollen gesagt haben: «Wenn das kein Heiliger wird, dann gibt es überhaupt keinen.»[10] Man sagte von ihm, er sei bei allem Wetter, mochte die Sonne vom Himmel brennen oder der Sturm heulen, in die Messe gegangen. Manchmal stampfte er durch knietiefes Wasser hindurch, um an ihr teilnehmen zu können. «Hörte er fluchen, so kniete er nieder und bat weinend Gott um Verzeihung für den Frevler.»[11] Weiter wird gemeldet, er habe sich an neun Gebetsvereinigungen und Bruderschaften beteiligt, er habe ferner ein ganz frommes Leben geführt, sei allen Freuden der Jugend abhold gewesen und mit gesenktem Blick einhergegangen und habe außerdem kein lustiges Mädchen auch nur angeblinzelt.

Dies alles klingt so ganz anders, als wenn man die rebellierenden Gammler und demonstrierenden Beatle-Fans hört. Gestehen wir offen, daß es auch uns ein wenig des Guten zuviel erscheint und es uns unbehaglich zumute wird. Wir beginnen auf unserem Schemel unruhig hin und her zu rutschen, weil es uns Mühe bereitet, das allzu engelhafte Benehmen mit den Vorstellungen vom jungen, pubertätsgeladenen Menschen in Übereinstimmung zu bringen. Auch steigt uns der Verdacht auf, man habe vielleicht in der Schilderung des frommen Burschen übertrieben, um ein Heiligkeitsmodell zu schaffen, nach dem ein Gottesmann schon in der Wiege heilig gewesen sein müsse. Diese fragwürdige Absicht tut der Sache nur Abbruch. Einem Heiligen kommt weder Verdienst noch Vorbildlichkeit zu, wenn er schon von Natur aus heilig ist. Ein tiefes Ringen mit sich selbst gehört dazu; auch bei Johannes Birndorfer hat es nicht gefehlt. Die zurechtgebogenen Stilisierungen sind in ihrer übersteigerten Asketik einfach unerträglich. Die wahre Heiligkeit blüht inmitten der Wirklichkeit des Lebens; niemals ist sie eine bloß zusammenphantasierte Illusion. Nur ein bis auf den letzten Grund der Dinge hinabsteigender Realismus steht plötzlich vor ihrer leuchtenden Herrlichkeit.

Erst vor kurzem hat man die älteste, von Wolfgang Berger zwei Jahre nach dem Tode Johannes Birndorfers verfaßte Vita aufgefunden. Trotzdem ein Augenzeuge sie geschrieben hat, weiß man vom weltlichen Leben Bruder Konrads wenig und über seine frühe Kindheit nichts, da er «nie von sich selbst redete». Die allzu erbauliche Schilderung des Jünglings geht auf Quellen zweiten Ranges zurück, die schon auf das Kanonisationsbestreben ausgerichtet waren. Die Darstellung der honigsüßen Jugend wurde im Seligsprechungsprozeß bezeugt, da die Leute ihn schon von der Glorie her sahen, was gut gemeint war, in historischer Beziehung aber zu einer schiefen Berichterstattung führen mußte.

Über dem Bauernhaus in Parzham war nicht nur ein frommer Glanz ausgebreitet. Zwei seiner ledigen Schwestern erwarteten ein Kind, was damals einen Schatten auf die Familie warf. Ob Johannes' Versuch, am Mettener Gymnasium anzukommen, an seinen Schwierigkeiten in Latein und Rechnen scheiterte, weiß man nicht genau, jedenfalls würde diese Tatsache die Behauptung widerlegen, daß seine «guten Talente das Durchschnittsmaß überragten»[13]. Anläßlich einer dörflichen Theateraufführung war Johannes auch dabei, lachte hell auf, was für seine natürliche Gemütsveranlagung spricht, wie die Ohrfeige, die er später einem Lausbuben versetzte. Einmal kippte ihm aus Unachtsamkeit ein Heuwagen um, was ihm nicht wenig Spott eintrug. Warum soll man diese Geschehnisse nicht erwähnen? Dies alles gehört doch zum bäuerlichen Leben, wie es Gotthelf und Reymond, Timmermans und Waggerl mit ihrem Wirklichkeitssinn so erdnah geschildert haben. Nur die reale Wahrheit ist glaubwürdig, und zwar geht es immer um die ganze Wahrheit. Ob die Wahrheit lästig oder traurig ist, sie darf nicht verschwiegen werden, da Wahrheit und Heiligkeit nicht voneinander zu trennen sind. Wir müssen von der Angewohnheit ablassen, die Wirklichkeit fromm zu übermalen, weil die künstliche Farbtünche doch abbröckelt. Die bereitwillig zugegebenen Unzulänglichkeiten im Leben der Heiligen machen Mut, am eigenen, mühsamen Werdeprozeß nicht zu verzweifeln.

Über «das Kind der Sünde» von Gertrud erfindet Fritz Meingast in seinem biographischen Roman «Der heilige Pförtner» ein Gespräch zwischen Bruder und Schwester:

«Endlich sagte er stockend: ‹Das freut mich, Gertrud, daß es so gekommen ist, das freut mich für dich und uns alle!›

Die Angesprochene hörte zu hacken auf und schaute trotzig auf den Boden. ‹Ich weiß schon, daß ich in deinen Augen ein schlechtes Frauenzimmer bin, aber ich kann's nicht ändern, jetzt ist es schon einmal so.›

‹Geh, Schwester, was redest du denn?!› entgegnete der Bruder. ‹Jeder hat mit sich selber zu tun, und keiner darf sich über den anderen erheben. Die Hauptsache ist, daß jetzt der Finkler einsieht, was er zu tun hat.›

‹Aber ich werd's ledig zur Welt bringen, das Kind, vor dem Mai heiraten wir bestimmt net.›

‹Du mußt es gern haben, als tätst du's verheiratet kriegen, es wird genauso ein Kind Gottes wie die anderen, wenn's getauft ist.›

‹Und ich hab g'meint, du tätst mich net verstehn, weil du ganz anders bist!›
‹Ich leb so, wie ich kann. Leb du so, wie du kannst. Nur auf eines müssen wir alle zwei aufpassen, daß wir's dem Herrgott recht machen, dann laßt er uns net im Stich.›
Still ging der Hansl wieder ins Haus zurück, und seine Schwester zerhackte weiterhin die Zweige. Der Gedanke ging ihr durch den Kopf: ‹Der kann einem helfen, ohne daß er viel Wesens daraus macht.›»[14]
Fritz Meingast legt seine eigenen Worte in den Mund des Johannes, aber sie sind dem Heiligen nachempfunden. In diesem religiös verstehenden und nicht moralistisch verurteilenden Ton redet der Christ mit dem sich verfehlenden Menschen.
Mit der Ablehnung der unredlichen Vertuschungsversuche ist Johannes Birndorfers Hunger nach Gott nicht im geringsten verneint. Immer wieder gibt es Menschen, die schon im jugendlichen Alter von einem unstillbaren Ewigkeitsdurst erfüllt sind. Für den Zwanzigjährigen wurde die Teilnahme an einer Volksmission zu einem inneren Anstoß, der dauernd in ihm nachwirkte. Die dabei gehörten Predigten richteten seine Blicke entscheidend nach dem anderen Ufer.
Nach dem Tode seiner Eltern stand Johannes mit seinen Geschwistern dem ererbten Hofe vor, der neben Waldungen hundertfünfundzwanzig Tagwerk fruchtbaren Ackerlandes und Wiesen umfaßte. Er erlebte jene Genugtuung, die jeder Mensch über das eigene Besitztum empfindet. Johannes Birndorfer machte hierin keine Ausnahme; es ist des Bauern größte Versuchung, sich innerlich allzustark an seinen Grund und Boden zu binden, dem Erbhof alles zu opfern und sein ganzes Gemüt an seine Habe zu hängen. Das Wohnhaus des Venushofes, der bewußt in seinem ursprünglichen Zustand erhalten wird, bedeutete dem jungen Mann sehr viel. Ohne zähes Ringen war die naturgegebene Verflochtenheit mit der Erde nicht zu lockern, war doch der Hof sozusagen ein Stück von ihm. Die Lösung von der Ackerscholle fiel Johannes nicht leicht; es kostete ihn eine gewaltige Überwindung, auf alles Eigentum zu verzichten.

Er ist demnach nicht gradlinig, gleichsam im Taktschritt, ins Himmelreich marschiert. Schwer hatte er zu kämpfen, bis er sich von des Bauern Stolz und Eigentum zu trennen vermochte. Es verstand sich gar nicht von selbst, im Gegenteil, er mußte über den eigenen Schatten springen, als er den Verzicht auf das Hofrecht zugunsten seiner Geschwister unterschrieb und den Barbetrag zur Vergrößerung des Friedhofes der heimatlichen Pfarrkirche verschenkte. Diese Darstellung ist kein willkürlicher Versuch, das unbewegte Dasein Johannes' nachträglich doch noch zu dramatisieren, denn er selbst deutete seinen Entschluß in einem seiner unbeholfenen Briefe an: «Es war Gottes Wille, ich mußte alles verlassen, was mir lieb und teuer war, ich mußte meinem Beruf nachkommen, ich konnte nicht anders.»[15] Man spürt die Härte des Verzichtes. Freiwillig ist er nicht gegangen, denn das zweimalige «ich mußte» weist auf einen höheren Zwang hin, der ihn genötigt hat, in seinem einunddreißigsten Lebensjahr dem göttlichen Befehl nachzukommen. Offenbar mußte er gehorchen, ob er wollte oder nicht; der Wille Gottes hatte es ihm befohlen. Was ihn so unwiderstehlich aus dem gewöhnlichen Dasein herausriß, ist im einzelnen nicht sichtbar, schon gar nicht von unserem niedrigen Schemel aus. Aber Johannes Birndorfer war ein verschwiegener Mensch, und unvornehm wäre es, auch noch das Verborgenste an das Tageslicht zu zerren. Geheimnis muß Geheimnis bleiben und darf nicht der Öffentlichkeit preisgegeben werden.

Johannes Birndorfer bat im September 1849, bei den Kapuzinern in Altötting als gewöhnlicher Laienbruder aufgenommen zu werden. Er erhielt den Namen Konrad – nach dem heiligen Konrad von Piacenza, der im vierzehnten Jahrhundert gelebt hat – und wurde dem Gärtner als Gehilfe beigegeben. Man empfing ihn keineswegs mit offenen Armen. Einige Klosterbrüder hegten eine Abneigung gegen den reichen Bauernsohn, und auch die Oberen prüften seine Demut nicht eben freundlich, weshalb er gestand, einen harten Anfang gehabt zu haben[16]. Bruder Konrad aber ließ sich nicht irremachen, denn es war sein ausdrücklicher Wille, sich bescheiden einzuordnen und, wie er später seinen Geschwistern schrieb, «ein wahrer Sohn des heiligen Franziskus zu werden und als solcher zu leben und zu sterben»[17]. Er dachte, dabei die Regel getreu zu befolgen, die von jeher eine Eigentümlichkeit der Kapuziner war[18].

Wenn zu jener Zeit Bruder Konrad die Aufgabe gestellt worden wäre, sein inneres Bild von Franziskus zu umreißen, das ihm als Leitstern vor der Seele schwebte, wäre er wahrscheinlich in eine fatale Verlegenheit geraten. Der Ärmste hätte höchstens einige klägliche Sätze hervorgestammelt, den Kopf gesenkt und beschämt auf seine nackten Füße geschaut, die in seinen Kapuzinersandalen steckten. Niemals wäre er fähig gewesen, eine beschwingte Schau von Franz von Assisis mystischer Vermählung mit der Braut Armut zu entwickeln, den hymnischen Sonnengesang geistvoll zu interpretieren oder gar das Geheimnis der Stigmata auf dem Monte Alverno tiefsinnig zu deuten, und schon gar nicht hätte er es vermocht, im heutigen Jargon vom «himmlischen Kommunisten» und vom «heiligen Revolutionär» zu reden, wie dies gegenwärtig Mode ist und womit man von der franziskanischen Wirklichkeit weltweit entfernt ist. Bruder Konrad hätte das Unergründliche, das uns am Poverello so leidenschaftlich erregt und ihn zum «unvergleichlichen Heiligen» gemacht hat, nicht erklären können, weil er dazu viel zuwenig gebildet war. Wenn ihn diese Aufforderung nur in eine peinliche Lage versetzt hätte, so war ihm dafür etwas anderes, etwas viel Größeres beschieden: er war fähig, schlicht und ohne viele Worte die franziskanische Lebensform zu realisieren! Es geht um die einfache, ganz uninteressante, aber so unendlich anstrengende menschliche Existenz, es geht um die Realität, um die Einheit von Erkennen und Sein, um die christliche Lebenshaltung schlechthin, die turmhoch allem geistreichen Gerede überlegen ist. Bruder Konrad faßte Franziskus als eine Existenzmitteilung auf, die er in aller Einfalt zu verwirklichen versuchte. Mit seinem Leben drückte er ohne Worte aus, wovon seine Seele träumte. Gewöhnlich können die Menschen über die Dinge hohe Worte machen, theologische Begriffe messerscharf definieren und philosophische Spekulationen entwickeln, aber entsprechend leben, das vermögen sie nicht. Bruder Konrad war, wie viele Heilige, befähigt, den franziskanischen Lebensinhalt, der das zentral Christliche in sich schließt, zu verwirklichen. Damit ahnen wir, daß es mit dem äußerlich so einfältigen Mann eine eigene Bewandtnis hat, indem er das wortlos verwirklichte, was wir nicht können!

Ein Fenster, das nach Jerusalem offenstand

Nun stand der Vierunddreißigjährige an der Pforte, wo wir ihn vom Schemel aus ganz besonders intensiv beobachten. Die unscheinbare, anspruchslose Arbeit trug ihm zuletzt den Namen «der heilige Pförtner» ein. Es muß sich nun eindeutig zeigen, ob ihm diese Ehrenbezeichnung zukommt oder ob sie ihm nur aus frommer Verehrung angeklebt wurde. Er hat sich den Pförtnerberuf nicht gewünscht, stand er doch offensichtlich in einem Widerspruch zu seinen Absichten. Bruder Konrad wollte von der Welt Abschied nehmen und ging deshalb ins Kloster; an der Pforte aber war er mit der Welt verbunden, indem er fortwährend den Glanz und das Elend der Menschen anschauen mußte. Bruder Konrad, schwerfällig und schüchtern wie er war, fühlte eine heftige Angst in sich aufsteigen, als man ihm mitteilte, die Oberen hätten ihn zum Pförtner in Altötting bestimmt. Er fürchtete, der Arbeit nicht gewachsen zu sein, weil er die hiefür unentbehrliche Geistesgegenwart nicht besitze und als ehemaliger Bauer nicht gewohnt sei, mit Menschen umzugehen. Die zitternde Angst verbindet ihn wiederum mit den gewöhnlichen Menschen, die auch oft von einem Unsicherheitsgefühl heimgesucht werden. Bruder Konrad widersprach jedoch nicht, als gehorsamem Sohn des Franziskus stand ihm dies auch nicht zu, aber er eilte zuerst zur Gnadenkapelle, um den Beistand der Gottesmutter zu erflehen. Fortan verrichtete er nun den Dienst an der Pforte, wie es der jesuitische Pförtner Alphons Rodriguez auf Mallorca getan hatte, der auch ein Heiliger war.

Die Arbeit war anstrengend und fern von aller religiösen Beschaulichkeit, die Bruder Konrad sich vom Kloster erhofft hatte. Er seufzte, daß an der Pforte ständig etwas los war und daß er darob keine Zeit für das Gebet fand. Dauernd zog jemand am Glockenstrang: die einen wollten bei einem bestimmten Pater beichten, den Bruder Konrad herbeizuholen hatte. Zunächst machte es ihm Mühe, sich die verschiedenen Patres und ihre Zellen zu merken, bald aber hatte er sich eingearbeitet. Dann kamen Kinder und bettelten um ein Stück Brot oder auch nur, um Bruder Konrad mutwillig herauszuläuten. Vor allem meldeten sich viele Arme, Handwerksburschen, Zigeuner, fahrendes Volk usw. und baten um die berüchtigte Klostersuppe. Bruder Konrad eilte in die Küche und holte sie. Es gab Tage, da er über zweihundertmal an die Pforte geholt wurde, um auf alle möglichen Fragen Auskunft zu geben. Unzählige Brote hat er in seinem Leben zur Pforte getragen und ebenso unzählige Krüge leichten Bieres hingeschleppt, die er alle verteilte, ohne auch nur einmal nach der konfessionellen oder weltanschaulichen, der gläubigen oder ungläubigen Zugehörigkeit zu fragen. Er tat es, weil die Leute arm waren und darum baten. Vom Wohlfahrtsstaat wußte keiner etwas.

Der Advocatus diaboli machte ihm im Seligsprechungsprozeß den Vorwurf, er habe einmal an einem heißen Sonntag einer bayrischen Magd auf ihr Verlangen hin zwei Krüge Bier gereicht; wer aber eine Weibsperson berauscht mache, der könne kein Heiliger gewesen sein. Kardinal Faulhaber zerstreute in seinem Gutachten das Bedenken mit dem Hinweis, es könne unmöglich eine bayrische Magd gewesen sein, denn eine solche werde von zwei Krügen Bier nicht betrunken, und demzufolge stimme die Berichterstattung nicht! Bruder Konrads Freigebigkeit machte dem Gerichtshof in Rom einiges Kopfzerbrechen; es fiel ihm schwer, des Pförtners Aufforderung «Trink nur noch a Maß» mit der Heiligkeit in Übereinstimmung zu bringen, wennschon er selbst nicht mittrank[19].

Er war großzügig im Geben, oft zum sichtlichen Ärger des Klosterkochs, der stets das, was die Brüder eingesammelt hatten, wieder durch die Pforte hinausgehen sah. Bruder Konrad aber war der gegenteiligen Meinung: «Das kommt alles wieder herein, was man den Armen gibt.»[20] Der Pförtner setzte die alte Kapuzinertradition fort, indem er sich Franziskus' Gebefreudigkeit zum Vorbild nahm. Er war imstande, bekümmerten Menschen auch ein tröstliches Wort zu sagen: «Wenn du mich brauchst, so komm nur zu mir», tröstete er sie und gab ihnen in aller Einfalt einen guten Rat[21]. Einer Skrupulantin riet er einmal: «Geh nur ruhig zur heiligen Kommunion! Es ist nicht notwendig, auch noch während der Woche zu beichten. Ich weiß es.» Dazu bemerkte der Biograph: «Ein solcher Rat übersteigt natürlich die Befugnis eines Laienpförtners, aber er kam aus der Verantwortung eines gütigen Herzens, das nicht anders kann als helfen, wo zu helfen ist.»[22] Ohne auf eine seelsorgliche Tätigkeit auch nur Anspruch zu erheben, hatten die Leute an der Pforte oft trotzdem das Gefühl, Bruder Konrad schaue ihnen mitten ins Herz. Was er gelegentlich zu ihnen sagte, war volkstümliche Weisheit. Auch das einfache Volk bedarf der Beratung, und Bruder Konrad trennte sich nie von seiner verstehenden Volksverbundenheit.

Man darf sich seine Türhütertätigkeit nicht ideal vorstellen. Das Pförtnerzimmer hatte nur einen ungenügenden Ofen, an dem sich Bruder Konrad kaum wärmen konnte; es kamen auch undankbare Menschen an die Pforte, freche Kerle, die ungeduldig aufbegehrten, wenn er das Fensterchen nicht sofort öffnete: «Hier kann man verhungern, während bei Euch Überfluß ist» oder «Der Betbruder soll sich beeilen, ich warte schon lange genug»[23]. Es gab unter denen, die am Glockenstrang zogen, auch ungehobelte, rüde Gesellen, denen das Gebotene zuwenig war. Die Szene mit jenem Burschen, der Bruder Konrad die Suppe samt dem Teller mit den Worten vor die Füße warf: «Da, friß du selber, du alter Lump», beleuchtet die wirkliche Situation an der Pforte. Er aber entschuldigte sich, las die Scherben auf und holte eine andere Suppe. Es kam auch zu recht unerquicklichen Begebenheiten, zu denen die Tumultszene der Münchner Wallfahrer gehört. Der damalige Pater Guardian hatte das Verbot des Bierausschankes ausgesprochen, was von den Münchnern übel aufgenommen wurde; die Leute zu beschwichtigen aber oblag dem Pförtner. Es war Dienst, aufreibender, anstrengender Dienst; Bruder Konrad verrichtete ihn vom Morgen bis zum Abend, jahrein und jahraus, und dadurch ist er zum eigentlichen Gegenspieler von Kafkas abweisendem Türhüter geworden. Es war, äußerlich gesehen, eine unscheinbare Arbeit, eine Arbeit, die keine Spuren hinterließ. Er sah am Abend nicht mit Genugtuung, was er den ganzen Tag vollbracht hatte, und doch war es eine mühselige Tätigkeit, die er im Schweiße seines Angesichtes verrichtete. Es wäre nicht nach seinem Sinn, ihn deswegen allzustark zu loben, denn viele Pförtner leisten in der Gegenwart das gleiche Tagespensum und haben zudem heute noch ein fortwährend klingelndes Telephon neben sich, was keine Erleichterung ist.

Genau besehen, liegen zwei einander widersprechende Berichterstattungen über Bruder Konrad vor. Nach der offiziellen Darstellung wird seine große Ruhe und unerschütterliche Geduld gerühmt. Sein langjähriger Gehilfe bezeugte, daß er «in den vielen Jahren Bruder Konrad nie zornig oder aufgeregt gesehen habe»[25]. Bei allem in sich gekehrten Ernst habe der fromme Pförtner nie eine spaßige Bemerkung übelgenommen. Man pries seine gelassene Ruhe, die seltene Sanftmut und die nie versiegende Geduld. Alle diese Eigenschaften trugen ihm den Namen «der heilige Pförtner» ein. Der mißtrauische Mensch von heute mag sich fragen, ob nicht die nachträgliche Verklärung dieses allzuschöne Bild gemalt habe und ob es mit der Wirklichkeit übereinstimmte.

Tatsächlich gibt es auch Stimmen, die ihn nicht nur seines freigebigen Bierausschankes wegen des «heiligen Leichtsinnes» bezichtigen, sondern auch seine brummige Unfreundlichkeit erwähnen. Ein Nachbar des Klosters behauptete, Bruder Konrad habe sich manchmal recht aufbrausend gebärdet; dieser Mann wollte deswegen im Seligsprechungsprozeß nicht aussagen, eine Weigerung, die seine Aussage selbst entwertete[26]. Ist es undenkbar, daß Bruder Konrad einmal einige urbayrische

Kraftausdrücke gebraucht hat? Bekommt dadurch das Bild nicht einige stärkere Farbtöne?

Es ist nicht angebracht, wegen der pietätlosen Verleumdung, nach der der angeblich mürrische Mann einige unwillige Worte brummte, entrüstet zu sein. Es geht auch nicht um eine Untergrabung des schönen Bildes von Bruder Konrad, der die Leute nicht wie der Türhüter Kafkas in lange Verhöre verwickelte, sondern von Menschenfreundlichkeit nur so überfloß. Das Problem liegt anderswo. Auch ihm gewogene Zeugen berichten, er habe einmal einen roten Kopf bekommen, als seine Geduld auf eine harte Probe gestellt worden war, doch habe er hernach im stillen Gebet wie verklärt ausgesehen.

Über die Situation an der Pforte, da das Schiebefensterchen aufging und Bruder Konrad nach dem Begehren der Menschen fragte, enthält die älteste, unverdächtige Vita eine aufschlußreiche Bemerkung, die das Problem in eine andere Beleuchtung rückt. Darnach machte der Pförtner «auf den ersten Anblick den Eindruck eines morosen, grämigen Klosterbruders»[27]. Der Augenschein von dem manchmal abweisenden Pförtner ist somit nicht völlig aus der Luft gegriffen, aber diese flüchtige Beobachtung nahm nicht die inneren Gründe wahr, warum Bruder Konrad nicht viel sprach. Er war der schweigsame Mensch; er sprach nicht mehr, als unbedingt notwendig war, und alle leutselige Plauderei lag ihm nicht. Der schweigende Mann wurde längst nicht von allen Leuten verstanden, und viele oberflächliche Menschen empfanden ihn brummig und unzugänglich.

Gewöhnlich ist der Mensch ein redseliges Wesen, der das Bedürfnis hat, seine meist konfusen Gedanken, ehe er sie zu Ende gedacht hat, mitzuteilen. Heutzutage gibt er sogar schamlos seine intimsten Erlebnisse der Öffentlichkeit preis. Diese endlose Rederei ist vielen Menschen zur Gewohnheit geworden, sie diskutieren vom Morgen bis zum Abend, stundenlang können sie diskutieren, und dabei braucht gar nichts herauszuschauen, Hauptsache ist, daß diskutiert wird. Die Diskussionssucht hat sogar auf die Kirche übergegriffen, indem alles zerredet wird, vom Größten bis zum Kleinsten. Was schaut dabei heraus? Nichts, es kann auch nichts herausschauen, weil doch die Wahrhaftigkeit nicht mit der Zungenfertigkeit identisch ist. Jedenfalls ist nie auf diesem Weg eine Erneuerung der Kirche zustande gekommen – die ergebnislosen Reformkonzilien im Spätmittelalter sind dafür ein eindeutiger Beweis. Allezeit hat die ungehemmte Disputation vom Mysterium weg und nicht zu ihm hingeführt.

An einer uferlosen Diskussionskrankheit litt Bruder Konrad nicht. Er diskutierte nicht, er redete nicht, sondern er schwieg, schwieg so sehr, daß sein Schweigen fühlbar wurde. «Diese unnützen Reden», sagte er einmal in einem andern Zusammenhang und nahm sich schon nach den «Aufzeichnungen seiner Vorsätze» ganz bewußt vor: «Fünftens will ich das Stillschweigen genau beobachten, soviel es nur immer sein kann. Im Reden will ich immer sehr sparsam sein und mich hierin vor vielen Fehlern bewahren, um mit Gott desto besser reden zu können.»[28] Bruder Konrads Worte deuten darauf hin, warum der «morose, grämige» Pförtner von Altötting nicht mehr sprach, als unbedingt nötig war.

Von außen gesehen machte er den Eindruck einer unfreundlichen Unnahbarkeit, und seine Wortkargheit wurde vielfach mißverstanden, weil man nicht mehr wußte, daß Schweigen eine religiöse Haltung ist. Bruder Konrad zählte zu den großen Schweigern in der Kirche, von denen eine wohltuende Ruhe und Stille, eine Innerlichkeit und Sammlung ausging. Die schweigenden Menschen sind immer von einem Geheimnis umgeben, sie allein sind fähig, ein Dasein der Verborgenheit zu führen. «Lieben wir ja recht das Stillschweigen, denn eine Seele, die viel redet, wird nie zu einem wahrhaft innerlichen Leben kommen»[29], schrieb Bruder Konrad, und auf dem Sterbelager erwiderte er auf die Erkundigung nach seinem Befinden: «Ich rede jetzt nicht mehr, ich muß mich für die Ewigkeit vorbereiten»[30], eine Äußerung, die an den sterbenden Augustin erinnert, der zuletzt auch keine Gespräche mit den Menschen mehr führen wollte. Das Schweigen ist von einer Weihe überlagert,

es ist mystisch bedeutsam, denn nur der schweigende Mensch erlebt die Einigung mit dem Göttlichen. Der einfache Klosterbruder hat dies in aller Schlichtheit verstanden, zehnmal besser verstanden als alle wortgewaltigen Redner zusammen. Im Schweigen küßt Gott die Seele, und es widerfährt ihr eine wundersame, lautlose Berührung mit dem Ewigen. Bruder Konrad hat mit seiner versunkenen Schweigsamkeit Kierkegaards vordringlichen Appell zum neuen Schweigen wirkungsvoll unterstrichen. Er verkörperte leibhaftig, was der Däne bei der Betrachtung des gegenwärtigen Weltzustandes von der «Macht des Schweigens» sagte: «Es liegt eine Krankheit vor – und sofern ich ein Arzt wäre: falls also jemand fragte ‹Was meinst du, muß man da tun?›, ich würde antworten: ‹Das erste, die schlechthinnige Bedingung dafür, daß man etwas tun kann, somit das erste, was man tun muß, ist dies: schaffe Schweigen, erwirke Schweigen, man kann Gottes Wort nicht vernehmen, und soll es, unterstützt durch Geräuschmittel, lärmend ausgeschrien werden, damit es bei dem Spektakel mitvernommen werde, so bleibt es nicht Gottes Wort; schaffe Schweigen!›»[31]
Doch haben wir damit von unserem Schemel aus noch nicht alles festgestellt, was es da zu beobachten gibt. Da ist noch etwas zu sehen, das sich der äußeren Schau beinahe entzieht und das nur vom inneren Blick wahrgenommen wird. Das Schweigen Bruder Konrads entsprach nicht seiner natürlichen Charakteranlage, es ist viel tiefer begründet. Wurde er nicht gerade an der Pforte benötigt, hielt er sich in der danebenliegenden, bis heute unveränderten Alexius-Zelle auf. Sie ist ganz klein, in ihrer schmucklosen Enge alles andere als ansehnlich, und nicht zufällig wird sie so genannt. Es ist notwendig, an dieser Stelle ganz kurz die Alexius-Legende einzuschalten, man muß dies um so mehr tun, als heutzutage die Menschen die Legenden gar nicht mehr kennen, sie geringachten und sie gerne auf die Seite schieben. Ach, warum auch nur? Gewiß nur deshalb, weil sie gar nicht mehr wissen, was eine Legende ist, und es mit ihrem oberflächlichen Bildungsdünkel nicht einmal mehr wissen wollen. Doch werden sie eines Tages darauf zurückkommen und

werden sich schämen, sich so einsichtslos gebärdet zu haben. Auch die vom Schmerz durchzitterte Alexius-Legende hat in aller Verhaltenheit den Menschen viel mehr zu sagen als die literarischen Abfallprodukte unserer Zeit.

In ergreifender Weise nahm Alexius in der Hochzeitsnacht von seinem Glück für immer Abschied und ging, auf dem Gipfel der Freude, davon, um, als Bettler verkleidet, den ewigen Pilgerweg zu beschreiten. Nach vielen Jahren pochte der Unbekannte wieder an die Türe seines elterlichen Hauses und erhielt eine notdürftige Schlafstelle unter der Haustreppe zugewiesen; damit ist der Platz symbolisiert, der dem Christen in dieser Welt zukommt. Erst nach seinem Tode fanden die Eltern einen Zettel in seiner Hand, «Ich bin Alexius», womit die Legende in einer bestürzenden Dramatik endigt.

Bruder Konrad liebte die Alexius-Zelle, und sein Verhalten verrät, wie ein Heiliger einem andern Heiligen begegnet: weder mit einer schülerhaften Nachahmerei noch mit einer kritischen Zergliederungssucht. Beide Einstellungen führen in eine Sackgasse. Bruder Konrad übertrug die Alexius-Situation auf sich selbst. Der Platz des Christen ist unter der Treppe; der ganze Lebensstrom geht über ihn hinweg, er nimmt an ihm innerlich teil und wird doch von ihm nicht fortgeschwemmt.

In der Alexius-Zelle pflegte Bruder Konrad vornehmlich sein geistliches Leben, der stille Gebetswinkel war ihm hiefür gerade recht. Nach seinem Eintritt ins Kloster bat er seine Geschwister, ihm zwei Büchlein nachzusenden, deren Verfasser nicht überliefert sind. Sicher ist, daß Thomas a Kempis' «Nachfolge Christi» ihn durchs Leben begleitet hat. Doch war Bruder Konrad kein lesender Mensch, und zudem hätte er auch wegen seiner anstrengenden Arbeit an der Pforte keine Zeit gehabt. Er pflegte zu sagen «Das Kreuz ist mein Buch», ein Wort, das berühmt geworden ist. Doch wurde nachgewiesen, daß die Originalfassung von Philippus Penitius stammt[32] und Bruder Konrad es dahin ergänzte: «Nur ein Blick auf das Kreuz lehrt mich in jeder Gelegenheit, wie ich mich zu verhalten habe.»[33] Damit hatte er einen ganz untrüglichen Maßstab für sein ethisches Verhalten gewonnen, ohne dabei das Christentum auf eine bloße Sozialethik zu reduzieren. Er selbst umschreibt sein geistliches Leben: «Meine Lebensweise besteht nun meistens darin: lieben und leiden, im Staunen und Anbeten und Bewundern die namenlose Liebe zu uns armen Geschöpfen... Auch bei meinen vielen Geschäften bin ich oft um so inniger mit ihm vereinigt. Ich rede da ganz vertraulich wie ein Kind mit seinem Vater.»[34] Dabei soll sich sein geistliches Leben nach Berichten bis zu mystischen Erlebnissen gesteigert haben. Freilich können die übernatürlichen Vorgänge aus begreiflichen Gründen nicht ganz durchsichtig gemacht werden: «Auf einmal», so berichtet ein Augenzeuge, «beobachtete ich, wie die Glut seiner inneren Andacht nach außen sich offenbarte, feurig glänzende Kugeln stiegen aus seinem Munde zum Gnadenbilde empor. Das sah ich mehrere Male. Einmal sah ich den Diener Gottes in einen glänzenden Nebelschleier gehüllt. Aus seinem Munde flogen feurige, glänzende Funken aufwärts.»[35] Bruder Konrad war kein Ekstatiker; von ihm werden keine Visionen überliefert, und doch hatte er am mystischen Leben Anteil, da es kein tieferes christliches Dasein ohne Mystik gibt.

Bruder Konrad hat, wie Alexius, den Platz unter der Klostertreppe eingenommen; die stumme Sprache des dürftigen Raumes entsprach seinem Lebensgefühl. Eine schlauchartige Öffnung in der Wand, die man später auf seinen Wunsch etwas vergrößerte, gewährte ihm einen schmalen Durchblick in die Kirche und direkt auf das Tabernakel. Wir nähern uns dem innersten Geheimnis von Bruder Konrad, wenn wir bedenken, daß er während des Tages häufig auf das Tabernakel schaute, ohne daß jemand seiner achtete. Seine Frömmigkeit blieb den Blicken der Menschen entzogen und wurde doch durch dieses Hinschauen auf das Tabernakel genährt und entwickelt. Denkt man darüber nach, woraus Bruder Konrad gelebt und was ihm die Kraft gegeben hat, so viele Jahre schweigend seinen strengen Dienst zu verrichten, so gibt es darauf nur eine Antwort: es war die Anbetung des Altarsakramentes. Er schaute immer wieder auf den im Tabernakel gegenwärtigen Christus, fühlte sich von ihm angeschaut, bis sich schließlich die Blicke begegneten und ihn durchdrangen. Statt den Blick in das Herz der Kirche Christi eine heute überholte Frömmigkeit zu nennen, sollte der Mensch darauf achten, ebenfalls ein solch geheimes Fensterchen zu kennen, das ihm den Durchblick ins Ewige gewährt. Von Daniel wird berichtet: «Er hatte aber in seinem Obergemach Fenster, die nach Jerusalem hin offenstanden.»[36] Die Geöffnetheit und der Durchblick von verborgener Stelle zum Himmlischen ist das Entscheidende, und am besten ist es, wenn nur der Ewige, der ins Verborgene sieht, darum weiß. Bruder Konrads Sakramentsmystik vermittelte ihm die Gewißheit vom gegenwärtigen Gott, vor den der Mensch nur in Ehrfurcht treten und ihn anbeten kann. Die Anwesenheit Gottes im Allerheiligsten ist das eine große Erleben Bruder Konrads, aus dem allein sein Schweigen und sein Dasein zu deuten ist. Sie bewahrte ihn davor, sich in einer hektischen Geschäftigkeit zu verlieren, und veranlaßte ihn zugleich, beständig in der Mitte zu verharren. Dadurch, daß er von der Pforte immer wieder in die Alexius-Zelle mit ihrer Öffnung zum Altar eilte, gelang ihm etwas sehr Schweres, nämlich die richtige Verbindung von aktivem und kontemplativem Leben entsprechend den von Cutbert geschilderten Frühtagen des Kapuzinerordens: äußere Tätigkeit bei innerer Gottverbundenheit. In diesem Zusammenspiel besteht das Wesen franziskanischer Mystik.

Der Pförtner von Altötting gehörte zu den großen Betern der Christenheit, auf die eine Tagebucheintragung des modernen Romanciers Julien Green angewendet werden darf: «Die wahre Ordnung gründet im Gebet, alles übrige ist nur mehr oder weniger getarnte Unordnung. Das Mittelalter war ein Riesenbau, seine Grundmauern das Vaterunser, das Ave-Maria, das Credo und das Confiteor. Alles, was auf anderes gebaut ist, muß früher oder später in blutigem Morast versinken.»[37] Tatsächlich war die innerste Substanz von Bruder Konrad das immerwährende Gebet. Schon als Jüngling versuchte er, wenn auch noch unbeholfen, der Aufforderung des Apostels, «Betet ohne Unterlaß», nachzukommen, indem er betend seine landwirtschaftlichen Arbeiten verrichtete und deswegen auch in den heißen Sommermonaten keinen Hut tragen wollte. Als Türhüter intensivierte er das Gebet, weil die zerstreuende Arbeit ihn davon wegzuführen drohte. Deswegen enthielt er sich auch aller Lektüre der Tagesblätter: «Zeitunglesen wäre für mich Zeitverlust. Ich höre ohnedies genug an der Pforte»[38], sagte er und sprach damit ungewollt eine Wahrheit für viele Menschen aus, die sich gar keine Rechenschaft geben, daß durch das Blättern in den Zeitungen der Geist nur verflattert. Schon im Noviziat nahm er sich vor: «Will ich es mir recht angewöhnen, mich allezeit in die Gegenwart Gottes zu stellen.»[39] Er wußte um die Gefahr der Pforte, wußte, wie leicht sie den Menschen verführt, zu gucken und zu schwatzen und ihm die Sammlung zu rauben. Er kannte keine andere Rettung, als sich in das ununterbrochene Gespräch mit Gott zu flüchten und «ein innerliches, in Gott verborgenes Leben zu führen»[40]. Ohne das wortlose Sprechen mit Gott hätte Bruder Konrad nicht zu bestehen vermocht; dieses Reden mit ihm allein machte ihn zum tief gesammelten Menschen, der den Weg nach innen angetreten hat und ihn auch zu Ende gegangen ist. Wie der russische Pilger auf seinen endlosen Wanderungen das immerwährende Gebet sprach, so pflegte es auch Bruder Konrad an der Pforte. Das Ziel eines vom Gebet erfüllten Lebens ist die vollkommene Verwirklichung des Glaubens «Ich bin stets bei dir». Beten heißt in der ständigen Gegenwart Gottes leben. Dieses Mysterium läßt sich nicht aller Welt erklären, weil sie es weder versteht noch begreift und das Gebet nicht als das geheimnisvolle Eintreten in die Sphäre Gottes erfaßt. Doch soll man nicht alles erklären wollen, namentlich nicht das Unerklärliche. Es muß Unbegreifliches geben, denn das tiefste Wesen des Evangeliums ist ein überrationales Mysterium. Für die Christen, welche die Kirche als das Schiff verstehen, in dem sie vom Sturm herumgeschleudert werden, gibt es nur eine Rettung: das große Gespräch mit dem Ewigen. Nur jene Menschen werden, gleich dem sinkenden Petrus, die Hand des rettenden Christus ergreifen, wenn sie beten wie Bruder Konrad, dessen lautlose Worte in der Alexius-Zelle zuweilen in Tränen und in ein Stöhnen übergingen. Dank dem immerwährenden Gebet pflegte der Pförtner von Altötting noch eine geordnete, tief gegründete Frömmigkeit. Nichts von Verwirrung und Zwiespältigkeit war in ihm, denn Tag für Tag, im Sommer und im Winter, lebte Bruder Konrad in der unablässigen Verbundenheit mit Gott, und gerade deswegen war um sein Dasein eine so friedliche und erholsame Atmosphäre, in der man sich unendlich geborgen fühlte.

Adrienne von Speyer hat einmal die Gebetshaltung von Bruder Konrad erfühlt: «Ich sehe sein Gebet und seine Haltung, die beide immer einfacher und durchsichtiger werden. Alles, was er zu tun hat, tut er innerhalb des Geheimnisses sowohl des Jesuskindes wie des Jawortes der Mutter; in einer Art Einfachheit, Leichtigkeit und Natürlichkeit. Die Einfachheit besteht darin, daß er die unnötigen Fragen von sich weist. Er hat ja gesagt, dabei soll es bleiben. Die Leichtigkeit ist eine äußerliche, weil keiner ihm anmerken soll, daß er müde oder verärgert oder unzufrieden sein könnte, ja er nimmt Stimmungen, die als Ärger oder Unzufriedenheit gelten könnten, als kleine Nadelstiche, die für ihn nötig sind, um sein inneres Leben zu reinigen, ohne daß er mit andern darüber spräche. Und die Natürlichkeit besagt, daß er sich als Kind Gottes weiß, von Gott an diesen Ort gestellt, um dieser kleinen Aufgabe zu warten, und er verrichtet alles in der Gegenwart Gottes. Gott ist ihm absolut gegenwärtig. Es gibt keine Tür, die er öffnet, und keine Antwort, die er gibt, und keine kleine Mühewaltung, die er auf sich nimmt, welche er nicht direkt für den gegenwärtigen Herrn leistet. Sein Gebet ist ein solches der Bitte. Er bittet Gott, ziemlich rasch, ihn so zu machen, wie er ihn braucht, und dann bittet er für alle, denen er begegnet, die in seinem Kloster sind, die von außen kommen, die seinen Weg, auch ohne daß sie etwas von ihm verlangten, gekreuzt haben. Sie sind ihm seine von Gott selber ihm anvertrauten Nächsten; ja sie sind ihm Ebenbilder Gottes, auf seinen Weg gestellt, um ihn an die Gegenwart Gottes zu erinnern. Auch hat er ein großes Gebet der Dankbarkeit. Er ist unendlich dankbar, daß er dasein darf, daß er dienen darf, unendlich dankbar auch, daß der heilige Franz sein heiliger Vater ist. Und wenn er im Orden auf Unvollkommenheiten stößt, läßt er sich nicht beirren, er ist der Meinung, es gehe ihn nichts an; er braucht es nur in einer Art selbstverständlicher Mitteilung Gott vorzuweisen und anheimzustellen, und Gott mit dem heiligen Franz zusammen werden die Sache schon in Ordnung bringen. Er hat ein unbegrenztes Vertrauen zum Gebet, zu dessen Kraft und Wirksamkeit. Wenn man ihn beim Gebet unterbricht, bedeutet das für ihn keine Störung, weil er in einer Art immerwährendem Gebet jederzeit wieder ansetzen kann, ohne daß eine Unterbrechung fühlbar würde. Das geht zwanglos, in der Dankbarkeit und im Glauben vor sich. Was er an eigener Gebrechlichkeit besitzt, wird als kleinstes Kreuz mitgetragen und geopfert, und es wird kein Wesen daraus gemacht. Er läßt sich die Höhe des Gebetes durch die Niedrigkeit der kleinen Hindernisse nicht stören.»[41]

Von Natur aus erfreute sich Bruder Konrad einer guten Gesundheit, doch setzte ihm die aufreibende Arbeit und der kalte Raum so zu, daß er, freilich ohne Klage, schon eine ganze Weile kränkelte. «In der Krankheit lernt man viel, wenn man nur recht will», schrieb er in einem Brief[42]. Trotz seines Magenleidens erreichte er das ansehnliche Alter von fünfundsiebzig Jahren. «Es geht nimmer, ich bin ganz fertig, ich muß mich niederlegen»[43], sagte eines Tages der pflichtgetreue Mann zum Pater Guardian. Obwohl eine große Schwäche über ihn gekommen war, jammerte er nicht, im Gegenteil, beinahe militärisch kurz war seine Abmeldung, das war alles. Bruder Konrad lag nur zwei, drei Tage, und selbst in der Agonie hörte er noch die Pförtnerglocke läuten; augenblicklich erhob er sich vom Bett, um an seinen Platz zu eilen, doch auf der Türschwelle wäre er zusammengebrochen, hätte ihn nicht ein Mitbruder aufgefangen. Am 21. April 1894 starb Bruder Konrad in seiner Zelle, die heute in eine kleine Kapelle umgewandelt ist.

Der Pförtner ist eine noch wichtigere Persönlichkeit

Wir sitzen immer noch mit bewegter Seele auf unserem Schemel und fragen uns, was nach seinem Tode geschehen ist. Zunächst hat man Bruder Konrad auf seinem Totenbette photographiert, was damals nicht der Sitte des Klosters entsprach. Es ist das einzige authentische Bild, das man von ihm besitzt, und alle andern Darstellungen sind dieser Aufnahme nachgebildet. Der Anblick des in den Frieden Gottes eingegangenen Klosterbruders gebietet Ehrfurcht, und zugleich deutet das Antlitz das Geheimnis der zwei Formen des Daseins an: die irdische Existenz liegt abgeschlossen hinter ihm, und die neue gehört schon der Ewigkeit an. Dieses ewige Antlitz vermittelt Ruhe und Licht.

Neun Briefe an seine Geschwister und an eine unbekannte Frau sowie kurze eigenhändige Aufzeichnungen haben sich von Bruder Konrad erhalten. Das ist sein ganzer Nachlaß; die franziskanische Armut kommt hierin nochmals deutlich zum Vorschein.

In den dreißiger Jahren dieses Jahrhunderts wurde Bruder Konrad zu den Ehren der Altäre erhoben. Bedeutsamer als die bei dieser Gelegenheit gehaltenen Predigten über den Altöttinger Pförtner ist der Zeitpunkt der Heiligsprechung[44]. Es war das Jahrzehnt der Nationalsozialisten, die, von der Hybris verführt, sich als das Herrenvolk der Welt gebärdeten. Ihnen gegenüber stellte die Kirche gerade in diesem Augenblick das Leitbild des demütigen Klosterbruders, der das Leben als Dienst Gottes auffaßte. Ein stärkerer Kontrast ist nicht denkbar, schließt er doch eine zeitlose Mahnung in sich. Mag die Bruder-Konrad-Kirche mit der Silberfigur des Heiligen nicht jedermann gefallen, trotzdem beten immer Menschen in der Kirche, die seine unsichtbare Anwesenheit spüren.

Damit verbindet sich die Frage: Warum ist Bruder Konrad eigentlich ein Heiliger? Um welch ungewöhnlicher Taten willen ist er nach dreihundertjährigem Unterbruch als erster deutscher Mann in das Verzeichnis der Heiligen eingetragen worden? Es gab damals noch andere Menschen, die heiligmäßig lebten – warum gerade er, der so gar nichts Auffallendes vollbracht hatte? Selbst einige seiner Mitbrüder bezeugten ihr Erstaunen über die unerwartete Erhöhung, und auch die älteste Vita fragt zaghaft, als hätte ihr Verfasser eine leise Ahnung gehabt: «Wird es Gott gefallen, Bruder Konrad auf Erden auch zur Ehre zu bringen?»[45] Es sind nicht nur Weltmenschen, die aus ihrer Skepsis heraus diese Frage stellen, sondern auch kirchlich gesinnte Leute stehen ratlos vor dem seltsamen Problem. Ein älterer Priester sagte mir einmal freudig, sein Vater habe Bruder Konrad noch persönlich gekannt und habe von ihm immer in größter Verehrung gesprochen, nie aber habe er erklären können, weshalb er eigentlich heiliggesprochen wurde. Ein Mitbruder schrieb vom absichtlich unauffällig lebenden Pförtner: «Bruder Konrad hielt sich sein Lebtag viel verborgen. Man nahm an ihm nichts wahr, was ihn von anderen unterschieden hätte. Erst nach seinem Tode fing ich an zu begreifen, daß er für mich ein lebendes Buch war und ist.»[46] Das fromme Gebetweiblein, das dem wegen des Baues der Basilika in Bedrängnis geratenen Pater Guardian empfohlen habe, den in der Gruft liegenden Heiligen um Hilfe zu bitten, ist eine rührende Anekdote, die ganz zu Bruder Konrad paßt. Pater Joseph Anton schloß hierauf einen «Vertrag» mit dem toten Bruder Konrad: «Wenn du mir hilfst die Kirche bauen, werde ich deinen Seligsprechungsprozeß führen»[47]; dies ist eine geschäftliche Frömmigkeit, die schon Jakob im Alten Bund betrieben hat[48] und die das religiöse Gefühl wenig sympathisch berührt. Eine Erklärung ist diese Abmachung nicht, denn viele aus frommer Ehrsucht angestrebten Kanonisationen sind, trotz aller Bemühung, nicht ans Ziel gelangt. Vielmehr liegt ein dem Verstand nicht begreifliches Geheimnis vor, das, denkt man darüber nach, an Péguy erinnert, der einmal über «die ungeheure Kathedrale der Seele» meditierte und zuletzt den rätselvollen, noch nie gedeuteten Satz niederschrieb: «Aber der Pförtner selbst ist vielleicht eine noch wichtigere Persönlichkeit.»[49] Die merkwürdige und sonderbare Äußerung trifft gerade auf Bruder Konrad zu: ein unscheinbarer, demütiger Mensch wurde der höchsten Ehre der Kirche teilhaftig. Wie anders soll man es deuten, als daß Gott sich seine Heiligen souverän erwählt, ein Tun, das der Mensch mit dem ganzen kirchlichen Apparat nie in den Griff bekommt. In Buder Konrad erschien der unscheinbare Heilige unter uns, der uns lehrt, das Kleine vor Gott zu tun[50].

Die freudige und nicht zu erklärende Tatsache bleibt, daß ein einfacher Laienbruder aus dem Kapuzinerorden, und nicht angesehene Persönlichkeiten wie Sailer und Möhler, die edle Gestalten waren, heiliggesprochen wurde. Man baute in allen Erdteilen Bruder-Konrad-Kirchen, und der Mann, der nie über seine engere Umgebung hinausgekommen war, wird heute in den entferntesten Gegenden verehrt. Nicht nur das einfache Volk von Bayern, auch hohe Würdenträger der Kirche und regierende Fürsten sind zu seinem Grabe gepilgert. Soll man dies als eine Aufwertung des Laien in der Kirche deuten? Ach, das sind modische Auffassungen, die an das eigentliche Problem gar nicht heranreichen. Worin aber besteht die Sendung Bruder Konrads für unsere Zeit? Bei den Heiligen kommt es vorwiegend auf ihre Sendung an, und die Frage nach der Sendung ist viel bedeutsamer als das bloß hypothetische Problem: Was würde Bruder Konrad heute tun? Die Frage nach der Sendung schließt das Problem in sich: Wie muß man heute von Bruder Konrad reden, damit er den uninteressierten und desorientierten Menschen anspricht? Bei der Reflexion über dieses Phänomen mag man sich fragen, ob wir in unserer lärmenden und ganz nach außen gerichteten Zeit überhaupt noch das seelische Organ haben, eine so stille, innerliche Gestalt in ihrer tiefen Gottverbundenheit zu verstehen. Gerade das einfache Leben, das Bruder Konrad führte, erhöht noch die Schwierigkeit dieser Frage. Zählt Bruder Konrad zu den «Cristoforo»-Gestalten, denen Manzoni in seinem Werk «Die Verlobten» das Hohelied singt? Ist er bloß ein Kapuziner, dessen Verehrung lediglich von seinem Orden gepflegt wird, oder gehört er zu den

Heiligen, die sich allem intellektuellen Begreifen entziehen und ganz im Geheimnis der Stille, des Schweigens und der Bescheidenheit bleiben und das in sich haben, was dem heutigen Menschen gerade abgeht? Besteht Silones Feststellung zu Recht: «Das Schicksal mancher Heiliger auf Erden gehört zu den dunkelsten Geheimnissen der Kirche»?[51] Fasziniert er dadurch, daß er nur immer eines dachte und dieses Eine ihn so stark machte? Ist die ganze Bruder-Konrad-Verehrung nur im volklichen Brauchtum begründet? Nun ist Brauchtum nicht falsch; ein religiöses Brauchtum ist besser als gar keines. Aber es genügt nicht, da es in Notzeiten oft nicht standhält, wenn es nicht vom eigenen Erleben durchpulst ist, und vor allem läßt sich daraus nicht die Sendung Bruder Konrads erklären.

Es war nicht die Bestimmung Bruder Konrads, der Christenheit neue Erkenntnisse zu vermitteln, sondern das von den Vätern übernommene Erbe noch einmal, jedoch wesentlich verinnerlicht, zu leben und den christlichen Brudernamen erneut zu heiligen. Er hat alles auf die einfachen Linien gebracht, aber nichts simplifiziert, sondern zu einem Dasein geformt, das heute und morgen Gültigkeit hat. Die Frage nach der Sendung Bruder Konrads schließt ein bedrängendes Element in sich. Es gibt ganze Gebiete des Lebens, denen Bruder Konrad keine Beachtung schenkte, aber kein Mensch, und wäre es ein Heiliger, verkörpert alles. Es kommt nicht auf das viele, sondern auf das eine an, und das war beim heiligen Pförtner in seltener Dichte vorhanden. In aller Unscheinbarkeit verleiht er dem Ausspruch des spanischen Denkers Donoso Cortés erhöhte Bedeutung: «Nur Heilige sind heute noch imstande, den erkrankten Nationen die gewünschte Rettung zu bringen.»[52]

Es käme falsch heraus, wollte man bei der Ergründung der Sendung des Altöttinger Pförtners eine tiefsinnige Bruder-Konrad-Theologie entwickeln. Jeder Versuch, ihn mit den theologischen Strömungen seiner Zeit in eine Verbindung zu bringen, läuft auf eine Konstruktion hinaus; dies um so mehr, als sich die Gedankenwelt des Laienbruders in wenige Grundsätze zusammenfassen läßt und man bei ihm nicht einmal die einfachsten Voraussetzungen zu einer wissenschaftlichen Religionsphilosophie feststellen kann. Bruder Konrad war ein Heiliger, er war kein Theologe; das ist doch ein beachtlicher Unterschied. Es ist nicht zufällig, daß keiner der namhaften katholischen Gelehrten unserer Zeit auf Bruder Konrad auch nur mit einem Wort eingegangen ist; stillschweigend sind sie an ihm vorbeigegangen, wohl wissend, daß es viel mehr Publikumserfolg verspricht, sich mit Rilke, Scheler und Teilhard de Chardin zu beschäftigen als mit einem simplen Klosterbruder. Die Theologen vermissen bei ihm das Spekulative, das Tiefsinnige, das Geistreiche, kurz, all das, mit dem man intellektuellen Schaum schlagen kann. Bruder Konrad gibt für ihre Zwecke zuwenig her, denn bei ihm scheint alles alltäglich, gewöhnlich, so gar nicht außerordentlich zu sein. Aber gerade in seiner Gewöhnlichkeit ist seine Ungewöhnlichkeit verborgen. Wer immer dem Neuesten und Interessantesten nachjagt, endigt unweigerlich in einer enttäuschenden Leere. Die Kunst des Heiligen besteht darin, mit möglichst geringem Aufwand an äußeren Mitteln das innere Leben auf Gott hin zu aktivieren. Bruder Konrad war kein Protest gegen die Literarisierung der Welt, die sich im modernen Leben so verhängnisvoll ausgewirkt hat. Der Altöttinger Klosterbruder war, was man in der Gegenwart so selten antrifft, eine in der ewigen Ordnung Gottes gegründete Seinsgestalt, und welche Bewandtnis es damit hat, erfordert ein neu zu erringendes religiöses Verständnis. Sein Dasein war vom Gehorsam, von der Ehrfurcht und von der Unauffälligkeit geformt. Ist das alles? Scheinbar ja. Das andere, noch Wesentlichere, ist unsagbar und entzieht sich aller Beschreibung, man spürt es nur, pflegt man sich länger mit Bruder Konrad einzulassen.

Der Pförtner von Altötting war von einem unerschütterlichen Gottvertrauen erfüllt. Dabei lag ihm alle intellektuelle Fassung des Glaubens fern, nach der man kraft des Absurden glauben müsse. Dies führt nur zu Denkverrenkungen, die in der Dialektik hängenbleiben. Bruder Konrad glaubte auf eine kindliche Art; anders ist nie im wirklichen Sinn des Wortes geglaubt worden. Ohne lange Reflexion stützte er sich schlicht auf die Worte Christi: «Welcher ist unter euch Menschen, so ihn sein Sohn bittet um Brot, der ihm einen Stein biete?»[53], und «Bei Gott sind alle Dinge möglich»[53]. Für ihn war Glaube unerschütterliches Vertrauen, das ihn nie verließ, das durch alle Wände hindurchging und von keinem skeptischen Zweifel angekränkelt war. «Vertrauen wir, es wird alles wieder recht werden. Der liebe Gott macht alles wieder gut», pflegte er treuherzig trostbedürftigen Menschen an der Pforte zu sagen[54]. Dies klingt beinahe naiv, und doch kommt es auf diesen lebendigen Glauben an, der sich durch keine Enttäuschung niederdrücken läßt, sondern allen betrüblichen Erfahrungen zum Trotz immer wieder glaubt. Was heute not tut, ist nicht etwa eine Umstrukturierung der Kirche, neue soziologische Untersuchungen und wie alle diese modischen Schlagworte lauten – ach, das sind doch alles taube Nüsse, die nur ein wenig rascheln und nicht den geringsten Kern enthalten –, sondern ein felsenfestes Vertrauen auf eine sinnvolle Führung Gottes inmitten aller scheinbaren Sinnlosigkeit. Was dem modernen Menschen fehlt, ist der glaubende Glaube und nicht eine präzise Bestimmung des Glaubens; es heißt glauben, ohne zuerst zu definieren, was man unter dem Begriff «Glaube» auch versteht. Diesen helfenden Glauben besaß Bruder Konrad dank seiner Sakramentsmystik und seiner marianischen Frömmigkeit in denkbar starker Weise, war er doch überzeugt davon, daß alles, was nicht Gott ist, meine Erwartungen nicht erfüllen kann. Auf die Gewißheit «dein Glaube hat dir geholfen» kommt es in der gegenwärtigen Stunde vor allem an, jetzt, da so viele Menschen nicht mehr glauben, auch nicht mehr glauben können und ein prekäres Unvermögen an den Tag legen, die Botschaft des Evangeliums in sich aufzunehmen. Keine verzweifelte «Philosophie des Absurden» hilft ihnen in ihrer schweren Lage, sondern nur ein wirklicher, kräftiger Glaube, ein Vertrauen, das sie befähigt, allem chaotischen Weltgeschehen zum Trotz wieder an den gerechten Gott zu glauben, der ihr Vater ist, der über sie wacht und sie inmitten aller Finsternis in seiner Hand behält. Bruder

Konrad, an dessen brauner Kutte ein Rosenkranz baumelte, besaß eine Glaubensaufgeschlossenheit und eine Glaubenssicherheit und brachte den festen Glauben stellvertretend für die andern Menschen auf.

Keineswegs befand sich Bruder Konrad mit seinem schlichten und doch so tragenden Gottvertrauen auf einer Insel der Seligen. Es ist eine falsche Annahme, er hätte in seiner Naivität nicht um das Böse gewußt, das doch in der Welt immer wieder zu unheimlichen Ausbrüchen führt und dessen suggestiver Kraft der neugierige Mensch von heute beinahe willenlos erliegt. Jeder Diener Gottes weiß sich vom Satan bedroht, wahrscheinlich weiß er mehr davon als der Durchschnittsmensch, der während des Gottesdienstes das Gähnen nicht unterdrücken kann. Bruder Konrads Gespräch mit der Dienstmagd Kathi verrät es ganz klar: «Auch im Kloster gibt es Schwierigkeiten. Da kommt der Teufel herein, die Mauern sind nicht dick genug.»[55] Wie wahr, wie erschreckend wahr ist diese Erwiderung des Pförtners, der keineswegs ein harmloser Mann war, denn er wußte auch um «die andere Seite»[56]. Auch wer sich ernsthaft ins Christentum einzuüben bemüht, ist deswegen nicht gegenüber allen Kämpfen, Anfechtungen, Zweifeln und Depressionen gefeit, im Gegenteil, oft ist er besonders heftigen Prüfungen ausgesetzt, und bekanntlich bedeutet es die größte Anfechtung, keine Anfechtungen zu erleben.

Allezeit schreiten die Christen, einzig von der unsichtbaren Hand Gottes gehalten, zwischen dem Spott der Welt und den Tröstungen Gottes auf ihrem schmalen Pilgerweg der Ewigkeit entgegen. Zu jeder Stunde bedarf das Volk Gottes der Hilfe von oben, in der Gegenwart im besonderen Maße, da eine neue Sintflut über die Welt hereinzubrechen droht, die Bruder Konrad inmitten des fortschrittsgläubigen neunzehnten Jahrhunderts zum Schrei veranlaßte: «Wir stehen jetzt in einer Zeit, wo es jedes fromme Herz schaudern möchte, wo es scheint, als wenn die ganze Hölle los wäre und alles Gute, was auf die Religion Bezug hat, zugrunde richten möchte.»[57] Diese Äußerung steht in einem Brief ohne Datum, weshalb man nicht weiß, ob Bruder Konrad sie zur Zeit des Preußisch-Österreichischen, des Deutsch-Französischen Krieges oder des Kulturkampfes getan hat. Schon im vergangenen Jahrhundert waren die dunklen Mächte am Werk, und im gegenwärtigen Geschehen hat sich die Situation nur verschärft. «Sonst kann ich nichts Gutes schreiben, so wie es jetzt in der Welt aussieht. Darum schweige ich lieber ganz.»[58] Jetzt werden auch die Klöster nicht mehr verschont, die Mauern sind nicht dick genug. Der Zeitgeist drängt in alle Ritzen ein und unterwühlt alle Grundlagen. Es gibt viele Christen, die in der Anpassung das Heil suchen, modernisieren, soviel sie nur können, und zeigen, daß sie auch auf der Höhe der Zeit sind und nicht hintennachhinken. Bruder Konrad war von dieser Einstellung weit entfernt. Seine Sendung steht in stärkstem Gegensatz zu all dem, was heute in der Kirche hochgespielt wird und das große Wort führt. Wer diese Wege geht, wird ihm nicht begegnen, sondern ihn kopfschüttelnd auf der Seite liegenlassen. Bruder Konrad wird ruhig warten, bis die Christen sich wieder ernstlich auf die Heiligen besinnen und ihnen plötzlich die Erleuchtung von oben aufgeht, daß einzig und allein von diesen stillen und verborgenen Menschen die Rettung ausgeht.

In einen feinsinnigen Aufsatz ließ Ida Friederike Görres einmal auch eine Bemerkung über Bruder Konrad einfließen, nach der das Mittelalter in ihm nicht nur das Muster und den Rekord aller Pförtnertugenden gesehen hätte, was eine ungenügende Betrachtung sei. «Hätte es nicht die ältere, die tief bedeutsame Figur des Hüters der Schwelle in ihm erkannt, die Gestalt, die den Übergang beschützt, die tiefe, geheimnisvolle Schranke zwischen Welt und Heiligtum, zwischen Innen und Außen, zwischen Zeit und Ewigkeit.»[59] Es gilt zu der sinnbildlichen Bedeutung des Pförtnerberufes vorzudringen, Wache zu halten zwischen Zeit und Ewigkeit. Damit erfährt das Thema eine ungeahnte Vertiefung. Trotz aller unterwühlenden Tendenzen der modernen Zeit sind Christi Worte ewig gültig: «Die Pforte ist eng, und der Weg ist schmal, der zum Leben führt; und wenige sind ihrer, die ihn finden.»[60] Wie immer, steht auch heute der Christ vor der engen Pforte, und alle modernen Bestrebungen, sie zu einem weiten Portal zu machen, führen nur auf den breiten Weg, der im Verderben endigt. Die Pforte der Ewigkeit ist keine Allerweltspforte; mag der Mensch nun zu Lebzeiten oder erst in der Stunde des Abscheidens durch sie hindurchgehen, stellt sie ihn stets vor die letzte Entscheidung. Wir erheben Bruder Konrads Pförtnerberuf zum Symbol; geistig verstanden war er der Türhüter, der das zeitlose Wächteramt ausübte, damit kein Unbefugter leichtfertig und unbemerkt durch die Pforte hindurchschlüpfe. Die Berührung von Zeit und Ewigkeit, von Diesseits und Jenseits in jenem Augenblick, da alles auf des Messers Schneide steht, diese Nahtstelle erfordert des Christen tiefste Aufmerksamkeit, denn an ihr entscheidet sich zeitliches und ewiges Schicksal. Immer stößt die Zeit an die Ewigkeit, und allezeit bricht die Ewigkeit in die Zeit herein. Nur wem nach Jakob Böhme Zeit ist wie Ewigkeit und Ewigkeit wie Zeit, der ist befreit von allem Streit. An dieser überaus empfindlichen Stelle hielt sich Bruder Konrad auf und begehrte nichts anderes, als hier Pförtnerdienste zu tun, eine Aufgabe, die im übertragenen Sinne zur gegenwärtigen Stunde von den Christen, die um den Ernst der Situation Bescheid wissen, zu erfüllen ist.

Doch reicht die Sendung von Bruder Konrad noch weiter. Wir sind von Kafkas Türhüter ausgegangen, der den Mann vom Lande nicht einließ, nicht einmal in seiner Todesstunde, und damit die moderne Verzweiflung beängstigend umriß. Der heutige Mensch steht – metaphysisch gesehen – vor verschlossenen Türen. Der Eintritt ist ihm verwehrt, mag er noch so stark an die Tore pochen. Anders, ganz anders verhielt sich Bruder Konrad: er hatte die Kafkasche Situation überwunden. Trotz des ihm aufgetragenen Wächteramts öffnete er den Menschen die Türe, ließ vornehme und niedrige Personen eintreten, öffnete gemäß dem Prophetenwort zu jeder Zeit: «Deine Tore werden allezeit offenstehen, werden Tag und Nacht nicht geschlossen werden.»[61] Diese geöffnete Türe beschäftigt uns am allermeisten, sie ist für uns eminent wichtig, weil sie für uns das

Zeichen ist, daß sich bei dem schweigsamen Kapuzinerbruder etwas grundsätzlich anderes ereignet hat, als was sonst in der Gegenwart geschieht. Die aufgetane Pforte erregt unsere stärkste Aufmerksamkeit, denn von dorther kommt die Rettung. Diese Möglichkeit stachelt unser tiefstes Interesse an, das geht uns unter die Haut, da werden wir bis ins Innerste erregt: Wir möchten zum Ja hindurchbrechen, wir möchten an eine geöffnete Türe gelangen und wünschen von ganzem Herzen, die ausweglose Situation zu überwinden. Was die modernen Schriftsteller nicht können, nämlich eine positive Gestalt schildern, einen gangbaren Weg aufzeigen, das vermochte der Kuttenträger Bruder Konrad! Darum beschäftigt uns der einfache Kapuziner mehr als viele der heutigen Literaten, die mit ihren makabren Schilderungen den Menschen noch vollends ratlos machen. Bei Bruder Konrad wird Kafkas Erzählung wortlos ins Gegenteil umgedreht, indem der Mensch den gewünschten und nur für ihn bestimmten Einlaß bekommt. Wir verstehen deswegen den Altöttinger Pförtner als ein nicht in Worte zu fassendes Geschenk an die Christenheit. Es war seine Sendung, den verwirrten Zeitgenossen die Türe zu öffnen und damit eine neue Verkörperung des Christuswortes zu werden: «Ihm öffnete der Türhüter.»[62]

Ist damit alles gesagt, was über Bruder Konrad zu sagen ist? Gewiß nicht, aber ein Wort sei dem Leser noch ins Ohr geflüstert: Schweigend und tief beglückt erheben wir uns vom Schemel, packen die Siebensachen zusammen, verlassen unsern Beobachterposten, schauen weder nach links noch nach rechts und treten voll Dankbarkeit noch schnell durch die von Bruder Konrad geöffnete Türe ein.

ZWEITER TEIL

MATTHIAS CLAUDIUS

Der erste und wichtigste Buchstabe

Rührend ist der Anblick eines Erstkläßlers, der mit hingebendem Eifer seine Buchstaben auf die Schiefertafel schreibt. Ein Buchstabe ist mehr als nur ein Buchstabe, denn er schließt auch ein Geheimnis in sich. Dies wußte Matthias Claudius, als er die Worte schrieb: «Der erste und der wichtigste Buchstabe von allen ist der Mensch.»[1] Mit diesem seltsamen Buchstaben beschäftigte sich Claudius sein ganzes Leben lang. Nicht im prometheischen Sinn, «hier sitze ich und forme Menschen, gleich wie ich, die deiner nicht achten». Ein solcher Ausspruch ist in Claudius' Mund ganz undenkbar. Ihn beschäftigte der Mensch im Sinne des Sokrates, der unermüdlich um die Erfassung des Menschen rang. Gleich Hamann hatte Claudius etwas Sokratisches an sich, zählte er doch zu den wenigen Menschen des achtzehnten Jahrhunderts, die Sokrates nicht bloß als Tugendlehrer verstanden. Nicht zufällig hat er dessen «Apologia» im «Wandsbeckerboten» vollständig erscheinen lassen. Der sokratische Drang nach Selbsterkenntnis lebte in Claudius: «Ich will und muß den Menschen, will und muß mich selbst erkennen lernen.»[2]

Für Claudius war der Mensch noch das große Mysterium, das er im Hinblick auf den Schöpfer deutete. Er erfaßte ihn in seiner Ebenbildlichkeit und sang deswegen voll Freude:

> «Ich danke Gott und freue mich
> Wie's Kind zur Weihnachtsgabe,
> Daß ich bin, bin! Und daß ich dich,
> Schön menschlich Antlitz! habe.»[3]

Die Sucht vieler moderner Maler, das Menschenangesicht verzerrt wiederzugeben, war ihm noch unbekannt. Er empfand Ehrfurcht vor dem menschlichen Antlitz und machte darauf aufmerksam, daß es aufwärts sieht. Weit entfernt davon, den Menschen zum Maß aller Dinge zu machen, stellte er ihn als ein Wesen mit zwei Gesichtern dar, die nach verschiedenen Seiten sehen. Der Janus bifrons verursacht, daß der Mensch in sich keinen Hausfrieden hat, die Kräfte in ihm uneins sind und sich bestreiten. Ein Bürgerkrieg tobt in ihm, weswegen er nicht groß ist und sein Glück nur darin bestehen kann, an etwas Größeres und Besseres zu glauben. An die wahre und nicht angemaßte Bedeutung des Menschen zu erinnern, empfand Claudius als seine Aufgabe. «Es ist etwas im Menschen, das sich vor keiner Gewalt beugt und fürchtet und durch keine Gewalt überwältigt werden kann. Es bleibt unbeschädigt und frei, wie auch die Sachen gehen.»[4] Nach Claudius ist der Mensch kein bloßes Naturwesen: «Es ist denn nicht allein etwas anders im Menschen als sonst in der ganzen Natur; sondern dies anders ist auch mehr als die Natur und über dieselbe.»[5] Die Natur verkündigt Gott nur von ferne, während der Mensch ihn von nahe verkündigt. Über des Menschen Hinfälligkeit fand Claudius erschütternde Worte:

«Empfangen und genähret
 Vom Weibe wunderbar,
Kömmt er und sieht und höret
 Und nimmt des Trugs nicht wahr;
Gelüstet und begehret,
 Und bringt sein Tränlein dar;
Verachtet und verehret;
 Hat Freude und Gefahr;
Glaubt, zweifelt, wähnt und lehret,
 Hält nichts und alles wahr;
Erbauet und zerstöret;
 Und quält sich immerdar;
Schläft, wachet, wächst und zehret;

Trägt braun und graues Haar
Und alles dieses währet,
Wenn's hoch kommt, achtzig Jahr.
Denn legt er sich zu seinen Vätern nieder,
Und er kömmt nimmer wieder.»[6]

Für Claudius war und blieb der Mensch der erste und der wichtigste Buchstabe, den er nie zu Ende zu schreiben vermochte. Aber sein Buchstabieren erschöpfte sich nicht in einer psychologisierenden Anthropologie. Alle seine Gedanken über den Menschen blieben nicht im Theoretischen hängen, sondern waren ein Ausfluß seines Wesens. Er selbst war der erste und der wichtigste Buchstabe, er war dessen Verkörperung, seinsmäßig und nicht bloß gedanklich. Mit ihm fing ein neues Alphabet an. Unter diesem ungewöhnlichen Eindruck standen auch die Menschen, die ihm begegneten. Viele Berichte von Besuchern sprachen diese Wahrnehmung aus. «Die Zeiten, die wir bei Claudius zubrachten, waren wahre Erbauungsstunden für mich, indem ich nie Gott und das wahre Christentum lebendiger wirksam fühlte, als in dieser durchaus und ohne die geringste Verlegenheit wohltuenden Familie», schrieb eine Besucherin, und ein junger Priester vermerkte: «Claudius ist so unscheinbar, so simpel wie sein Buch und auch so unschuldig munter. Der Autor Asmus und der Mensch Asmus sind eine Person. Da ist's oft, als wenn wir um einen Altar ständen.»[7] Andere Besucher nennen ihn den denkbar offenen Mann, der stets heiter und nie traurig den Menschen begegne. Doch das Schönste sagte Herder über ihn, er, der viele Jahre bei ihm ein- und ausging und dabei in eine andere Richtung schaute: «Der reinste Mensch, den ich gekannt habe.»[8] Das Urteil eröffnet die richtige Perspektive für Claudius. Er war eine ganz lautere Gestalt, ein Mann ohne Falsch und Arglist. Alles berechnende und opportunistische, alles ehrgeizige und machtsüchtige Verhalten lag ihm fern; klar wie ein Bergsee war sein Gemüt. Der harmonische und ausgeglichene Claudius wurde von keiner psychopathischen Veranlagung hin und her gerissen. Seine natürliche

Persönlichkeit trat den Menschen offen und frei gegenüber, nichts hatte er zu verbergen, und stets bezahlte er mit blanker Münze. Bei ihm muß man nicht zwischen den Zeilen lesen; in ihm war ein Ja und kein dialektisches Ja und Nein, so daß man nicht recht wußte, was jetzt zählte. Er war der Mensch reines Herzens, von dem es heißt, er werde Gott schauen. Aus einer köstlichen Einfalt heraus lebte er; dabei war ihm doch eine sichtliche Klugheit eigen, die beide im richtigen Verhältnis zueinander standen. Er gab sich, wie er war, machte den Menschen nichts vor und trug keine Maske, kurz, in seiner Reinheit war er «das Gewissen seines Volkes»[9].

Viele Zeitgenossen sahen in diesem reinen Menschen ein unbedeutendes Wesen. In Wandsbeck hielt man den lausigen Schreiberling für unklug, und ein Vorgesetzter nannte ihn einen Nichtstuer, der gerne spazieren geht und die Vögel singen hört. Lavater meinte in seinen «Physiognomischen Fragmenten», Claudius sei «weder Schwachkopf noch Scharfkopf»[10], und seine ersten Biographen betrachteten ihn wissenschaftlich als ganz ranglos. «Eine völlige Null», schrieb Wilhelm von Humboldt über ihn und wußte sonst nichts zu sagen[11]. Goethe nannte ihn einen Narren voller Einfaltsprätentionen und verfaßte über ihn das Distichon:

«Irrtum wolltest du bringen und Wahrheit, o Bote von Wandsbeck;
Wahrheit, sie war dir zu schwer; Irrtum, den brachtest du fort!»[12]

Herder gelang es nur mit Mühe, Schiller daran zu hindern, in seinem Aufsatz «Über naive und sentimentale Dichtung» Claudius einen unwahren Dichter zu nennen. Auf diese Weise urteilten die Klassiker über Claudius, der auch im Kreise des deutschen Idealismus keinen Platz fand. Man empfand ihn viel zu kindlich, um ihn ernst zu nehmen. Weimar und Wandsbeck sind zwei Welten, die eine von einer sich steigernden Stilisierung erfüllt, die andere der realen Selbsterkenntnis zugetan. Es tut sich hier eine Grenze des Verstehens auf; trotz ihrer olympischen Gebärde zählten die Klassiker nicht zu den Göttern, sondern zu den vieles nicht begreifenden Menschen. Der Gegensatz zwischen griechischer Sehnsucht und christlicher Heimat geht durch das deutsche Geistesleben hindurch und darf nicht mit schönen Worten überbrückt werden. Mit ähnlichem Dünkel wurde noch vor kurzem in theologischen Büchern über den «halberbaulichen, populärwissenschaftlichen» Claudius geschrieben, dem es für ein Verständnis des deutschen Geisteslebens «eben nicht gereicht» habe[13]! Diese Arroganz ist den Hochschulen schließlich zum Verhängnis geworden. Niebuhr glaubte die Akten mit den Worten schließen zu können: «Er war einer der Allerersten, dem Wert nach, unter jener Klasse der Innigen, still und tief Glühenden und Schauenden, welche der Generation angehörten, die der unserigen vorherging. Sie wird nicht ersetzt werden und stirbt allmählich ganz aus.»[14] Das aber war eine fatale Täuschung, denn der erste und der wichtigste Buchstabe kann nie vergessen werden.

Claudius war ein Fremdling in seiner Zeit und wurde deswegen oft als Sonderling hingestellt, mit dem man nichts Rechtes anzufangen wußte. Er war es damals und ist es bis heute geblieben, trotz der erfreulichen Tatsache, daß seine Werke immer wieder aufgelegt werden. Nur von wenigen in seiner wirklichen Bedeutung erkannt, wanderte Claudius durch die Welt. Der Bote gehörte zu den großen Laiengestalten, deren Rechte er bewußt vertrat. «Predigt eines Laienbruders zum Neujahr 1814», nannte er eine seiner letzten Publikationen. Auf das Laientum legte Claudius sein Gewicht und beugte sich weder vor dem theologischen Urteil noch vor dem klerikalen Anspruch. Er war kein Freund der Gelehrten: die Professoren waren ihm zu streitsüchtig, und er sah in ihnen den Typus des Intellektuellen, dem er nicht traute. So bestritt er die Herrschaft der Gelehrten über den Glauben des einfachen Volkes und stieß sich am stolzen Eigendünkel der Gebildeten. Claudius selbst zählte zu den Unmündigen im biblischen Sinne, worin der tiefere Grund seiner Verkennung liegt. Heute noch betrachtet man ihn in Wandsbeck als ein lokalpatriotisches Wappenschild, ohne sich darüber Rechenschaft zu geben, daß er ein Zeuge Christi war, der zu der heiligen Kette gehört, die von den Tagen der Apostel bis zur Gegenwart reicht. Wer in Claudius den ersten und wichtigsten Buchstaben wahrgenommen hat, der betrachtet ihn mit anderen Augen und empfindet eine große Freude über diese singuläre Gestalt in der deutschen Geistesgeschichte. Wenn auch er in seiner geschichtlichen Stunde gesehen werden muß, so bleibt doch das Geheimnis dieses Kleinen in menschlicher Sprache nicht ausdrückbar. Es spielt sich alles in Regionen ab, deren letzte Tiefe unbekannt bleibt. Claudius' Einfalt, seine Stille und seine Innerlichkeit sind nicht auszuschöpfen. Wer den «Wandsbeckerboten» gelesen hat, kommt sich am Ende wie ein alter Erstkläßler vor, der nochmals mit dem ersten Buchstaben beginnen muß!

Existenz ist die erste aller Eigenschaften

Als kleiner Knabe stieg Claudius zuweilen in der Stube auf den großen Lehnsessel und predigte den Seinigen von dieser improvisierten Kanzel aus. Sein Vater freute sich am Spiel des Kindes und sah darin einen ersten Hinweis auf die spätere Wirksamkeit. Claudius hat den Menschen nicht von der Kanzel einer Kirche aus gepredigt, sondern, wie der Knabe im Spiel, war er auf die viel lebensnähere Wohnstube ausgerichtet.

Seiner Herkunft nach war Claudius ein niederdeutscher Mensch, ein Sohn des deutschen Nordens. Von unansehnlicher Gestalt, kämmte er seine braunen Haare glatt zurück und puderte sie nicht nach der Sitte der damaligen Zeit. Er ging in einem Flemsrock nach der Art der Handwerker umher, und zuweilen hing bei ihm ein Strumpf etwas lose herunter. Nur wer ihn näher anschaute, dem fiel die blanke Stirn und seine blauen, verwundert in die Welt blickenden Augen auf. Eine seltene Redlichkeit sprach aus seinem Antlitz. Er stammte aus einem Pfarrhaus – Generationen von Pfarrern hatte er zu seinen

Ahnen, denen er zeitlebens ein treues Andenken bewahrte. Die Atmosphäre seines Elternhauses war ihm angenehm, und von einem Aufstand der Söhne gegen die Welt der Väter konnte nicht die Rede sein. Dem Vater widmete er bei dessen Tode ein ergreifendes Gedicht: «Ach, sie haben einen guten Mann begraben, und mir war er mehr.»[15]

Claudius' reifere Jugend ist durch eine gewisse Fahrigkeit gekennzeichnet. Nicht daß er ein liederliches Leben geführt hätte, aber er lebte ziellos und kannte kein echtes Vorbild. In Jena begann er das Studium der Theologie, gab es aber bald wieder auf, angeblich, weil ihn ein Brustleiden für das Predigtamt ungeeignet machte, in Wirklichkeit aber, weil ihm «die Kirche jener Zeit zu unwahr» erschien[16]. «Er entzieht sich dem Zwiespalt der christlichen Positionen, indem er sich gegen die Theologie überhaupt entscheidet»[17] und damit seine innere Frömmigkeit rettet, was ein bedeutsamer, aber viel zu wenig beachteter Vorgang im Leben des Claudius' ist. Das lebenslängliche Mißtrauen gegen die Gelehrten hat hier seinen Ursprung: «Bin auch auf Universitäten gewesen, und hab' auch studiert. Ne, studiert hab' ich nicht, aber auf Unverstädten bin ich gewesen, und weiß von allem Bescheid.»[18] Der letzte Satz ist mehr als eine ironische Bemerkung, bezeugt er doch damit, daß er den akademischen Betrieb durchschaut hatte. Er wechselte zur Jurisprudenz hinüber, aber dazu war er noch weniger geschaffen. Claudius als Jurist ist, bei allem Sinn für Recht und Gerechtigkeit, undenkbar. Keines seiner akademischen Studien schloß er mit einem Examen ab, unklar wie er war, drohte ihm, als verbummelter Student vom Zeitgeist forgewirbelt zu werden. In Jena begann er erstmals zu dichten, gab «Tändeleyen und Erzählungen» heraus, ein der Modeströmung huldigendes literarisches Produkt ohne tieferen Wert. Claudius distanzierte sich bald von seinen oberflächlichen Versen. Um sich selbst nicht zu entgleiten, kehrte er in sein Elternhaus zurück, musizierte eifrig und blieb der edlen Musica zeitlebens treu.

Die Berufswahl bildete die Klippe seines Daseins; er wußte lange nicht, wozu er bestimmt war. Für die Generation des

Sturmes und Dranges war die bloße Vorstellung einer geregelten Berufsausübung ein Schreckgespenst und eine Zwangsjacke, denen man sich zu entziehen suchte. Claudius war nicht frei von dieser Auffassung, die ihm nachging und eine gewisse Berufslosigkeit bewirkte. Er dachte daran, die Stelle eines Postmeisters oder eines Organisten zu übernehmen, aber dies waren ganz unbestimmte Gedanken. Eine gewisse Unfähigkeit zur praktischen Tätigkeit quälte ihn, doch hielt er es endlich für nötig, sein Brot selbst zu verdienen, übersiedelte nach Hamburg und hernach nach Wandsbeck, um dort eine Stelle anzutreten.

Claudius endigte nicht als verkanntes Genie; er fand sich selbst, und dabei kam ihm zunächst seine Beziehung zur Natur zu Hilfe. Er liebte das Landleben und gewann dadurch eine reale Verbundenheit mit der Landschaft. Der Lenz ließ ihn fühlen, «'s ist, als ob Er vorüber wandle, und die Natur habe Sein Kommen von ferne gefühlt und stehe bescheiden am Weg in ihrem Feierkleid und frohlocke!»[19]. Er hatte auch seine helle Freude am funkelnden Sternenhimmel: «Mich dünkt, der bloße Eindruck in einer heiteren Nacht lehrt's einen auch schon, daß die mit so unbeschreiblicher Freundlichkeit leuchtenden Sterne nicht kalte müßige Zuschauer sind, sondern Angehörige der Erde und Freunde vom Hause.»[20] Er sah die große Herrlichkeit und empfand darüber eine helle Freude und eine wahre Begeisterung. Immer wieder hat er auch den Bauern besungen, auf den man oft hochmütig herabschaut, während Claudius meinte, «gottlob, daß ich ein Bauer bin, und nicht ein Advokat»[21]. Aus voller Kehle sang er über die Natur:

> «O wer das nicht gesehen hat,
> der hat des nicht Verstand.
> Man trifft Gott gleichsam auf der Tat –
> Mit Segen in der Hand.»[22]

Claudius' Naturbetrachtung war keine Naturschwärmerei, vielmehr war es ein christliches Natur-Anschauen. Er sah das Unsichtbare hinter dem Sichtbaren, und damit erhielt alles eine geistige Perspektive. Gottes ewige Kraft hatte er in der Schöpfung wahrgenommen: «Er hat Himmel und Erde, Meer und Land, Berg und Tal, Sonne und Mond, und die sind groß und herrlich; aber, recht beim Lichte besehen ist alles, was man sieht, doch nur äußere Rinde und Kruste, schöne Kisten und Kasten mit Kleinodien, zwischen denen der Mensch herumgeht wie ein Knecht, vor dem der Herr sie verschlossen hat.»[23] Die Schau einer höheren Wirklichkeit hinter der Welt der Erscheinungen entspricht Claudius und vertieft damit die flächenhafte Betrachtung des Lebens. Alles ist bei ihm hintergründiger, gesteht er doch einmal: «Ich bringe überhaupt seit Monaten mit Horchen zu, zum Sprechen habe ich nicht viel Lust.»[24] Gegenüber der Natur und dem Leben horchte und schaute er, ein Wesensmerkmal, das man bei ihm immer wieder feststellt.

Eine noch bedeutsamere Hilfe für seine Menschwerdung war das Erlebnis, das ihm am ersten Tag bei seiner Übersiedlung nach Wandsbeck widerfuhr. Er wollte seine gemieteten Wohnräume betreten, fand sie verschlossen, und man sagte ihm, der Zimmermann habe die Schlüssel dazu. Claudius suchte ihn auf und begegnete dort dem sechzehnjährigen Töchterchen Rebekka Behn. Sie wußte, daß der Schlüssel in einem verschlossenen Kasten war, holte ein Beil und öffnete ihn kurzerhand. Diese Tat ist von sinnbildlicher Bedeutung, denn auch bei Claudius wurde etwas geöffnet, genau wie bei Elieser, als er bei der biblischen Rebekka wahrnahm, daß sie nicht nur ihm, sondern auch den durstigen Kamelen zu trinken gab. Claudius sprach wenige Worte zu dem Mädchen mit den feinen Gesichtszügen und dem vollen Haar, aber es machte einen unauslöschlichen Eindruck auf ihn, und er beobachtete es noch manchmal, wenn es an seiner Wohnung vorüberging, und erfreute sich stets an den «Taubenaugen» des holden Wesens. Zwei Jahre später hielt er bei ihrem Vater um ihre Hand an. Mit Rebekka hatte er die «Reis'gefährte» fürs Leben gefunden, die ihm «die Unstetigkeit nahm und an der er Halt und Frieden fand»[25]. Sie besaß nur notdürftige Schulkenntnisse, aber sie war ein Mensch von unmittelbarer Natürlichkeit und keine sich zierende Modepuppe, so daß er sie zeitlebens scherzend «mein Bauernmädchen» nannte, obwohl sie im wörtlichen Sinne gar keine Bauerntochter war. Mit ihrer entfaltungsreichen Veranlagung war sie überaus anpassungsfähig, holte die mangelnde Bildung rasch nach und hatte etwas Blühendes an sich. Claudius erlebte nicht die von ihm erzählte Geschichte, in der er das Heiraten mit der Zuckerbohne verglich, bei der es anfangs süß schmeckt, das bißchen Zucker aber bald abgeleckt ist und hernach der Rhabarber zum Vorschein kommt. Kaum ein moderner Schriftsteller wagt es, eine gute Ehe zu schildern, in der es keine Verwirrung der Gefühle gibt und es trotzdem gar nicht langweilig ist, weil die Liebe mitten in ihr ist: Claudius war sie beschieden, und das war eine seiner Kraftquellen, aus denen er sich nährte. Seine Liebe zu Rebekka «wurde ihm zum Urerlebnis voll tiefster Offenbarung»[26]. Matthias und Rebekka standen auf dem gleichen Boden, lebten ihr Leben gemeinsam, hatten an den gleichen Dingen ihre Freude, und es gab zwischen ihnen keine Entfremdung. Das Gedicht, das er zur silbernen Hochzeit Rebekka widmete, gehört neben C. F. Meyers Gedicht «Zwei Segel» zu den schönsten Ehegedichten, weil es nicht aus einem jugendlichen Gefühlsüberschwang, sondern nach vielen Jahren glücklicher Zweisamkeit entstanden war:

«Ich danke Dir mein Wohl, mein Glück in diesem Leben.
Ich war wohl klug, daß ich Dich fand;
Doch ich fand nicht. Gott hat Dich mir gegeben;
So segnet keine andre Hand.»[27]

Nur Snobs können spöttisch sagen, Claudius sei so «unzeitgemäß glücklich verheiratet» gewesen, während doch sonst zur Ehe immer «Irrungen und Wirrungen» gehören. Claudius hat diese Dinge viel einfacher betrachtet; er wußte, daß die Familie der Kern eines jeden Volkes ist, und wenn diese Zelle zu erkranken beginnt, eine Nation dem Niedergang entgegengeht. Natürlich sind am Gelingen einer Ehe immer Mann und Frau beteiligt; sie kann nur zu zweien und nicht allein aufgebaut werden. Claudius war der reine Mensch, und Rebekka glich ebenfalls einer der positivsten Frauengestalten in Jeremias Gotthelfs Erzählungen. Sie war erdnah und doch himmelverbunden; nicht nur Claudius, sondern auch die vielen Besucher empfanden den unaussprechlichen Zauber, der von ihr ausging. Gewiß waren die Frauen der Romantiker geistreicher, aber auch oft in ihrer ungelösten Problematik fragwürdiger. Rebekka war gesund und klar, von weiblicher Sinnlichkeit und sittlicher Verantwortung, und mit dieser beidseitigen Veranlagung war sie von einer unmittelbaren Liebe für ihren Matthias erfüllt. Wie eine Engelsgestalt schreitet sie durch sein Leben. Sie gehört wesentlich zu seiner Biographie und ist keineswegs eine bloß zufällige Figur, die ebensogut nicht darin sein könnte. Rebekka ist die nicht wegzudenkende Gefährtin seines Lebens, gerade weil sie sich nicht ehrgeizig hinzugedrängt hat.

Claudius und Rebekka lebten nicht auf einer Insel der Seligen, weil sie wußten, «Ehen werden doch nicht im Monde, sondern im Hause geführt»[28]. Auch seiner Ehe blieben Schmerzen nicht erspart: mehr als ein Kind betteten sie ins Grab, darob der beiden Gatten Herz blutete. Er war oft in bedrängter Lage, und gewöhnlich kam nur eine einzige Schüssel auf den Mittagstisch. Claudius meinte scherzhaft: «Ich und mein Bauernmädchen essen und trinken gar schäferhaft, und da kann kein Mensch mitessen.»[29] Der karge Verdienst reichte nicht für viele Einladungen; Claudius führte mit seinen zehn Kindern ein armes, aber trotzdem zufriedenes Leben. Buchstäblich nach dem Worte Christi lebte er: «Sorget nicht für den andern Morgen, denn der morgende Tag wird für das Seine sorgen.»[30] Dies vermag der Mensch nur aus dem Glauben, aber Claudius brachte ihn auf und schrieb in einem Brief: «Was in Wandsbeck anfangen? Übersetzen, Fortsetzung von Asmus herausgeben und Befiehl Du Deine Wege.»[31] Claudius lebte fröhlich dank seinem Gottvertrauen, spielte und sang mit seinen Kindern oder lag im Grase, ohne daß ihn dabei Sorgen gequält hätten.

Das unbekümmerte Leben des Claudius veranlaßte seine Biographen, von «einem deutschen Stilleben» zu sprechen. Der Eindruck war nicht falsch; Claudius führte ein ruhiges Dasein,

ein Leben ohne Abenteuer und ohne dramatische Erschütterungen. Eine Gemächlichkeit war seinem Dasein eigen, alles atmete einen sichtlichen Frieden. Es berührt den Betrachter wie ein Stilleben, wie ein Gemälde, das eine Schale Äpfel neben einem Zinnkrug darstellt. Das Bild wirkt ruhig, viele Menschen sagen langweilig, aber der Einwand kommt aus einer Unrast und einer Ruhelosigkeit, die nichts mehr von der zeitlosen Schönheit der stillen Dinge wissen. Claudius' Leben war noch geordnet, die Mutter war noch die Mutter und nicht die Freundin der Kinder; der König regierte noch das Land und hatte nicht nur eine repräsentative Funktion. Oben war oben und unten war unten, und wer sich in das geordnete Dasein von Claudius vertieft, empfindet dankbar die wohltuende Stille. Claudius' Stilleben ist allem Chaos überlegen, da es noch von einem Himmel überwölbt ist.

Man sprach auch vom Wandsbecker Idyll. Nun hat auch das Idyllische seine tiefe Berechtigung, und es bedarf einer reifen Menschlichkeit, sein Anliegen richtig einzuschätzen. Die Bibel schildert mehr als eine idyllische Szene; man denke nur an die Geschichte von Ruth, die voll heimlichen Zaubers ist. Ein Idyll versteht sich nicht von selbst, und es ist unrichtig, es einer spießbürgerlichen Bravheit gleichzusetzen oder das Gefühl mit Sentimentalität zu verwechseln. Claudius war in Wandsbeck im Kreise seiner Familie ein Idyll beschieden, das fern von allen turbulenten Ereignissen lag. Nur in sich ruhende Menschen haben dafür einen Sinn. Muß das Dasein immer einem schäumenden Katarakt gleichen? Das Idyll ist von einer friedlichen Anmut erfüllt und gleich einem still dahinfließenden Wiesenbächlein.

Trotzdem erfaßt man Claudius viel zu vordergründig, wenn man bei ihm nur von Stilleben und Idyll redet. Er war nicht bloß «ein Bruder vom geruhigen Leben», wie er schon genannt wurde, und noch viel weniger wird man ihm gerecht, wenn man von seinem Leben als einem süßen Bildchen in einem altmodischen Vergißmeinnichtalbum spricht. Dieser verkennenden Verharmlosung sind viele Betrachter erlegen. Allzulange hat man Claudius verniedlicht und bis zur Unkenntlichkeit entstellt. Die bisherige Anschauung wird dem neuen Bild von ihm nicht gerecht, das sich dem heutigen, unvoreingenommenen Leser seiner Schriften förmlich aufdrängt. Im «Brief an meinen Sohn Johannes» schreibt er: «Was im Hirn ist, das ist im Hirn; und Existenz ist die erste aller Eigenschaften»[32]. Man traut im ersten Moment seinen Augen nicht, bei Claudius dem Wort «Existenz» zu begegnen, und bedarf einiger Zeit, sich von der Überraschung zu erholen. Man nannte diesen Ausdruck schon das Schlüsselwort zum Zugang zu seinem Sein. «Was im Hirn ist, das ist im Hirn», diese Formulierung deutet wieder auf seine Abneigung gegen die Intellektuellen hin, denen er wegen ihres Hochmutes kein Zutrauen entgegenbringt. Die bloß zerebrale Einstellung genügte ihm nicht, und sie kann auch dem Dasein nicht gerecht werden. Claudius sprach als erster – lange vor Kierkegaard – von der Existenz und nicht vom Existentialismus, ein Geflunker, das in den letzten Jahren so vielen jungen Menschen die Köpfe verdreht hat. Dem Wandsbeckerboten ging es nicht um eine intellektualistische Philosophie voll unverständlicher Chiffren, sondern er war der schlichten, aber unwiderlegbaren Ansicht zugetan, daß der Mensch für seine alltägliche Lebensführung verantwortlich ist. Zu allen Zeiten wurde viel Gescheites, sogar Grundgescheites geredet und geschrieben, aber es stammt alles aus dem Gehirn, verbleibt im unverbindlichen Bezirk, verflüchtigt sich nach einer gewissen Zeit wieder und geht nur selten in das Dasein ein. Bei Claudius verhält es sich anders; er hat das Evangelium als eine Existenzmitteilung verstanden und wollte sie in seinem Leben verwirklichen. Er hat die Lebensrealität weder überflogen noch überspielt. Der Wandsbecker Bote schrieb an Herder: «Ich mag auch von keiner Distinktion zwischen Schriftstellern und Menschen Proben ablegen, und meine Schriftstellerei ist Realität bei mir oder sollt es wenigstens sein, sonst hols der Teufel.»[33] Der Schriftsteller und der Mensch ist bei ihm ein- und dieselbe Person; sie fallen nie auseinander. In einem Jahrhundert, in dem die Menschen zu vernünfteln anfingen und meinten, wenn eine

Angelegenheit schön formuliert werde, sei ihr auch Genüge getan, legte Claudius auf das schlichte Leben das Hauptgewicht. Wandsbeck ist weder Stilleben noch Idyll, das ist ein oberflächlicher Eindruck; es ist Existenz – dies allein entspricht dem wahren Hintergrund. Das Dasein mit Frau und Kindern, mit Poesie und Prosa, mit Freude und Leid ist für Claudius charakteristisch. Er lebte es in Verantwortung vor Gott. Bei ihm ist eine fugenlose Einheit von Leben und Werk festzustellen, denn was er sagte, das lebte er, und er lebte das, was er schrieb. Für alle Zeiten hämmerte er den Christen ein, «Existenz ist die erste aller Eigenschaften», und wenn sie dies nicht begreifen, so bleibt alles bloßes Gerede, Literatur und intellektueller Schaum. Selbst wenn es noch so geistreich vorgebracht oder mit Bibelstellen belegt würde, hätte alles nichts zu bedeuten, weil es einfach die erste aller Eigenschaften verleugnet. Dem Intellektuellen kommt nicht jene Bedeutung zu, die ihm die Menschen gewöhnlich zuschreiben. Erst bei der Existenz, bei der Verwirklichung fängt es an brennend zu werden, da geht es in die Tiefe, und mit ihr steht der Mensch vor der schwersten Aufgabe seines Lebens. Claudius, ein Mann, der die Existenz ernst nahm, will neu befragt sein, wodurch sich andere Dimensionen eröffnen. Wahrhaftig, die angeblich «völlige Null» legte gegenüber der Krankheit des deutschen Idealismus – die im Überfliegen des Alltags bestand – den Finger auf die entscheidende Stelle: Einzig die Verwirklichung in der Existenz hält den Christen in Atem und stellt die Probe aufs Exempel.

Ich bin ein Bote und nichts mehr

Claudius dichtete einmal das lustige Verslein:

> «Wir Vögel singen nicht egal;
> Der singet laut, der andre leise,
> Kauz nicht wie ich, ich nicht wie Nachtigall,
> Ein jeder hat so seine Weise.»[34]

Nach dem launigen Sprüchlein muß der Wandsbecker Kukkuck nach seinem Schnabel beurteilt werden, er hat darauf Anspruch, auch wenn er nicht gerade in die offiziellen Literaturgeschichten paßt, die ohnehin nie viel mit ihm anzufangen wußten. Wie beim Kuckuck, den man im Walde selten sieht und doch seinen Ruf gut hört, verhielt es sich auch bei Claudius, der, ohne Bild gesprochen, ein ewiges Lied sang.
Es wird immer denkwürdig bleiben, wie Claudius vom Beruf zur Berufung kam. Er trat eine Stelle in einer Redaktionsstube an und war zunächst als Journalist im Adreß-Comptoir tätig. Dann übernahm er die Schriftleitung des «Wandsbecker Boten», gab sich Mühe, gute Mitarbeiter zu gewinnen und die Zeitung auf eine gewisse Höhe zu bringen. Trotzdem ging sie nach wenigen Jahren ein. Das Zeitungswesen befand sich damals noch in den Kinderschuhen; es läßt sich mit der heutigen Presse nicht vergleichen, die zu einer Großmacht geworden ist. Aber auch zu jener Zeit war ein Redaktor darauf bedacht, mit Neuigkeiten Leser anzulocken, die öffentliche Meinung zu beeinflussen und zugleich Geld zu verdienen. Der Journalismus befand sich noch im Status nascendi; später sprach Kierkegaard sein vernichtendes Verdikt über dieses anonyme Pressewesen aus. In der damals sumpfigen Landschaft des Journalismus, in der so viele hoffnungsvolle Talente schmählich zugrunde gegangen sind, ereignete sich bei Claudius der Durchbruch zu sich selbst, was geradezu ein Wunder im Leben des Boten war. Was zuerst bei ihm ein zielloses Tasten war, das er selbst nicht recht zu deuten wußte, nahm jetzt, seinem Existenzverständnis gemäß, feste Formen an. Komischerweise war er ein «homme de lettre» geworden, aber dies schien nur so, denn dahinter verbarg sich eine ganz andere Haltung. Er pflegte seine Artikel mit «Asmus» zu unterzeichnen – man weiß nicht, warum er diese Abkürzung von «Erasmus» gewählt hat. Sicher nicht im Hinblick auf Erasmus von Rotterdam oder auf den altchristlichen Märtyrer, der zu den Vierzehn Nothelfern zählt. Claudius schrieb auch unter dem Namen Andreas und legte seine Gedanken auch andern Gestalten in den Mund. Er war ein Journa-

list sui generis. Dieser seltsame Zeitungsschreiber ließ auch die Nachricht einrücken: «Wandsbeck, den 25. April. Gestern hat hier die Nachtigall zum erstenmal wieder geschlagen.»[35] Wo liest man Ähnliches in einer Zeitung? Sieben Jahre leistete Claudius Frondienste auf der Redaktion, dann setzte er sich endgültig von dem ihm wesensfremden Journalismus ab.

Aus seiner Tätigkeit als Journalist veröffentlichte er später das Buch: «Asmus omnia sua secum portans oder sämtliche Werke des Wandsbecker Boten». Er selbst war der Bote, der im ganzen Land an Türen und Fenster klopfte, um den Leuten Nachrichten zu bringen, die das Herz in Bewegung setzten und nicht nur das Ohr füllten. Sein Selbstverständnis ging dahin: «Ich bin ein Bote und nichts mehr», eine Erklärung, die charakteristisch ist für seine Bescheidenheit. Selbst auf der Briefmarke, die man zu seinem hundertfünfzigsten Todestag herausgab, sind die typischen Utensilien eines Boten zu sehen. Mit dem Botenstab in der Hand ist er durch Deutschlands Weiten gewandert und hat den vornehmen Menschen in der Stadt und auch den einfachen Dorfbewohnern seine eigene Post überbracht. Das Wort «Bote» hat in diesem Zusammenhang seinen besonderen Klang. Er verstand darunter keine Neuigkeitskrämerei und keinen Klatsch, sondern dachte an die Engel, die auch Boten heißen, und ihm schien, es sei ihm aufgetragen, die Botschaft vom Ewigen zu den Menschen zu tragen. Viele ließen den Boten vor der Türe stehen, andere warteten ungeduldig auf ihn und waren sich klar, welche Aufgabe er sich gestellt hatte. Der Name «Wandsbecker Bote» ist wörtlich zu verstehen, gehört es doch zu des Mannes Eigenart, daß er seine Botendienste, und nichts anderes, verrichtete. «Ich habe als einfältiger Bote nichts Großes bringen wollen, sondern nur etwas Kleines, das den Gelehrten zu wenig und zu gering ist.»[37] Daß er ein Botschafter des Glaubens war, das war nicht auf den ersten Blick ersichtlich, man mußte schon genau hinsehen, um dies zu erkennen.

Claudius machte sich als einer der ersten Menschen Gedanken über das Problem der Mitteilungsform des Christlichen. Da er das Studium der Theologie vorzeitig abgebrochen hatte, war ihm die Kanzel verwehrt und die Möglichkeit genommen, das Evangelium an geweihter Stätte zu verkünden. Er begehrte dies auch nicht, da nach ihm «es nur wenigen anstehet, dies große Thema zu dozieren; aber auf seine Art und in allen Treuen aufmerksam darauf zu machen, durch Ernst und Scherz, durch gut und schlecht, schwach und stark und auf allerlei Weise an das Bessere und Unsichtbare zu erinnern; mit gutem Exempel vorzugehen und taliter qualiter durchs factum zu zeigen, daß man – nicht ganz und gar ein Ignorant, nicht ohne allen Menschenverstand – und ein rechtgläubiger Christ sein könne... das steht einem ehrlichen und bescheidenen Mann wohl an. Und das ist am Ende das Gewerbe, das ich als Bote den Menschen zu bestellen habe und damit ich bisher treuherzig herumgehe und allenthalben an Tür und Fenstern anklopfe.»[38] Zwar gingen damals die Menschen noch zur Kirche; erst in der zweiten Hälfte von Claudius' Leben begann der Gebildeten Abfall vom Christentum. Da man sich nicht mehr im Gotteshaus versammelte, betrachtete er es als seine Botenaufgabe, in die Häuser zu gehen. Aber er wollte nicht in einem Pfarr-Rock vor die Leute hintreten und vermied auch den erbaulichen Kanzelton. Hierin sah er ein ernstes Problem, und dies zu einer Zeit, da niemand diese Aufgabe wahrnahm. Nach ihm bedurfte es eines neuen Weges; er erinnerte sich des Lehnstuhles, den er als Kind beim Predigtspiel bestiegen hatte, und ging nun als Bote in weltlicher Kleidung in die Stuben der Menschen. Er war ohne List und versuchte auch nie, mit Speck Mäuse zu fangen. Das Problem der Mitteilung schließt die Frage von Inhalt und Form in sich. Oft wird die Lösung in der Richtung gesehen, daß man die Form dem Zeitbedürfnis anpaßt, um den Inhalt zu retten. Claudius schlug nicht diesen Weg ein und war nicht bereit, um der Schönheit willen die Wahrheit zu opfern. Der Bote ließ sich weder dem Inhalt noch der Form nach zu Zugeständnissen herbei, wohl aber fand er einen neuen Weg. In einer aufgelockerten Art ist der «Wandsbecker Bote» ein Sammelsurium von Poesie und Prosa, von Erbauung und Kritik, von Literatur und Theologie, von Gedrucktem und Ungedrucktem in Briefen und Dialogen, weil diese Formen unmittelbarer wirkten.

«Für wen schrieb Claudius?» Diese Frage beantwortete man angesichts der kunterbunten Reihenfolge seiner Darlegungen dahin: «Für das einfache Volk.» Diese Auffassung ist jedoch nur begrenzt richtig. Der Wandsbecker Bote schätzte den schlichten Mann, hatte er selbst doch mit dem Volk gelebt und sich nie von ihm getrennt. Claudius kam aus seiner Mitte, trotz des elterlichen Pfarrhauses oder vielleicht gerade deswegen, weshalb er darauf achtete, bei seinen Mitteilungen dem einfachen Mann auf den Mund zu schauen. Vieles im «Wandsbecker Boten» ist jedem unverdorbenen Gemüte unmittelbar zugänglich, weshalb man sich auch heute noch an seinen Ausführungen erfreut. Doch täusche man sich nicht, denn es steht manches im «Wandsbecker Boten», das der ungebildete Mensch beim besten Willen nicht verstehen kann. Claudius schreibt Rezensionen über Bücher, die das Volk nicht begreift, und er verbreitet sich über religionsgeschichtliche Probleme, die den Horizont des einfachen Mannes bei weitem übersteigen, da er die Frage nicht von einem populären Missionsstandpunkt aus betrachtet. «Ich kann es doch nicht gleichgültig anhören, wenn Parther und Meder und Elamiter, Kreter und Araber von den großen Taten Gottes reden.» Claudius setzte sich mit der Philosophie seiner Zeit auseinander, die wiederum dem schlichten Verständnis verschlossen ist, wozu der Bote entschuldigend bemerkt: «Die philosophischen Systeme als Feigenblätter oder des Zankes und der Schau wegen aufgestellt, gehen vernünftige Leute eigentlich gar nichts an.»[39] Der «Wandsbecker Bote» ist weniger für das einfache Volk berechnet, als es später Jeremias Gotthelfs «Kalendergeschichten» und Hebels «Schatzkästlein» waren. Um den «Wandsbecker Boten» in seiner Vielfalt zu verstehen, muß man sehr vieles wissen, denn Claudius hatte die Geistigkeit seiner Zeit in sich aufgenommen und sich mit ihr in seinem «Büchelchen» auseinandergesezt. Es ist geradezu ein Geheimnis des «Wandsbecker Boten», daß er, wie nur wenige Werke der Weltliteratur, dem schlichten und auch dem gebildeten Menschen zugänglich ist, weil er Einfalt und Tiefsinn vereinigt. Die seltene Verbindung von Schlichtheit und Hintergründigkeit machten ihn unvergänglich; deswegen hat er auch der Zeiten Wechsel überdauert, während die Modeliteratur jenes Jahrhunderts längstens begraben ist.

Auf den ersten Blick enthält der «Wandsbecker Bote» viel Spaßhaftes und Schelmisches; «Schnurrpfeifereien» nennt sie Claudius. Er gibt sich gerne als ein gutmütiger Einfaltsmensch, der, unbeholfen und nicht ganz klug, über dem Geschehen in ehrlichem Staunen den Mund zu schließen vergißt. Mit dem Leser will er ein Zwiegespräch führen und erfindet zu diesem Zwecke einen Briefpartner, damit er nicht ins Blaue hinein schreiben muß. Er schildert ihm den Tod eines Hundes und weiß nicht minder die Kartoffel als gutes Magenpflaster zu verherrlichen. In der Subskription hat er sich jeweils über sein Ziel ausgesprochen und bezeugte bei dieser Gelegenheit ein großartiges Selbstverständnis. Nach seiner Einfalt begehrte er keine «raffinierte, blähige Konditorware» den Leuten zu vermitteln, sondern «ehrlich hausbackenes Brot», das «dem armen Taglöhner besser gedeiht und besser gegen Wind und Wetter vorhält»[40]. Er wünschte auch, daß jeder die Ausführungen an sich gerichtet betrachte, denn das entspreche allein dem Ernst. Claudius meinte, «das meiste ist Einfassung und kleines Spielwerk»[41]. Er sprach von «Scherz und Ernst» oder von «Ernst und Kurzweil»[42], und man denkt dabei unwillkürlich an Shakespeares Narren, tönt es doch so spassig wie bei ihnen und nicht weniger hintergründig. Claudius kam nie im Brustpanzer des Schriftgelehrten daher; das Schalkhafte saß ihm stets im Nacken. Der Bote war der spielende Mensch[43], der lustig sein konnte und voller Lebensfreude war. «Ich kann fröhlich sein und scherzen»[44], pflegte er zu sagen, und wie der Prediger Salomo am Ende seiner Lebensphilosophie gesteht er: «Was kann man auch Besseres tun, als in sich fröhlich und vergnügt sein.»[45]

Der Humor ist keine nebensächliche Angelegenheit, ist er doch tief im christlichen Erdreich verwurzelt. Claudius' Heiterkeit ging aus dem Gefühl von der Endlichkeit alles Geschaffenen hervor und hat ein unbeschwertes Gewissen zur Voraussetzung. Humor und Glaube stehen in einer heimlichen Verwandtschaft zueinander. Sein gläubiges Herz schrieb jubelnd: «Leben Sie wohl und wißt, daß alles Quark ist, außer einem fröhlichen Herzen, das seiner bei aller Gelegenheit mächtig ist.»[46] Der Bote war von einer inneren Fröhlichkeit erfüllt, die sich auch dem Leser mitteilte. Man spürt das Freudige, Gelöste und Kindliche, das wie Sonnenstrahlen über die Blätter des «Wandsbecker Boten» huscht. Humorvolle Heiterkeit war eine seiner Losungen; er war es als Christ und wenn es der Christ nicht ist, wer soll es denn heute noch sein? Nie aber verlor sich Claudius in Blödigkeiten oder büßte er den Geist der Unterscheidung ein. Nach ihm haben «Ernst und Kurzweil jedwedes seine eignen Federn. Meine Weisung ist kurz die: daß Ernst Ernst sei und nicht Kurzweil, und Kurzweil Kurzweil sei und nicht Ernst.»[47] Der Ernst fehlte durchaus nicht. Nach dem Besuch einer Irrenanstalt sprach er die verhaltenen Worte: «Wir nahmen darauf Abschied und gingen weg, nicht ganz gleichgültig.»[48] Allezeit wollte er natürlich bleiben, der Ernst schloß nach ihm die Türe des Kämmerchens hinter sich zu, während «Kurzweil nach außen hantiere und Tür und Fenster öffnet»[49]. Die Verbindung von Ernst und Scherz ist für ihn charakteristisch und hat in ihm jene Zufriedenheit ausgelöst, nach der er so gebaut war, daß er «mit anderthalb Zoll recht glücklich sein kann, und wenn das die Leute nur recht wüßten, so würde 'n groß Teil Ach und Weh weniger in der Welt sein»[50].

Der scherzende Ernst und der ernste Scherz des «Wandsbecker Boten» vermochte nur ein Dichter zum Ausdruck zu bringen. Claudius war einer, mögen die Ästheten darüber zweifelnd mit den Achseln zucken, das besagt nichts. Schon Gervinus meinte in seiner Literaturgeschichte, es gebe bei Claudius nur «hausbackene Kost», die des poetischen Goldes entbehre – aber, wer stellt heute noch auf Gervinus ab? Claudius zählt nicht zu den ganz großen Dichtern der Weltliteratur, eine solche Bewertung hätte er selbst abgelehnt. Aber es wurde ihm ein Lied auf die Lippen gelegt und er hat einige Gedichte geschrieben, die schön sind und zum Besten gehören, was es auf lyrischem Gebiet gibt. Statt vieler sei nur das eine Gedicht erwähnt:

> «Der Mensch lebt und bestehet
> Nur eine kleine Zeit;
> Und alle Welt vergehet
> Mit ihrer Herrlichkeit.
> Es ist nur Einer ewig und an allen Enden,
> Und wir in seinen Händen.»[51]

Claudius' Lyrik ist von Glaubenskraft, von Schöpfungswonne, von Schönheit und Traurigkeit durchströmt und gleitet nie ins Lehrhafte ab. In ihr ist die zweite Naivität erreicht, die frei ist von leeren Sätzen. Seine Dichtung ist Lobpreisung und Danksagung; man spürt die betende Haltung und die Ehrfurcht vor dem Geschenk des Lebens. Sie ist so menschlich empfunden, daß sie gar keiner Interpretationskünste bedarf, wie sie die modernen Gedichte erfordern, die trotz aller Deutungen nicht viel verständlicher werden. Claudius' Gedichte sprechen für sich selber, sie sind auf keine Erklärungen angewiesen und erweisen sich gerade darin als echte Poesie. Gefühlswärme, Innerlichkeit und Sprachkunst sind in ihr vereinigt. Auch in seiner Prosa spürt man den Dichter. Wer sie liest, ist versucht zu sagen: «Ach was, das kann ich auch.» Er probiere es nur, und sogleich wird er feststellen, wie ungekonnt sich jede Seite neben Claudius' Schrifttum ausnimmt. Dabei bildete sich Claudius gar nichts auf sein Dichtertum ein, wandelte nicht mit aufgeblähter Brust umher und schaute auch nicht geringschätzig auf die Leute herab. Er war dankbar für die ihm verliehene Gabe und betrachtete sie durchaus als ein Geschenk Gottes. Claudius zählt zu den überzeugten christlichen Dichtern, und wenn es auch größere gab, als er einer war, hätte er dazu nur bemerkt, es komme nicht auf die Größe oder Kleinheit an, sondern nur darauf, daß der christliche Gesang zum Lobe Gottes ertöne. Seine Dichtung ist nie bloß schöne Form ohne Inhalt, und noch viel weniger hat sie etwas mit Effekthascherei zu tun.

Bei ihm ist alles echt und kernhaft, schlicht ist seine Poesie, auf die er sich nichts einbildete. Das Einfachste ist das Größte, dachte er, und das Göttliche auf die schlichteste Form zu bringen, war das Ziel seiner Dichtung, die vielen Menschen zur wahren Seelennahrung geworden war.
Der Bote sang sein Lied, doch dieses Lied war für Claudius keine bloß formale Sache. Echte Dichtung ist immer von einem Inhalt erfüllt. Das Bestreben, dichterisch eine Aussage zu machen, steigerte sich beim «Wandsbecker Boten» bis zur Verkündigung. Ihm war eine Botschaft aufgetragen, die viel zu reichhaltig und zu hintergründig war, als daß sie mit einem Wort umschrieben werden könnte. Bei aller Schlichtheit enthält seine Botschaft einen verborgenen Reichtum, und es ist an uns, das geistige Erbe des «Wandsbecker Boten» nach verschiedenen Seiten zu entfalten. Am zutreffendsten wird seine Botschaft als ein klarer Nachhall der frohen Botschaft bezeichnet, die an Weihnachten allem Volk verkündet wurde.

Freund Hain mit der Hippe

Wer den «Wandsbecker Boten» aufschlägt, sieht zuerst zu seiner Überraschung als Titelbild den Kupferdruck eines Totengerippes. Claudius erteilte dem Künstler genaue Anweisungen für dieses Bild, da ihm die Ausführung überaus wichtig war. Er nannte den Knochenmann «Freund Hain», dedizierte ihm unerwarteterweise das ganze Buch und erklärte ihn zum «Schutzheiligen und Hausgotte»[52]. Diese ungewöhnliche Tat fiel aus dem Rahmen der Zeit heraus. Der Tod, ein Thema, das die meisten Menschen meiden und als nicht gesellschaftsfähig betrachten, weil es die gemütliche Laune stört, gerade diesen Tod stellte Claudius an den Anfang seiner Botschaft. Er nannte ihn Freund und nicht Feind, obschon Claudius diese Formulierung sicher aus dem Neuen Testament kannte[53]. Er sah in ihm nicht nur den Zerstörer menschlichen Glückes, sondern auch eine dem Menschen wohlgesinnte Gestalt. Der Bote begründete seine Überlegung, die mit einem geistreichen Einfall nichts zu tun hat, ausführlich in seiner Widmung: «'S soll Leute geben, heißen starke Geister, die sich in ihrem Leben den Hain nichts anfechten lassen, und hinter seinem Rücken wohl gar über ihn und seine dünnen Beine spotten. Bin nicht starker Geist; 's läuft mir, die Wahrheit zu sagen, jedesmal kalt über'n Rücken, wenn ich sie ansehe. Und doch will ich glauben, daß Sie 'n guter Mann sind, wenn man sie genug kennt; und doch ist's mir, als hätt' ich eine Art Heimweh und Mut zu Dir, Du alter Ruprecht Pförtner! daß Du auch einmal kommen wirst, meinen Schmachtriemen aufzulösen und mich auf beßre Zeiten sicher an Ort und Stelle zur Ruhe hinzulegen.»[54] Man spürt den ganzen Ernst, den er dem Todesproblem entgegenbringt, und trotzdem bleibt das letzte Wort nicht nur Wehmut. Claudius zählt zu den Autoren, die das Todesproblem in der Literatur lebendig erhalten, aber er tat es nicht wie Simone de Beauvoir in ihrer Schrift «Ein sanfter Tod», worin sie gegen die verlogene Einstellung gegenüber Sterbenden protestiert und dabei selbst diese Verlogenheit von Anfang bis zum Ende mitmacht, was ihre Worte entwertet.

Claudius ist nicht zufällig auf den Gedanken von Freund Hain gekommen, denn schon früh trat der Tod in das Leben des Boten. Als Kind verlor er zwei Geschwister und spürte den Schatten, der über sein elterliches Haus glitt, wenn er auch noch zu klein war, um das Geschehen richtig zu erfassen. Während der Studentenzeit starb in Jena sein Bruder Josias an den Blattern; Claudius hielt ihm die Grabrede, die damals freilich mehr deklamiert als empfunden war. Mit dem oberflächlichen Ton der Bestattungsrede versuchte sich der junge Claudius über den Tod des Bruders hinwegzutäuschen, während er in Wirklichkeit viel stärker von ihm betroffen wurde, als es seine glatten Worte vermuten lassen. Eine tiefere Empfindung für den Tod setzte bei ihm ein, ein Verstehen, das mit seiner Christlichkeit zusammenhing und ihn auch vor aller unangebrachten Todesseligkeit bewahrte.

Der Bote philosophierte nicht abstrakt über den Tod, was vor und nach ihm oft geschehen ist. Claudius ging vom konkreten Anblick eines Toten aus: «Die Leut' fürchten sich so vor einem Toten, weiß nicht, warum. Es ist ein rührender heiliger schöner Anblick, einer Leiche ins Gesicht zu sehen; aber sie muß ohne Flitterstaat sein. Die stille blasse Todesgestalt ist ihr Schmuck, und die Spuren der Verwesung ihr Halsgeschmeide, und das erste Hahnengeschrei zur Auferstehung.»[55] Claudius gehörte nicht zu den vielen Menschen, die vor einem Sarg die Augen schließen, damit sie das Erschütternde nicht sehen. Der Bote blickte den Toten genau an und empfand deshalb auch die Majestät des Todes, die jeder nicht ganz roh veranlagte Mensch spürt. Das Unwiderrufliche trat Claudius entegegen, und er fühlte auch den Schmerz dabei, den er ausdrücklich «meinen Schmerz» nannte. Claudius ist vom Anblick eines im Sarge liegenden Menschen ausgegangen, ein Erleben, das er in die Worte kleidete: «Der Tod ist 'n eigener Mann. Er streift den Dingen dieser Welt ihre Regenbogenhaut ab und schließt das Auge zu Tränen und das Herz zur Nüchternheit auf! Man kann sich von ihm freilich auch verblüffen lassen und des Dinges zu viel tun, und gewöhnlich ist das der Fall, wenn man bis dahin zu wenig getan hat. Aber er ist 'n eigener Mann und ein guter professor moralium! Und es ist ein großer Gewinn, alles, was man tut, wie vor seinem Katheder und unter seinen Augen zu tun.»[56]

Immer wieder kommt er auf Freund Hain zu sprechen, er tut es auch in gebundener Rede, wohl am ergreifendsten im Gedicht «Der Tod und das Mädchen», das Schubert ebenso ergreifend vertont hat.

«DAS MÄDCHEN
Vorüber! Ach, vorüber!
Geh wilder Knochenmann!
Ich bin noch jung, geh Lieber!
Und rühre mich nicht an.

DER TOD
Gib deine Hand, Du schön und zart Gebild!
Bin Freund, und komme nicht, zu strafen.
Sei gutes Muts! ich bin nicht wild,
Sollst sanft in meinen Armen schlafen!»[57]

Das Gedicht gehört zu Claudius' stärksten Aussagen. Jede Analyse verbietet sich von selbst. Die Gegenüberstellung vom unerbittlichen Knochenmann und dem blühenden, sich angstvoll gegen ihn wehrenden Mädchen ist mehr als eine bloße Kontrastwirkung; Leben und Tod sind nahe verschwistert, und das eine läßt sich nicht ohne das andere denken. Auch da versichert der Tod, «bin Freund» und «sollst sanft in meinen Armen schlafen». In diesem dramatischen Gedicht leuchtet eine Wirklichkeit auf, wie sie nur selten ein Mensch gedrängter zu erleben vermag.

Das Grab hatte für Claudius eine tiefe Bedeutung, aber er steigerte sich weder in einen Todesrausch noch in einen Grabeskult hinein. «Man soll auf einem Grab nicht schlafen», lautet ein Sprichwort, über das der Bote reflektierte und meinte, «die Verwesung ist und bleibt immer eine sehr nachdenkliche und ernsthafte Sache.» Gewiß geht kein Engel gleichgültig an einem Grabhügel vorbei. Claudius schrieb einmal in einem Briefe: «Der Gedanke ans Begraben einer geliebten Frau ist mir seit langer Zeit süßer gewesen als der an die erste Nacht.»[58]

Claudius ist nicht nur in seiner Jugend, sondern auch später öfters an Gräbern gestanden. Wie nahe ging ihm der Tod seines Vaters! Über das Sterben seines erstgeborenen Bübchens schrieb er: «Er hat nur einmal in ihren Armen zum Mond bitterlich aufgeweint, dann ging er wieder heim.»[59] Als Claudius in Darmstadt mit einer Brustfellentzündung im Bette lag und tagelang mit dem Tode rang, hatte er Freund Hain in die Augen geblickt und versucht, das Erleben in sein Dasein einzubauen. Über den Tod seiner Tochter Christine verfaßte er ein Gedicht von auswegsloser Trauer. Sie war ihm ein Stern am Himmel, den er nun nicht mehr sah, weil er erloschen war. Unsentimentaler kann man die unabänderliche Totenklage nicht mehr erleben:

> «Ach, es ist so dunkel in des Todes Kammer,
> Tönt so traurig, wenn er sich bewegt
> Und nun aufhebt seinen schweren Hammer
> Und die Stunde schlägt.»[60]

Die Hippe ist zum Greifen fühlbar, man hört den schweren Hammer dröhnen und die Stunde schlagen. Das geht durch Mark und Bein. Claudius, der mehr als eines seiner reizenden Kinderchen selbst hat in den Sarg legen müssen, ist es hart angekommen, und er hat sich dem Leide gebeugt. Über das Hinscheiden seines Sohnes schrieb er: «Ich dachte lange schon, mein Glaube sei fest und stark; in der Stunde aber, in der ich meinen Matthias in den Sarg legte, da wollte Ergebung und Demut fast nicht halten; der Glaube ward hart geprüft; da erst lernte ich verstehen, was es mit dem Menschenleben auf Erden auf sich hat. Was vorher ging, war nur Kinderspiel.»[61] Auch Frau Rebekka begann innerlich zu hadern, beide haben die Trennung vom geliebten Kinde nicht nur lyrisch empfunden; es hat sie gewürgt und auf die Knie gezwungen.

Resignation war nicht Claudius' Haltung. Er stand dem Tod nicht fassungslos gegenüber. Betrübt wie er war, hatte er ein starkes Bedürfnis, den Menschen zu trösten und gestand trotzdem Andres, er könne es nicht. Er wußte keinen andern Rat, als sich an eine Wand zu lehnen oder sich in eine Ecke zu flüchten, um sich dort auszuweinen. Das Todesproblem ist gedanklich nicht zu bewältigen, es ist nur existentiell zu bestehen. Hernach aber raffte er sich wieder auf: «In Sachen, wo es Ernst gilt, gibt es keinen andern Trost als in der Religion, deren Wert und Kraft man vorher schon kennt oder bei solcher Gelegenheit kennenlernt.»[62] In schweren Momenten helfen den Menschen Literatur, Kunst und Musik nicht viel, der Glaube allein hebt sie in solchen Stunden empor. «Es ist hier in der Welt von Anfang bis zu Ende im Grunde nichts als Jammer und Krüppelei. Zwar auf der Oberfläche spielen bunte Farben und verhehlen es uns und verführen uns, daß wir nur spät hinter die Wahrheit kommen. Und was uns dazu behülflich ist, das ist kein Unglück für uns.»[63] Claudius tröstete die trauernden Menschen in ihren Gedanken an die Verstorbenen damit: «Sie kommen nicht wieder zu uns, aber wir kommen zu ihnen»[64], eine Zuversicht, die er als heilsamen Trost empfand. Wer an einem offenen Grabe steht, bedarf des Trostes, und wer ihn zu spenden weiß und einen zerschlagenen Menschen aufzurichten weiß, dem ist Gott nahe.

Claudius vermochte nur deswegen einen Leichnam so still anzuschauen und Freund Hain zum Schutzheiligen zu wählen, weil er fest davon überzeugt war, daß der Mensch nach dem Tode weiterlebt. Ohne diese glaubensstarke Gewißheit wäre er hiezu nicht fähig gewesen. Immer wieder betont er nachdrücklich, der Mensch sei unsterblich, eine Überzeugung, die bei ihm eine große Rolle spielt. Er lehnt nicht den Unsterblichkeitsglauben wegen seiner griechischen Herkunft zugunsten des christlichen Auferstehungsglaubens ab, da diese theologische Unterscheidung beim einfachen Volk nur Verwirrung schafft. Eine modische Lehre vom Seelentod läßt sich an einem Grab nicht vertreten – dies wäre ruchlos gegenüber den Leidtragenden und würde auch nicht milder, wenn sie ein kirchlicher Amtsträger ausspricht. Mit derart makabren Theorien untergräbt man noch den letzten Glaubensrest, der im Volk vorhanden ist. Wenn die schlichte Frau aus dem Volke von der Unsterblichkeit der Seele spricht, so meint sie nichts anderes, als was Paulus von der Auferstehung sagt: «Es wird gesäet verweslich und wird auferstehen unverweslich.» Hauptsache ist, daß der Mensch ein Ewigkeitsbewußtsein in sich hat und sich dieses durch nichts rauben läßt, eine Wahrheit, die allein ihm in den schweren Stunden seines Lebens einen Halt gibt.

Die Bedeutung von Claudius' Mahnung, Freund Hain nicht zu vergessen, ermißt man nur, wenn man sie aus seiner Zeit versteht. Die Zeit des Rokoko war unfähig, den Tod wirklich zu erleben, und glitt daher über ihn hinweg. Sie gefiel sich in unverantwortlichen «Neckereien mit dem Tod», was ein leichtfertiges Spiel war und zeigt, wie der aufgeklärte Mensch an der menschlichen Existenz vorbeizuleben begann, sie nicht ernst nahm und sie deswegen auch verfehlte[65]. Es gab damals Prediger, die den Tod lediglich als rhetorischen Kunstgriff benützten, um damit einen Effekt zu erhaschen[66]. In Goethes Gegenwart durfte man überhaupt nicht vom Tode reden, es störte sein ästhetisches Lebensgefühl. Die Aufklärung bemühte sich, am Tode vorbeizusehen, da er mit ihrer optimistischen Weltanschauung nicht übereinstimmte. Damals begann der Mensch dem Tode auszuweichen, wollte möglichst wenig an ihn erinnert werden; dabei verlor er die Ehrfurcht vor der Majestät des Todes. Die letzten Gründe seines Daseins entschwanden ihm. Das Empfinden jener Zeit verrät eine erschreckende Todesferne, und es bleibt ein unvergeßliches Verdienst von Claudius, mitten in dieser oberflächlichen Strömung unbeirrt an das ernste Todesschicksal des Menschen erinnert zu haben. Er stellte seiner leichtlebigen Zeit Freund Hain mit der Hippe vor Augen, der niedermäht, woran man gar nicht denkt. Mit keinem Wort verklärte er ihn poetisch, sondern betonte mit allem Nachdruck, daß der Tod nicht ablösbar ist von der menschlichen Existenz und daß der Mensch ihn weder überspielen noch ihm entfliehen kann. Claudius erinnerte in seinen schriftstellerischen Arbeiten immer wieder an den Tod und riet, wie ihm zu begegnen sei. Zugleich aber hat er seine Botschaft mit der eigenen Einstellung erhärtet.

Zeitlebens blieb Claudius eingedenk, daß einmal die Zeit kommen werde, wo man auch ihn in Leinen wickeln und in einen Sarg legen werde. Eines Tages trat Freund Hain an Claudius' Krankenlager. Ehrlich gestand er: «Mein ganzes Leben hindurch habe ich an diesen Stunden studiert, nun sind sie da, aber noch begreife ich so wenig als in den gesundesten Tagen, auf welchem Wege es zum Ende gehen wird.»[67] Er sagte zu seinen Angehörigen, daß das Sterben nicht leicht sei. Das Todesproblem läßt sich gedanklich nicht bewältigen; der Mann mit der Hippe ist stärker als unsere Gedanken, und Ergebung ist das einzige, das uns bleibt. Nach den Aussagen seiner Tochter, erwartete Claudius immer noch einen «hellen Blick ins Übersinnliche», der ihm angeblich nicht geschenkt wurde. «Claudius starb nicht reicher, nicht begnadeter als andere Menschen», schreibt Isabella Rüttenauer, eine Feststellung, die jedoch nicht zutrifft[68]. Man übt sich nicht umsonst sein ganzes Leben lang, dem Tode ins Auge zu schauen. Diese innere Arbeit bringt zur gegebenen Zeit ihre Früchte, und es geschah auch bei ihm etwas völlig Unerwartetes. Claudius wurde auf seinem Krankenlager zuletzt ein Zeichen gegeben, das wenig beachtet, sonst nur Heiligen geschenkt wird. Nach dem Bericht seiner Enkelin «kam der einundzwanzigste Januar heran, an dem Morgen des Tages früh sagte der Kranke zu Großmama: er würde an dem Tag sterben und zwar zwischen zwei und drei Uhr»[69]. Sein bestimmtes Wissen um die genaue Todesstunde ging in Erfüllung. Er starb um die angegebene Zeit bei vollem Bewußtsein mit den letzten Worten: «Helft mir Gottes Güte preisen.»[70] Claudius' Sterben mit seinem Glauben an die Auferstehung zeigt, wie der Tod allein ertragbar wird: Im Eingehen in die Ewigkeit.

O Engel Gottes wehre

Wegen der über Hamburg hereinbrechenden Kriegswirren mußte Claudius noch im Alter aus Wandsbeck in die Emigration gehen. In aller Eile packte er die nötigsten Dinge zusammen, floh mit seiner Rebekka und fand in Lübeck einen Unterschlupf. «Wir haben ein kleines Stübchen, darin ein Bett und ein Canapee stehen, dann aber auch so wenig Raum übrig ist, daß ein Mensch sich kaum umwenden kann. Wir kochen selbst Grütze und Kartoffel, nur ist die Feuerung überteuer», schrieb seine Gattin[71]. Die Vorstellung von Claudius als einem heimatlosen Emigranten ist wenigen Menschen vertraut, und doch hatte er die schwere Bitternis, die ein Flüchtlingsleben in sich schließt, am eigenen Leib erfahren. Man muß sich dieses bedrückende Schicksal vergegenwärtigen, ansonst man meinen könnte, er habe es nur mit den goldenen Sternlein am Himmel zu tun gehabt. Daß es in diesem Leben nie eine Sicherheit gibt, daß immer alles in jedem Augenblick in Frage gestellt werden kann, das wußte der Bote nur zu gut. Er schrieb nicht über ihm unbekannte Vorgänge, wenn er sich gegen den Krieg wandte, da er ihn am eigenen Leibe erfahren hatte. Dem Problem lagen sachliche, nicht nur persönliche Überlegungen zugrunde.

Claudius beschäftigte sich eingehend mit der Geschichte. Dem Boten lag nichts daran, eine geistreiche Geschichtsphilosophie zu entwickeln, sondern ihm erschien der Gang der Geschichte «wie fast alles in der Welt, ein verschlossenes Rätsel, das zu seiner Zeit auch wohl wird aufgeschlossen werden. Die Menschenkinder konnten aber bis so lange nicht Geduld haben; sie drückten am Schloß und kehrten am Schloß und guckten ins Schlüsselloch hinein und gaben denn ihr Videtur unmaßgeblich ab, als ob sie etwas Rechtes gesehen hätten.»[72] Dieses Verhalten entsprach nicht der Bescheidenheit von Claudius, und doch ist seine Einstellung höher zu bewerten, als Hegels Geschichtsphilosophie, die mit der Weltgeschichte Theater spielte. Die Geschichte, nicht weniger als die Natur, stellt den Menschen vor Probleme, die er mit allem Scharfsinn nicht zu bewältigen vermag. Die Fragen sind größer als er. Nach Claudius «ist vielleicht auch gar der Plan Gottes nicht der Länge, sondern der Quere nach zu suchen»[73]. Aus diesem Hinweis ergibt sich eine neue Sicht, die im Gegensatz zu den offiziellen Geschichtsbüchern steht.

Zu den bedrückendsten Rätseln der Geschichte gehört der Krieg. Claudius erlebte ihn mehrfach. Als Friedrich der Große im Jahre 1778 erneut Krieg gegen Österreich führte, dichtete der Bote einige Verse, die sich wie ein geistesmächtiges Manifest lesen. Er schändete die Poesie nicht durch eine Verherrlichung des Krieges, vielmehr wußte er genau, was der Krieg für Schrecknisse in sich schloß. Er dachte dabei an die Tausende von Vätern, Söhnen und Brüdern, die, sich halbtot im Staube wälzend, den Urhebern des Krieges fluchten. Seinem Munde entrang sich der Aufschrei:

«'S ist Krieg! 's ist Krieg! O Gottes Engel wehre,
und rede Du darein!
's ist leider Krieg – und ich begehre
Nicht schuld daran zu sein!»[74]

Auch die Menschen, die sonst von Claudius recht wenig wissen, kennen dieses berühmte Gedicht. Er hat den Krieg metaphysisch aufgefaßt, deshalb liegt es nicht in der Menschen Macht, ihn zu verhindern, eine Tatsache, die der gewöhnliche Pazifismus nicht begreift und deswegen auch nicht zum Ziel kommt. Der Bote flehte zum Engel Gottes, daß er wehre und «rede Du dazwischen». Die himmlischen Mächte allein können ihn beenden. Die Geister der Erschlagenen geistern durch die Verse, und Claudius schließt mit dem Refrain: «Ich begehre nicht schuld daran zu sein.» Ein Mensch war schuld daran, damals war es Friedrich der Große, in dem kein christliches Gewissen schlug und der aufgrund von kalten, politisch-militärischen Berechnungen handelte. Damals war er der Schuldige, und heute sind es andere Staatsmänner, die nicht weniger gewissenlos handeln.
Als die Kaiserin Maria Theresia starb, beugte er sich vor der großen Frau und schrieb: «Sie machte Frieden! Das ist mein Gedicht.»[75] Wie ein biblischer Schriftsteller sagte er mit wenigen Worten viel; dies war das höchste Lob. Was schließt doch das Wort «sie machte Frieden» an Erleichterung, Freude und Danksagung in sich! Ein Welteroberer kann einen Gewaltserlaß diktieren, aber er vermag keinen Frieden zu schließen, bei dem die Menschen aufatmen, dies dagegen vermochte eine mütterlich empfindende Frau.
Claudius faselte nie von Heldentum, dieser Ideologie, die so viele Menschen über das Kriegsunglück hinwegtäuschen soll. Unmißverständlich sagte er: «Heldenruhm und Ehr ist Wahn! Schrei' sich der Schmeichler heiser» und «Menschenblut schreit zu Gott, und ein Eroberer hat keine Ruhe»[76]. Bei aller tiefverwurzelten Heimatliebe war Claudius ein Gegner des Krieges, und zwar gerade wegen seiner Verbundenheit mit der heimatlichen Erde. Krieg ist Unglück, Krieg ist Heimsuchung, Krieg ist

Strafe, und die Menschen haben ihn verschuldet. Noch im Alter schrieb er: «Wir haben keine Freude am Blutvergießen, und die Kriegs- und Siegeslorbeeren sind eitel für uns und reizen uns nicht mehr.»[77] Dabei wußte Claudius, daß es ein Verteidigungsrecht gibt, und verneinte es nicht. Trotz der Anerkennung der Notwehr gegen Gewalt und Unrecht schrieb er nach Beendigung der Napoleonischen Wirren: «Der Krieg ist eine schreckliche Sache, wenn er auch so endigt wie dieser. Dein Reich komme!»[78] Dies war das letzte Wort des greisen Claudius über dieses Thema; als Christ kann und darf man nicht anders urteilen. Der Bote war auch hierin unbestechlich und dies zu einem Zeitpunkt, da es nicht wie heutzutage Mode war, seine pseudo-antimilitaristische Gesinnung zu zeigen.

Claudius entlarvte den Krieg und durchschaute ihn, riß ihm die falsche Maske vom Gesicht, wozu so viele Kluge und Weise nicht fähig sind. Er weckte damit die Stimme des christlichen Gewissens, das sich nie am Krieg berauscht, mögen noch so viele glorreiche Siegesmeldungen eintreffen. Die Einstellung zum Krieg ist geradezu ein Gradmesser für die Christlichkeit eines Menschen. Der Christ ist ein Freund des Friedens, er ist es prinzipiell und grundsätzlich, er ist es schon, weil die Engel an Weihnachten ihr «Friede auf Erden» gesungen haben. Diese Einsicht war in der Christenheit nie selbstverständlich; sie wurde immer wieder durch ein falsches Kriegspathos oder durch die Auffassung von der Unvermeidlichkeit des Krieges überdeckt. Claudius hat unbeirrt die christliche Einstellung eingenommen, die für den «Wandsbecker Boten» wesentlich war und die es verdient, dem Christen aller Jahrhunderte immer wieder ins Gedächtnis gerufen zu werden. Nur zu leicht werden sie vom Taumel der Geschehnisse verführt, den Krieg nicht mehr als das zu sehen, was er in Wirklichkeit ist: ein Werk des Bösen.

Denkwürdig bleibt, daß nicht einer der Klassikerfürsten, sondern der Unmündige aus Wandsbeck den Menschen sagen mußte, daß es auf den Frieden und nicht auf den Krieg ankommt. Claudius hat dies laut und unmißverständlich verkündet, weil die Weisen in ihrer Klugheit hiezu offenbar nicht fähig waren. Er wußte, daß die Kleinen unter der Furie des Krieges am meisten leiden, während sich die Großen gewöhnlich rechtzeitig in Sicherheit zu bringen wissen. Er ist und bleibt ein Bote des Friedens; nach Stolbergs Urteil ging er «wie ein Engel des Friedens durch das Leben»[79]. Diesen Ehrentitel wird ihm niemand streitig machen.

Claudius hatte nochmals Gelegenheit, seine christliche Haltung in politischer Beziehung unter Beweis zu stellen, und zwar beim Ausbruch der Französischen Revolution. Schlagworte wie: Gleichheit, Freiheit und Brüderlichkeit, schwirrten durch die Luft und umnebelten nicht nur die Menschen in Frankreich, sondern auch noch die Deutschen. Freiheitsbäume wurden errichtet, und die Leute tanzten voller Begeisterung um sie herum. Menschen, die sich unterdrückt fühlten, beteiligten sich daran, und selbst viele Gebildete begrüßten die Französische Revolution.

Claudius stand dabei abseits, er war nicht für die Unterdrükkung, hatte er doch schon damals seine Stimme für die schwarzen Sklaven erhoben, zu einer Zeit, da beinahe die ganze Welt die Versklavung der Neger in Ordnung fand: «Du im Himmel, hilf mir armen schwarzen Mann.»[80] Der Bote sah die Französische Revolution in einem andern Licht. Man behauptete oft, ihm fehle das Verständnis für die Notwendigkeit der Revolution und für das Neue und Große, das sich darin zum Durchbruch melde. Er habe nur das Gemeine und nicht die mächtigen Ideen wahrgenommen. Man mag diesen Vorwurf gegen Claudius anbringen, und doch geht der Einwand am Problem vorbei, indem Claudius den weltbeglückenden Ideen mißtraute. Sie bedeuteten ihm eine bloße Ideologie; von abstrakten Konstruktionen erwartete er nichts, mochten sie mit noch so schönen Worten umschrieben sein. Claudius beschäftigte sich eingehend mit der Proklamierung der Menschenrechte, stellte aber fest, daß sie Schlagworte enthielten, die alles und nichts sagten. Das neue System war nicht nach seinem Sinn, und dabei gab er bereitwillig zu, «daß manches in der Welt anders sein könnte

und sein sollte, und daß eine Besserung nicht unnötig wäre»[81]. Man verstand damals seine ablehnende Haltung nicht; etliche seiner Freundschaften gingen dabei in Brüche. Erst als die Französische Revolution in die Schreckensherrschaft überging, das Fallbeil Tag und Nacht auch unschuldige Menschen traf und den Pariser Pöbel ein wahrer Blutrausch ergriff, ernüchterte sich Deutschland, und schließlich hallte ein Schrei des Entsetzens über die «Westhunnen» Europas. Nicht länger belächelte man den als hinterwäldlerisch verspotteten Claudius. Er hatte mit seinen Befürchtungen recht bekommen, die sich für unsere Generation in der Russischen Revolution wiederholt haben. Revolutionen brechen im geschichtlichen Prozeß immer wieder aus, wie in der Natur die Hagelwetter, die Erdbeben und andere Katastrophen. Vielleicht trug Claudius dieser historischen Einsicht zuwenig Rechnung. Trotzdem muß man ihm zustimmen und seine Abneigung gegen die Revolution teilen, weil durch sie zuviel Blut vergossen wird. Sie ändert äußere Zustände in der Gesellschaft, aber sie erreicht nicht jenes Ziel, das man von ihr erwartet. Gewöhnlich besteht das Resultat in einer Umkehrung der Verhältnisse, aber die Angst, die Unterdrückung, die Gewalttat geht nur in anderer Form weiter. Dies haben weder Klopstock noch Schiller erkannt – ein Unmündiger mußte es aussprechen: Keine Revolution löst die Probleme, sie schafft nur neue Schwierigkeiten.
Claudius war keineswegs ein Reaktionär, der nichts geändert haben wollte. Er war sich über die Notwendigkeit der Verbesserung der Verhältnisse durchaus klar, aber nach ihm ist es mit der Veränderung der äußeren Dinge nicht getan, da sie keinen Bestand haben, wenn nicht auch der Mensch sich ändert. «Der Mensch muß gebessert werden, und würde ich raten, nicht von außen hinein.»[82] Ist die Forderung nach der inneren Umwandlung des Menschen falsch? Ist sie überholt? Ist sie nicht einfach richtig? Die Verspottung dieser Ansicht ist sicher keine Widerlegung. Claudius empfand es als absolut unnatürlich, wenn alle Menschen alle regieren wollen, betonte er doch: «Jeder einzelne Mensch hat alle Hände voll zu tun, mit sich allein einig zu

werden.»[83] Der äußeren Freiheit setzte er die innere Freiheit gegenüber. Die moderne Zeit ist in einen rein äußerlichen Freiheitsrausch hineingeraten, der die Menschen der Politik, der Mode und der öffentlichen Meinung ausgeliefert hat. Er überwindet die neue Sklaverei nur, wenn er die innere Freiheit erlangt. Claudius hat ihm eine Anleitung hiefür gegeben, weshalb er mit Recht sagen durfte: «Ich streite nicht wider, sondern für das Volk.»[84] Dies haben zuletzt auch so kluge Männer wie Johannes von Müller schließlich auch erkannt und nach dem Zusammenbruch von 1806 bei Claudius Halt gesucht: «In diesen trüben Tagen pflege ich in freien Augenblicken Lehre, Trost, Heiterkeit nie vergeblich zu suchen bei dem Weisen von Wandsbeck. Es ist eine erstaunliche Fülle wahren Genius in ihm: bei jeder Gelegenheit predige ich seinen ehrwürdigen Namen.»[85]

Sie spinnen Luftgespinste

«Der Mond ist aufgegangen» gehört zu den bekanntesten Gedichten von Claudius. Er hatte ein intensives Verhältnis zum Mond, und nach Stolberg «auch immer Mondschein im Herzen»[86]. Das Abendlied ist sein schönstes lyrisches Gedicht, es ist ein wahres Gebet, in dem die Empfindung mit der Natur eins geworden ist. Es ist mehr als eine Abschrift einer Abendstimmung. «Dieses vollkommene Gedicht, dieses große Kunstwerk spottet der Kunst, und seine Weisheit ist höher als alle Philosophie.»[87] Dieses wundersam innige Gedicht, in dem die Lyrik greifbare Gestalt angenommen hat, enthält auch eine oft übersehene Anklage, die um so schwerer wiegt, als er sie ganz ruhig vorbringt. Claudius spricht von Dingen, die die Menschen verlachen und verspotten, weil sie sie nicht verstehen. «Sie spinnen Luftgespinste», klagt er, «und suchen viele Künste und kommen weiter von dem Ziel.» Seine Anklage war nicht grob, aber sie ist vernehmbar und verdient volle Beachtung. Das Gedicht bringt ein wesentliches Anliegen von Claudius zum Ausdruck, wenn es auch versöhnlich endigt: «Und unseren kranken Nachbar auch», wobei im übertragenen Sinn auch der angeschlagene Mensch verstanden werden darf.

Claudius verfolgte aufmerksam alle Zeitströmungen, stand mittendrin, und doch ließ er sich von ihnen nicht fortschwemmen. Unabhängig bis zuletzt, verfolgte er alle Erscheinungen des Tages: «Freilich das Ende und Resultat der jetzigen physischen und moralischen Gärung dürfte ich wohl nicht erleben, und es wird interessant und wichtig sein, sie zu erleben und Gott hinten nach zu sehn.»[88] Doch nahm er keine undifferenzierte Einstellung zu den Geschehnissen ein, seine Haltung war in geistiger Hinsicht eher gegensatzreich, indem er der Christ zwischen den Fronten war.

Die Orthodoxie, die während Claudius' Jugend noch vorherrschend war, entsprach nicht seiner Lebensempfindung. Der «Geist der Religion wohnt nicht in den Schalen der Dogmatik», schrieb er und fügte hinzu, die steife Orthodoxie komme ihm wie ein übertünchtes Grab des Glaubens vor[89]. Bei Lessings Auseinandersetzung mit Goeze stand er nicht auf der Seite des streitbaren Pastors, der mit inquisitorischer Härte um sich schlug. Das Christentum legt nach Claudius gegenüber dem Menschen Sanftmut und nicht Rechthaberei an den Tag. Die streitsüchtige Orthodoxie hat nur noch die Formeln in den Händen, aus denen das Leben entflohen ist. Selbst jeder Wiederbelebungsversuch führt nicht zum Ziele und bewirkt höchstens eine mechanische Erneuerung, die keine realen Kräfte ausstrahlt. Seinem Sohn Johannes gab er den Rat, «die theologischen Kannegießer zu lassen»[90], auch wenn sie in der Geschichte nicht aussterben. Seit Claudius das Theologiestudium aufgegeben hatte, waren für ihn Theologie und Frömmigkeit zwei verschiedene Dinge.

Das zelotische Gehaben der Orthodoxie rief mit Notwendigkeit die Aufklärung auf den Plan, die sich von den religiösen Bindungen befreite. Aufklärung war die neue Losung, die die Geister entflammte, und Claudius übersah keineswegs deren Berechtigung. Er hat ihre edlen Vertreter aufrichtig geschätzt, wie dies aus seiner Beziehung zu Lessing hervorgeht. Er nahm ihm seine Veröffentlichung der deistischen «Wolfenbütteler Fragmente» nicht übel, wenn er auch deren Brüchigkeit durchschaute: «Solche Fragmente können zwar die Religion nicht umstoßen, sie können aber bisweilen einen Menschen umstoßen, und auf solchen Fall läßt man sie lieber ungelesen.»[91] Nach Lessings Tod schrieb er im «Wandsbecker Boten»: «Ich will nicht sagen, daß er mein Freund gewesen sei; aber ich war der seinige», und bemerkte dazu: «Ob ich gleich sein Credo nicht annehmen kann; so halte ich doch seinen Kopf hoch.»[92] Das ist vornehm gedacht, wenn auch Claudius über Lessing nicht anders sprechen konnte als «für und wider ihn zugleich»[93], eine Haltung, die dem christlichen Standpunkt entsprach.

Das stolze Bewußtsein der Aufklärung, nach dem der «helle, lichte Tag» angebrochen sei, teilte Claudius nicht, zumal er wußte, «hell und gut ist zweierlei» und die «Wurzel vor der Frucht sein muß»[94]. Er durchschaute scharf das Geschrei «Aufklärung, Aufklärung, der Mensch muß aufgeklärt werden»[95] und fand, aus diesem könne nichts Rechtes hervorgehen, sprach von dem «bißchen Galanterieware» und erkannte, daß die Aufklärung zuletzt Zersetzung und Auflösung des religiösen Gefühles bewirke. Man darf sich nicht durch die Worte Gott, Tugend und Unsterblichkeit täuschen lassen, denn sie sind Übermalungen, wie heute die Begriffe Entmythologisierung, Mitbestimmungsrecht, Information Übermalungen sind, mit denen die Menschen nur immer noch weiter vom Ziele kommen. «Überhaupt ist nicht zu begreifen, wozu man sich mit den Freigeistern und Zweiflern so weitläufig in Demonstrations abgibt und von ihrer Freigeisterei und Zweifelssucht so viel Aufhebens macht.»[96] Die Aufklärung erzeugt nicht den festen, unbeweglichen Punkt und ist auch niemals fähig, den Leidenschaften der Menschen die nötigen Zügel anzulegen. Ähnlich wie Hamann, der an der gleichen Front kämpfte, war auch Claudius den Parolen der Aufklärung gegenüber kritisch[97]. Die beiden Männer kannten und schätzten sich und standen miteinander in Briefwechsel. Denkwürdig bleibt, daß es in jener be-

drängten Situation zwei unbestechliche Laien waren, welche die Hauptlast im Kampfe gegen die Aufklärung trugen.
Die eine Losung der Aufklärung war die Vernunft, die die alleinige Herrschaft beanspruchte und auch nach Lessing «zu laut erschallte». Claudius war kein Vernunftverächter und hätte das fatale Wort von der «Hure Vernunft» niemals gebraucht. Aber er fand sich in dem damaligen Gerede über die Vernunft nicht zurecht, und es schien ihm auf eine «unvernünftige Vernunft» oder auf eine «vernünftige Unvernunft» hinauszulaufen[98]. Die Vernunft ist nach dem Sündenfall ein wenig lahm geworden; sie ist verkrüppelt und muß an Krücken gehen. Niemals bedeutet das Christentum nur ein klares, allen einleuchtendes Gemächte der Vernunft, denn dies wäre kein Glaube. Claudius schrieb über die Vernunft die überlegenen Worte: «Wer die Vernunft kennt, verachtet sie nicht. Sie ist ein Strahl Gottes, und nur das radikale Böse hat ihr die himmelblauen Augen verderbt. Aber es schwebt noch um den blinden Tiresias etwas Großes und Ahnungsvolles, und sie hat, wie der König Lear, auch wenn sie irre redet, noch die Königsmiene und einen Glanz an der Stirne.»[99] Claudius vergaß über der Vernunft nicht das Herz, das auch sein Recht hat und mit dem man nicht einfach spielen oder so tun darf, als wäre es nicht da. Weil ihm das Herz bedeutsam war, behielt er zeitlebens einen Sinn für das Geheimnis. Die Wahrheit in einer Religion wohnt in ihren verhüllten Punkten und Rätseln. «Wie es nun überhaupt mit Geheimnissen ist: wer sie nicht weiß, der erklärt sie, und wer sie erklärt, der weiß sie nicht.»[100] Dem neuzeitlichen Menschen ist der Sinn für das Mysterium verlorengegangen, was viel zur Verflachung des Lebens beigetragen hat. Die Preisgabe des Geheimnisses hat ihn zum eindimensionalen Menschen gemacht, der überhaupt nicht mehr symbolisch denken kann.
Mit der Vormachtstellung der Vernunft im Aufklärungszeitalter hängt die Einschätzung der Philosophie zusammen. Kants Erkenntnistheorie war mit Claudius' Seinslehre nicht in Übereinstimmung zu bringen, und gegenüber der übersteigerten Philosophie eines Fichte, Schelling, Hegel verharrte der Wands-

becker Bote in kühler Distanz. Damals war man bestrebt, die Religion durch die Philosophie zu ersetzen, und inmitten dieses blinden Vertrauens machte Claudius auf den Punkt aufmerksam, «wo die Philosophie scheitert und die Vernunft sich hinter den Ohren kratzen muß, gerade da vermute ich Gottes Finger»[101]. Abschließend führte Claudius zu diesem Thema aus: «Meine Philosophie ist einfältigen, ärmlichen Ansehens, aber ich habe noch keine andre funden, die unter allen Umständen Stich hält.»[102]

Die Zeitgenossen aber dachten nicht in dieser ausgewogenen Weise über Vernunft und Philosophie. Einige Theologen waren in ihrem beträchtlichen Mitläufertum sofort geneigt, den modischen Bestrebungen nachzugeben und eine neue Theologie einzuführen. Claudius schrieb darüber im «Wandsbecker Boten» einen Aufsatz, der nichts an Aktualität eingebüßt hat, stehen wir doch immer wieder vor den gleichen Problemen, nur in anderer Form. Geistig unabhängig wie er war, hielt er es nicht für möglich, daß man «so leichtsinnig und unverschämt» sein könne, und prangerte die Männer der neuen Theologie an, die alles zu Hilfe nehmen, «Wohlredenheit, Akkommodation und babylonische Teufel, um ihrer Anschauung zur Anerkennung zu verhelfen». Eindeutig sagte er: «Theologie war leider krank durch Übersetzungen und Zank.»[103] In den Briefen sprach sich Claudius noch schärfer aus: «Ich kann das Reformieren in der Theologie nicht leiden, wenn einer keinen Beruf hat als die kleine Neige ‹Vernunft›», und gelegentlich äußerte er sich sehr verächtlich über die «Büchertheologie»[104]. Claudius lehnte die moderne Theologie aus einer Treue zum christlichen Erbe ab, für das er sich verantwortlich fühlte, während er die neue Theologie einem Spinnen von Luftgespinsten und einem Suchen nach vielen Künsten gleichsetzte, von denen keine Hilfe ausgeht.

Diesen Bestrebungen gegenüber brachte Claudius den Mut auf, sich allen Modetorheiten zum Trotz zur alten Einfalt und zur Tradition zu bekennen: «Ich bin kein Freund von neuen Meinungen und halte fest am Wort.»[105] Auch in der Religion gibt es eine Skylla und eine Charybdis – kalte Dogamtik und unreife Vernunftschwärmerei – Claudius aber steuerte zwischen den beiden Klippen hindurch und rief aus: «Selig sind, die dem Lande des Scheines und der Täuschung glücklich entronnen sind und auf festem Grund und Boden stehen.»[106]

Claudius ging den schmalen Weg, den der Christ zu allen Zeiten zu gehen hat, und mied damit Orthodoxie und Aufklärung. Er war in erster Linie Christ und erst dann Dichter. Um seines Evangeliumsverständnisses willen wurde er zum menschlichsten Menschen, der gar nichts Kulturablehnendes an sich hatte. Im «Wandsbecker Boten» trat er stets für den Glauben ein, und dies in einer Zeit, da es zum guten Ton gehörte, darüber zu spötteln. Unverdrossen zeigte er den Menschen den Weg zum christlichen Glauben und seiner Realität. Er hat in dieser Beziehung in unapologetischer Weise einen Dienst geleistet, und seine Ausführungen über dieses Thema haben nichts von ihrem Glanz eingebüßt. Man kann in der Gegenwart nicht viel Besseres lesen als Claudius' Briefe an Andres, die, ohne jedes Pathos geschrieben, mit ihrer unaufdringlichen Zärtlichkeit ins Zentrale vorstoßen und das neumodische Spinngewebe wortlos hinwegfegen. Sein Schreiben «An meinen Sohn Johannes» zählt zu «den reinsten Seiten deutscher Prosa» und gleicht der Sonne, die da wärmt, wenn sie auch nicht redet: «Es ist nichts groß, was nicht gut ist; und ist nichts wahr, was nicht bestehet... Es ist nicht für den Menschen gleichgültig, ob er rechts oder links gehe... Inwendig in uns wohnet der Richter, der nicht trügt... Sie meinen auch, daß sie die Sache hätten, wenn sie davon reden können und davon reden. Das ist aber nicht, Sohn. Man hat darum die Sache nicht, daß man davon reden kann und davon redet... Erwarte nichts vom Treiben und den Treibern; und wo Geräusch auf der Gassen ist, da gehe fürbaß... Es ist leicht zu verachten, Sohn; und verstehen ist viel besser... Wolle nur einerlei, und das wolle von Herzen.»[107] Claudius' Richtlinien besitzen noch in der Gegenwart ihre unveränderte Gültigkeit.

Mit innerer Anteilnahme las Claudius allezeit in der Bibel. Dabei huldigte er keiner Bibliolatrie, sondern wußte, «sie ist nicht die Sache, sondern die Nachricht von der Sache»[108], folglich war sie ihm Zeugnis von Gott, aber nicht Gott selbst. Er nahm die Worte so, wie sie dastanden, und fügte nichts hinzu und ließ nichts fallen; es schien ihm respektlos zu sein, an ihr herum zu kneten und zu deuteln bis sie das aussagt, was man gerne hören möchte. Die Ehrfurcht vor dem ewigen Buch schenkte ihm unvergleichliche Worte: «'S ist mir immer beim Lesen im Johannes, als ob ich ihn beim letzten Abendmahl an der Brust seines Meisters vor mir liegen sehe, als ob sein Engel mir's Licht hält und mir bei gewissen Stellen um den Hals fallen und etwas ins Ohr sagen wolle.»[109] Tatsächlich hatte er bei seinem Weg durch die Zeit das Wort in den Worten gefunden, und deswegen wurde er auch kein bedauernswertes Opfer des leeren Zeitgeistes.

Die Bibel bezeugt Christus. Die Person Jesu ist ihm eine heilige Gestalt, und alles, was sie sagt und tut, ist «klein und stille, daß man's glaubt, und zugleich so über alles groß und herrlich, daß einem's Kniebeugen ankommt.»[110] Claudius fühlte das unergründliche Geheimnis, fühlte, daß Christus ist, und nennt deswegen nicht allzu häufig seinen Namen, in den Gedichten sogar nur einmal. Er wußte um den «Christus für uns», aber auch um den «Christus in uns», was den neumodischen Theologen seiner Zeit zum größten Teil verborgen blieb. Diese zweifache Gewißheit darf man nicht auseinanderreißen. Er hat seine Zugehörigkeit zu Christus in einem Brief an Andres bekennend umschrieben: «Wer nicht an Christus glauben will, der muß sehen, wie er ohne ihn raten kann. Ich und Du können das nicht. Wir brauchen jemand, der uns hebe und halte, weil wir leben, und uns die Hand unter den Kopf lege, wenn wir sterben sollen; und das kann er überschwänglich, nach dem, was von ihm geschrieben steht, und wir wissen keinen, von dem wir's lieber hätten.»[111] Wer kann heute so innerlich, innig und gar nicht süßlich von Christus reden?

Das Herz seiner Frömmigkeit spürt man am deutlichsten in den verhaltenen und doch bewegten Ausführungen über das Gebet. Was er über das «Vaterunser» schreibt, zeugt bei allem kindlichen Tiefsinn von einer heimlichen und unnachahmlichen Gottverbundenheit: «Sieh, wenn ich's beten will, so denk' ich erst an meinen seligen Vater, wie der so gut war und mir so gerne geben mochte. Und denn stell' ich mir die ganze Welt als meines Vaters Haus vor; und alle Menschen in Europa, Asia, Afrika und Amerika sind denn in meinen Gedanken meine Brüder und Schwestern; und Gott sitzt im Himmel auf einem goldnen Stuhl und hat seine Hand übers Meer und bis ans Ende der Welt ausgestreckt und seine Linke voll Heil und Gutes, und die Bergspitzen umher rauchen – und dann fang' ich an: Vater unser, der du bist im Himmel.»[112] Mit dieser Einfalt muß der Mensch zum ewigen Du sprechen.

Mit den Worten konservativ oder progressiv ist Claudius' Haltung gegenüber den Zeitströmungen nicht umschrieben. Diese Begriffe aus dem politischen Gebiet sind nicht im Geistigen verwurzelt und sind nicht imstande, den religiösen Hintergrund des Boten sichtbar zu machen. Claudius rief ein unüberhörbares Halt dem modischen Gerede zu, das er Luftgespinste nannte, in die sich die Menschen um so eifriger verwickelten, je gedankenloser sie daran spannen. Sein Wort von den Luftgespinsten umreißt die Situation mit unübertrefflicher Klarheit: genau besehen handelt es sich um eine offene oder verkappte Abwendung vom Christentum. Nun hörten für ihn auch Scherz und Kurzweil auf, da zu grundsätzliche Entscheidungen auf dem Spiel standen. Claudius überkam voller Entsetzen die Ahnung, daß sich das christliche Abendland einer ungeheuren Apostasie schuldig machte, die zu den schwersten Sünden gehörte. Der eingestandene oder nicht eingestandene Abfall vom Christentum ist das zentrale Thema der Neuzeit, und der viel beklagte Materialismus ist nur eine Folge davon. Wenige Menschen haben die erschreckende Apostasie Europas und das Unheil, das sie in sich schließt, dermaßen deutlich gesehen und zugleich erkannt, daß das Abendland vor dem Sturz in den Abgrund nur durch eine ganz neue Einwurzelung im Christentum gerettet werden kann. Der Bote war aufs tiefste beunruhigt und kämpfte bis zu seinem Ende gegen Unglauben, Deismus und

Atheismus, so daß sein Leben durch das Bild von Davids Kampf gegen Goliath symbolisiert wird. Claudius schwamm gegen den Strom, er war bei den Unbeugsamen, die gleich den drei Männern im Feuerofen ihrem Glauben treu blieben. Er zählte zu den geistigen Widerstandskämpfern und war «eine Art von christlichen Partisanen auf dem von der Aufklärung heraufgeführten Kriegsschauplatz»[113]. Er nahm es in Kauf, daß deswegen seine Büchelchen immer weniger bestellt wurden und er im Alter in eine gewisse Vereinsamung hinein geriet. Lieber allein bleiben, als am Glauben ein Verräter werden, dachte er. Er vermochte sich mit seinem «Wandsbecker Boten» den um sich greifenden Abfall und die überhandnehmende Gottlosigkeit nicht aufzuhalten. Ein einzelner kann nicht die Zeitströmung lenken, weil es ein überpersönlicher Vorgang ist, aber er kann, wie Claudius, zum Zeugen für den Glauben werden. Der Unmündige bewies hierin eine vorbildliche Treue, sein Evangeliumsverständnis war ein «Urerlebnis», und dieser schlichte und doch so geistesmächtige Rufer in der Wüste rief seinen verblendeten Zeitgenossen zu: «Die Wahrheit ist ein Riese, der am Wege liegt und schläft; die vorübergehen, sehn seine Riesengestalt wohl, aber ihn können sie nicht sehen und legen den Finger ihrer Eitelkeit vergebens an die Nase ihrer Vernunft. Wenn er den Schleier wegtut, wirst Du sein Antlitz sehen. Bis dahin muß unser Trost sein, daß er unter dem Schleier ist, und gehe Du ehrerbietig und mit Zittern vorüber und klügle nicht.»[114]

Auf dieser Einfalt ruht ein Segen

Claudius pflegte am Sonntagabend seiner Hausgemeinde eine Predigt von Johannes Tauler vorzulesen. Eltern, Kinder und Gäste saßen jeweils ganz still um den Tisch, und Claudius zog stets, bevor er zu lesen begann, «ganz andächtig seine Mütze herunter»[115]. In der scheinbar kleinen Gebärde kommt noch einmal der ganze Claudius zum Vorschein. Vor Tauler lüftete er sein Hauskäppchen und brachte damit unzweideutig seine Ehrfurcht vor dem mittelalterlichen Prediger zum Ausdruck. Der ihm bezeugte Respekt galt im Grunde der Mystik, die der Bote sehr hoch einschätzte: «Kinder, hier in solchem Sein in der Wahrheit ist das allertiefste Versinken in den Grund der Demut. Je tiefer, desto höher: denn hoch und tief ist hier eines.»[116]

Der geistigen Herkunft nach stammte Claudius aus dem Luthertum. Es war die Luft, die er in seinem Elternhaus einatmete und der er sich nicht entfremdete. Er zitierte häufig den Wittenberger Reformator und riet dem Vetter, sich an ihn zu halten. Wie Luther vermochte er nicht ohne die Schrift zu leben, fühlte sich von ihr gefangen, weil der Text zu gewaltig war. Bedeutsam war ihm nicht Luthers Protest gegen die alte Kirche und schon gar nicht seine polternde, oft grobe Polemik, sondern Luther, der religiöse Mensch, der täglich zwei bis drei Stunden betete, der in der Schrift lebte und in den schwersten Situationen geradezu auf Gott pochte. Trotzdem wußte Claudius, daß «Luther kein Heiliger war»[117], eine Feststellung, die ein schwerer Einwand ist und keine bloße Entschuldigung, denn dies hätte Luther bei all seiner religiösen Kraft sein müssen, damit die Reformation gelungen wäre. Trotz aller Verehrung war Claudius nicht der Meinung, daß der christliche Baum in der lutherischen Kirche ausgewachsen sei und es darüber hinaus nichts mehr gebe. Diese Auffassung von der Reformation wirkte sich erstarrend und unreformatorisch aus. Strengen Lutheranern ist es aufgefallen, daß «die Rechtfertigungslehre allein aus dem Glauben sich bei Claudius kaum findet»[118]. Er hat die Reformation als eine Bewegung auf Gott hin und nicht als eine korrekte Lehre verstanden, und deshalb deutete er sie als eine immer wieder notwendige Erneuerung des Lebens.

Der Bote wußte daneben noch um das Brünnlein Gottes, das mit dem Namen Mystik umschrieben wird; dabei war er nicht der erste Mensch im evangelischen Raum, der aus dieser Quelle trank. Vorher hatte es Johann Arndt im «Wahren Christentum» und Gerhard Tersteegen in seinen Schriften getan. Der mystische und der reformatorische Strom flossen auch bei Claudius ineinander. Er nahm es Herder übel, daß er ihm die Mystiker heruntermachte, kannte er doch, was in seiner Zeit keine Selbstverständlichkeit war, viele Heilige und Mystiker, so Johannes vom Kreuz, Angelus Silesius, Bernières-Louvigny und noch etliche andere. «Das Reich der Mystik ist nicht so leicht erschüttert, als man gemeinhin annimmt», schreibt Claudius [119], weil es in seiner tieferen Verankerung das wahre christliche Geheimnis in sich schließt.

Die Ausführungen des Boten über die Mystik waren kein bloßes Lippenbekenntnis. Er ließ sich sehr ernsthaft mit ihr ein, indem er das Buch von Saint-Martin «Des erreurs et de la vérité» ins Deutsche übersetzte, was ihm maßlose Ablehnung eintrug. Man beschimpfte den Boten, er habe «seine Nase in mystischen und abenteuerlichen Unrat» hineingesteckt, und Goethe zweifelte fortan an dessen Verstand. Dabei war Saint-Martin, obwohl er als Narr verlacht wurde, ein ernst zu nehmender Denker, der eine tiefsinnige Theosophie entwickelte, die Johannes Claaßen in einer Monographie nachzeichnete. Die Grundgedanken des edlen Saint-Martin waren biblisch und gegen den Materialismus und Rationalismus seiner Zeit gerichtet. Er drang tief in die Schriften von Jakob Böhme ein und wurde deswegen später von Franz von Baader hoch geschätzt [120]. Allerdings erfordert die Lektüre von Saint-Martins Schriften einen Sinn für mystische Überlegungen, und wem dieses Sensorium fehlt, der ist über ihn zu spotten nicht berechtigt.

Einige Jahre später übersetzte Claudius auch die Schriften von Fénelon, der eine abgeklärte Ruhe mit warmer Innigkeit verband. Claudius setzte sich überzeugend für Fénelon ein und stellte sich im geistigen Duell zwischen Fénelon und Bossuet eindeutig auf die Seite des ersteren. Der Übersetzung von Fénelons Schriften fügte Claudius auch einige Seiten von Pascal «Pensées» bei, was wiederum seinen Blick für die wesentlichen religiösen Denker Frankreichs zeigt. Mit dieser Vermittlung beabsichtigte er, den geistigen Horizont seiner Leser zu erweitern.

Statt Claudius' Neigung zur Mystik schamhaft zu verschweigen, als ob sie sein strahlendes Bild trübe, verdient sie besonders unterstrichen zu werden. «Claudius vereinigte diese mystischen Anregungen mit dem Erbe der Reformation in einem originellen Christentum.»[121] Mit seinem Eintreten für die Mystik befruchtete er die evangelische Christenheit, die durch das Zurückdrängen der mystischen Frömmigkeit anfälliger wurde für die rationalistische Aushöhlung der Religion. Noch heute geht es um eine Heimholung der Mystik in den evangelischen Raum, und darum verdient Claudius' Leistung eine neue Überlegung.

Natürlich mußte Claudius wegen seiner Liebe zur Mystik mannigfache Verdächtigungen über sich ergehen lassen. Man warf ihm «albernes mystisches Geschwätz» vor und nannte ihn einen «schwachsinnig gewordenen Mann»[122]. Die Glaubenshasser entblödeten sich nicht, ausgerechnet ihn einen «verkappten Jesuiten» zu schelten, der den Katholizismus heimlich auszubreiten versuche! Der Vorwurf verrät, wie borniert die Mystikgegner waren; ihre Verleumdungen verdienen gar keine Widerlegung, da sie nicht einmal das wesentliche Problem wahrnahmen.

Dank seiner mystischen Frömmigkeit gelang es Claudius, den zähflüssigen Konfessionalismus, dieses Hemmnis für die christliche Einheit, zu überwinden. Das Schlagwort «ökumenisch» trägt nicht viel dazu bei, sondern einzig die Liebe, die das innere Verstehen der anderen Konfession kennt. Claudius brachte dank seiner mystischen Gläubigkeit dieses seelische Verständnis auf und wiederholte nicht jene törichten Gemeinplätze über das Fasten der Mönche, das der Durchschnittsmensch zu kritisieren pflegt. Der Bote schrieb anerkennende Worte über das Klosterwesen: «Eine Gesellschaft von Menschen, die ihre Ruhe und ihr Glück in dieser Welt nicht finden und es deswegen in einer andern suchen, eine solche Gesellschaft, wenn sie mit Ernst und Wahrheit fährt, ist sehr respektabel.»[123] Den schönsten Beweis für seine überlegene Aufgeschlossenheit gab Claudius anläßlich von Fritz Stolbergs Konversion zum Katholizismus. Während sich die meisten Bekannten wegen dieses Schrittes von Stolberg trennten, blieb ihm Claudius treu. Seine Gattin schrieb in seinem Geiste an eine Freundin: «Ich liebe und ehre von ganzem Herzen alle frommen Katholiken, bin aber fest überzeugt, daß ich nicht katholisch zu sein brauche, um selig zu werden, denn wir schöpfen doch aus einer Quelle.»[124] Diese Haltung war nicht nur nobel, sondern auch im tiefsten Grunde christlich. Claudius brachte die innere Bereitschaft auf, den konfessionell andere Wege gehenden Christen über den Graben hinweg die Hand zu reichen, war er doch der Einsicht, daß Christen zusammengehören, selbst wenn sie in konfessionellen Fragen noch so verschieden denken.

Im «Wandsbecker Boten» schrieb er einen «Einfältigen Hausvaterbericht über die christlichen Religionen» und bemerkte eigenhändig dazu: «Er ist für Unmündige» bestimmt[125]. Er wußte um die Unmündigen, zählte sich selbst zu ihnen, ein Verständnis, das nicht nachträglich in ihn hineinprojiziert werden muß, weil es bei ihm selbst vorhanden war und er sich deswegen nicht im geringsten schämte. Seine Botschaft hatte nichts Ätzendes und Scharfes an sich; in einem milden Licht leuchtete sie, erwärmte und erquickte. Mensch und Christ waren bei ihm eine Einheit. Er vertrat nicht irgendein System und suchte auch keines aufzubauen. Dies hätte auch zu seiner Schlichtheit nicht gepaßt. «Auf deiner Einfalt ruhet ein Segen, der anderen Ortes fehlt», schrieb er an Andres, ein Wort, das auch für ihn gilt[126]. Claudius war kein Dialektiker, das Denken in Gegensätzen lag ihm fern, aber er war ein begnadeter Mensch, der einen fühlbaren Segen ausstrahlte. Der auf ihm ruhende Segen ist das Geheimnis von Claudius, das man bei diesem unscheinbaren und doch unergründlichen Mann nur spüren, nicht aber erklären kann.

Der «Wandsbecker Bote» zählt zu den Menschen, die Paulus «Kinder Gottes» nannte[127]. Das Wort «Gotteskinder» ist ein verblaßter Begriff: man hat ihn so oft gebraucht, bis er verbraucht war und keinen tieferen Eindruck mehr erweckte. Dem wahren Sinngehalt nach sagt dieses Wort die tiefste Herrlichkeit aus, die es überhaupt gibt, und deswegen muß man seine hohe

Bedeutung zurückerobern. Man schaue sich nur einmal erstaunte Kinderaugen an und es geht einem eine Ahnung auf, was mit der ewigen Kindschaft gemeint ist: Unschuld, Vertrauen und Geborgenheit, an der alles Hinterhältige zum voraus abprallt. Nur in vorsichtigen Worten darf man davon reden, damit der ursprüngliche Glanz wieder zu leuchten beginnt. Die vom Geist der Zartheit geprägte Bezeichnung «Gotteskinder» gehört zu Matthias Claudius, denn dieser gesegnete Mann war seinem «Abendlied» entsprechend «wie Kinder fromm und fröhlich». Selten findet man in der Christenheit die evangeliumsgemäße Kindlichkeit geschildert, vielleicht am unmittelbarsten noch in Hermann Kutters «Bilderbuch Gottes für Groß und Klein». Es kann nicht viele Männer wie Claudius geben, dazu ist das Charisma zu selten und fällt allzusehr aus dem Rahmen des Gewöhnlichen heraus, aber von Zeit zu Zeit tritt doch wieder der gesegnete Mensch auf, der das ewige Kind in sich bewahrt hat und von dem eine ungeahnte Ausstrahlung ausgeht. Claudius erlebte seelisch beglückend die herrliche Freiheit der Gotteskinder. Keine Feder vermag sie hinreichend zu beschreiben. Durch alle Klugheit seiner Zeit war er wieder ins heimliche Kinderland zurückgekehrt. Der Bote erinnert mit seinem Dasein an die warnenden und zugleich beruhigenden Worte Christi: «Sehet zu, daß ihr nicht jemand von diesen Kleinen verachtet. Denn ich sage euch: Ihre Engel im Himmel sehen allezeit das Angesicht meines Vaters im Himmel.»[128]

JOHANN CHRISTOPH BLUMHARDT

Sehnsucht nach dem geheimnisvollen Etwas

Die russischen Religionsphilosophen pflegten um die vergangene Jahrhundertwende den Protestantismus spöttisch eine Wissenschaftsreligion zu nennen. Sergius Bulgakow hatte den Eindruck, daß im protestantischen Christentum nur die Professoren eine bedeutsame Rolle spielten, und die vorwiegende Beschäftigung mit den Werken von Schleiermacher bis Harnack schien dem Urteil eine gewisse Berechtigung zu geben[1]. Mit der Bezeichnung «Professorenreligion» verbanden die östlichen Christen eine leise Ironie; ein wissenschaftliches Christentum ist auch eine fragwürdige Sache, die mit der von Christus geforderten Taubeneinfalt kaum etwas gemeinsam hat.

Der Vorwurf ist ungerecht, denkt man an Gestalten wie Wichern und Bodelschwingh, die sich in einem Christentum der praktischen Nächstenliebe verzehrten. Trotzdem wäre es falsch, über die Äußerung der Ostchristen beleidigt zu sein, denn der darin enthaltene Hohn ist nicht ganz unverdient; Kierkegaard dachte ähnlich über den Dozenten: «Professor darin, daß Christus gekreuzigt wurde.»[2] Mit der Charakterisierung «Wissenschaftsreligion» wird der Finger auf eine wunde Stelle gelegt, denn tatsächlich bildet sie neben der verbreiteten Gleichgültigkeit das Übel des offiziellen Protestantismus. Die ironische Benennung «Professorenreligion» avisiert das Intellektualistische, das in einem Gegensatz zur religiösen Haltung steht. Der wissenschaftliche Mensch verbleibt im innerweltlichen Raum und vertritt eine einlinige Weltsicht. Die göttlichen Entscheidungen fallen nicht in den Hörsälen der Universitäten; in den theologischen Auseinandersetzungen verbleibt alles in der Sphäre der uferlosen Diskussion, und das Intellektuelle ist nie identisch mit dem Leben des Geistes.

Von jeher gab es in der evangelischen Christenheit neben den Wortführern der Theologie und der Kirche eine in eine andere Richtung drängende unterirdische Strömung. Auf sie wird zu wenig geachtet, weil sie viel zu unscheinbar dahinfließt, um die Aufmerksamkeit auf sich zu lenken, und doch ist gerade sie von starken religiösen Kräften getragen. Nicht was vor aller Augen geschieht, ist bedeutsam, ereignen sich doch gerade im verborgenen die entscheidenden Geschehnisse. Es gab auch im evangelischen Raum immer wieder charismatische Gestalten, welche die Menschen aus der Verwirrung in die Mitte zu führen vermochten. Zu diesen Männern gehörte auch Johann Christoph Blumhardt, eine Persönlichkeit, in der das evangelische Christentum eine aus dem üblichen Rahmen völlig herausfallende, eigene Ausprägung erhielt. Gewiß hatte auch Blumhardt seine nur ihm eigentümliche Lebensgeschichte, aber er mißverstand sie nicht in selbstherrlichem Ruhm. Ihm wurden reale Erfahrungen mit Gott zuteil, Erlebnisse, die alle Auffassungen vom Christentum als einer intellektuellen Lehre weit hinter sich ließen. Nach einer solchen unmittelbaren Verbundenheit mit Gott sehnt sich auch der heute in seiner Verworrenheit sich so unglücklich fühlende Mensch.

Blumhardt ist eine singuläre Figur, obschon er nichts Interessantes im modernen Sinn des Wortes an sich hatte. Er war kein Pionier auf theologischem Gebiet, der durch gewandte und geistreiche Formulierungen den Leuten imponierte. Keineswegs wurde er bis dahin völlig übersehen; dies zu behaupten wäre falsch, wenn ihm auch die evangelische Christenheit bis zur Stunde den ihm zukommenden Platz vorenthält. Trotzdem zählt Blumhardt zu den bleibenden Gestalten des vergangenen Jahrhunderts, die, als Hüter des wahren Heiligtums, ihrer Zeit weit vorausgeeilt sind und in keines der üblichen Schemas passen. Er war ein urtümlicher Christ und stand als solcher quer zu allen offiziellen Tendenzen. Alles, was sich über seine Bedeutung sagen läßt, ist durch sein außerhalb aller gewöhnlichen Normen stehendes Erleben zum voraus überholt.

Um Blumhardt zu erfassen, gilt es, zunächst auf seine Schriften zurückzugreifen, die gegenwärtig erfreulicherweise wieder in der ursprünglichen Form aufgelegt werden[3]. Sie bereiten zwar dem heutigen Leser einige Mühe, da Blumhardt kein Schriftsteller war und er der Sprache zu wenig Aufmerksamkeit schenkte. Warum es ihm nicht gegeben war, in neuen Zungen zu reden, ist eines der ungelösten Rätsel in Blumhardts Leben. Wenn er gelegentlich auch neue Wortbildungen erfand, bediente er sich doch im übrigen der überlieferten, frommen Terminologie, die damals noch angehen mochte, heutzutage aber die Menschen nicht mehr anspricht. Obschon er den salbungsvollen Ton vermied, sind seine Schriften von geringer Anziehungskraft; man muß sogar eine kleine Hürde überspringen und willens sein, von der Form zum Inhalt vorzudringen. Eine nur am sprachlichen Problem interessierte Betrachtung gleitet gerne in den Formalismus ab. Doch ist die Sprache nicht Nebensache, hat sie es doch nach Hamann mit dem Geist zu tun. Inhalt und Form lassen sich nicht voneinander trennen, eine Wahrheit, die auch für das religiöse Schrifttum gilt.

Neben Blumhardts Schriften ist die unmittelbar nach seinem Tode verfaßte Biographie von Friedrich Zündel bedeutsam, weil Blumhardt nur vom Erleben her zu erfassen ist. Die alte, noch ungekürzte Ausgabe ist grundlegend für das Verstehen Blumhardts. Zündel stand ihm persönlich nahe, weshalb seine Berichterstattung nicht bereits der zweiten Generation angehört, bei der schon eine Veränderung wahrzunehmen ist. Diese Behauptung ist nicht richtig, denn Zündel begriff Blumhardts Erfahrungen durchaus von innen. Der äußerlich wie ein Bauer aussehende Zündel war linkisch, mathematisch hochbegabt, in der Philosophie bewandert und dabei mit seiner ungebrochenen Gläubigkeit selten weitherzig. Sein klassisch zu nennendes Lebensbild von Blumhardt besitzt einen hervorragenden Wert, kann durch keine bessere Dokumentation ersetzt werden und bleibt auch fernerhin unentbehrlich. Freilich sind seit dem Erscheinen von Zündels Biographie bald neunzig Jahre verflossen; manches hat sich seither in der Christenheit gewandelt, und die Blickrichtung ist nicht gleich geblieben. Es ist geboten, über Blumhardts Erleben neu nachzudenken und es vor allem neu zu befragen. Eine kleine Ergänzung zu Zündels Lebensbeschreibung bilden die «Erinnerungen an Doris Blumhardt», die der junge Blumhardt nach dem Tode seiner Mutter schrieb und die das Leben des alten Blumhardt aus der Perspektive seiner Frau darlegen, ein Gesichtspunkt, der gewöhnlich in der kirchengeschichtlichen Literatur übersehen wird.

Blumhardts religiöse Entwicklung in jungen Jahren führt nicht in gerader Linie zu seinem großen Erleben. Er war schwäbischer Herkunft, von menschlicher Gefühlswärme, wie sie den alemannischen Stamm von jeher ausgezeichnet hat. In Tübingen studierte er Theologie und las auch Kant, Schelling und Jacobi, nicht aber Hegel, der damals das deutsche Geistesleben in den Bann schlug. Diese seine Freiheit von allem Hegelianismus gilt es zu beachten. Mit Interesse hörte er F. Ch. Baurs geistvolle Vorlesungen, doch seine Selbständigkeit ließ ihn nicht zu einem Tübingerschüler werden. Kein Hochschullehrer war von tieferem Einfluß auf ihn; er suchte nach einem christlich-realen Leben, weshalb die theologische Logik keine Gewalt über ihn gewann. Nach seinem Dafürhalten bot ihm die damalige Theologie das Wechselnde und nicht das Ewige an, und er war der Meinung, «ob unsern theologischen und politischen Streitigkeiten hören wir das Anklopfen des Göttlichen nicht»[4]. Blumhardt war damals auch mit D. F. Strauß befreundet; anstelle der Verdammungsurteile der frommen Kreise über den Verfasser des verabscheuten «Leben Jesu», äußerte Blumhardt später: «Mein Haus und mein Tisch stehen ihm jederzeit mit Freuden offen.»[5] Während der Studienjahre wurde er von der «schweren Leidensschule des kantischen Zweifels» nur leicht gestreift und erlebte keine Phase des zersetzenden Unglaubens wie Solowjew, der als Jüngling die Ikonen zum Fenster hinauswarf.

Die schwäbische Geistestradition, die bei allem spekulativen

Drang von einer ehrfürchtigen Gläubigkeit gegenüber dem Göttlichen erfüllt war, beeindruckte Blumhardt stärker als die Universität. Die Ahnen lebten in ihm, und er war mit den biblischen Bemühungen eines Bengel vertraut, wenn er auch die Bedeutung von Oetingers Theosophie nicht völlig erkannt hat. Der Reichtum der schwäbischen Geistesgeschichte schlummerte zunächst mehr latent als vernehmlich in Blumhardt. Die nicht preiszugebende christliche Tradition war bei ihm noch nicht ins Unbewußte abgesunken, sie war Geist und Leben, keineswegs bloß Schmuck und Brauchtum. Mit der Betonung der Tradition allein ist es nicht getan; damit sie in ihrer ganzen Kraft und Tiefe neu erstehe, bedarf es der inneren Berührung. Durch diese innere Aktivierung erwachte die Tradition bei Blumhardt zu unerwartetem Leben und erfuhr, bei aller Treue, eine Wandlung und Verwandlung, so daß durch ihn ein neues Blatt im Buche der Überlieferung geschrieben worden ist.

Den stärksten und mit nichts zu vergleichenden Einfluß übte auf ihn die Lektüre der Heiligen Schrift aus. Ihm unendlich bedeutsam, prägte sie sein biblisch geartetes Denken. Von frühester Jugend an war sie die einzige Geistesnahrung, die er in sich aufnahm, hatte er die Bibel doch schon im Knabenalter ganz durchgelesen. Bei der Bibellektüre empfand er nur eine geringe Neigung für die «vielen umständlichen Kommentare», weil er das Gefühl hatte, «durch sie von der Hauptsache, dem Kern, weggeführt» zu werden[6]. Statt sich mit Auslegungen herumzuschlagen, begehrte er unmittelbar aus der Quelle zu trinken. Zu der mit allen Wassern der Philologie gewaschenen wissenschaftlichen Methode der kritischen Untersuchung der Heiligen Schrift hatte er gar keine Beziehung, da sie nicht dem entsprach, was er innerlich suchte. Seine Haltung zur Bibel umschrieb er in einem aufschlußreichen Geständnis: «Meine Bekanntschaft mit der heiligen Schrift Alten und Neuen Testaments, zu der ich schon vom 4. und 5. Jahre meines Lebens an, durch fleißiges und unausgesetztes Lesen der Schrift, Grund gelegt habe, hat mich von frühester Kindheit an innerlich nachdenklich, auch stutzig gemacht, ohne daß ich mich darüber äußerte, daß eben bei den Gläubigen der Schrift sich so vieles ganz anders ansieht, als bei unseren Gläubigen... Es hat mir auch in den besten Erbauungsbüchern, die ich las, und immerhin hoch schätzte, etwas gefehlt von dem, was ich in der Schrift fand. Namentlich die Wirklichkeit nach den Worten konnte ich bei unseren Christen nur gar wenig finden, wenn auch die Worte an die Schriftworte angelehnt waren. Schon in meiner Kindheit hatte ich daher eine Sehnsucht nach dem geheimnisvollen Etwas, das ich nur in der Schrift fand und sonst nirgends und worin ich mir die eigentliche Gotteskraft verborgen dachte. Es war mir das etwas anderes als die Lehre oder die Glaubensartikel, die ich nach der Schrift als richtig, der Form und dem Gedanken nach, erkennen mußte.»[7] Blumhardt besaß einen ganz seltenen Blick für die verschiedenen Wirklichkeiten, was tiefer greift, als wenn man von zwei gegensätzlichen Denkformen redet, die sich innerhalb und außerhalb der Bibel finden. Er las die Heilige Schrift anders als seine Zeitgenossen; für ihn hatte das biblische Wort eine geradezu geladene Realität, die fernlag von der üblichen erbaulichen Betrachtung. «Die Sehnsucht nach dem geheimnisvollen Etwas» führte Blumhardt dazu, sich in das ewige Buch mit einem «kindlich schauenden Sinn» zu vertiefen. Der Möttlinger Pfarrer sah die biblischen Vorgänge, das Göttliche leuchtete sozusagen anschaulich vor seinen Augen auf und enthüllte ihm die Ausführungen der Bibel als Kräfte, als Einbrüche von oben und nicht als erbauliche Betrachtungen. Diese Einsicht ist die erste Wesenseigentümlichkeit dieses unscheinbaren Mannes und hebt ihn aus der Reihe der gewöhnlichen Bibelleser weit hinaus. «Es gibt eine verborgene Gnade, die zum Worte Gottes hinzutritt. Wir hören nur Worte, aber mit den Worten wirkt etwas anderes, das eigentlich den Schlüssel zu den Herzen der Zuhörer gleichsam umdreht und die Türen auftut.»[8] Für Blumhardts von der Bibel genährtes Denken waren die Vorkommnisse in den Evangelien die geistige Heimat; alles andere Geschehen blieb seiner Seele fremd. Die als Kräfte verstandenen Bibelworte entwickelten sich in ihm und dürfen keinesfalls mit seiner beneidenswerten

Unkompliziertheit erklärt werden. Blumhardts unmoderne Denkweise hat nichts mit dem Biblizismus des neunzehnten Jahrhunderts zu tun, der mehr das Gegenstück statt die Überwindung des Kritizismus darstellt. Blumhardt nahm eine dritte, beide durchbrechende Einstellung ein, die mit der Bezeichnung «urchristlicher Realismus» nur notdürftig umschrieben wird. Die biblischen Ausführungen waren für ihn dynamische Kräfte, nicht bloße Begriffe, eine Einsicht, die seine ganze Existenz durchdrang und Voraussetzung des mächtigen Erlebnisses war, das bei ihm eine neue Wirklichkeit eröffnete.

Ich wurde mit den Mächten handgemein

Blumhardt ist nur von seinen realen Erfahrungen und nicht von irgend einer Ideologie aus zu begreifen. Das erste unfaßliche Erleben widerfuhr ihm im Sommer 1842 in der Stube einer einfachen Familie. Er selbst schildert die Gewitternacht am Bette eines überaus geplagten Mädchens mit den Worten: «Das Gebrüll der Dämonen, die zuckenden Blitze, die rollenden Donner, das Plätschern der Regengüsse, der Ernst der Anwesenden, die Gebete von meiner Seite, auf welche die Dämonen nach oben beschriebener Weise ausfuhren – das alles bildete eine Szene, die sich kaum jemand auf eine der Wirklichkeit entsprechende Weise wird vorstellen können.»[9]

Wie war es zu der unvorstellbar übersteigerten Situation gekommen? Blumhardt war vor Möttlingen, dem Ort, der für immer mit seinem Namen verbunden bleibt, ein eifriger Pfarrer, der sich seiner Aufgabe völlig hingab. Es lag noch nichts Außerordentliches auf ihm, denn seine gewissenhafte Tätigkeit teilte er mit vielen andern Amtsbrüdern. Erst in Möttlingen begannen die entscheidenden Geschehnisse, die Blumhardt ins Ungewöhnliche hinaufhoben. Diese Ortschaft behielt für ihn einen merkwürdigen Glanz, weil dort die glimmende Glut zum hellen Feuer entfacht wurde und ihm ein unbeschreiblich großes Licht aufgegangen war. Später vermochte er von jenen einzigartigen Tagen nur noch im Flüstertone zu reden, aber sie waren der Ausgangspunkt für seine tiefere Wirksamkeit. Wenn auch die außerordentlichen Vorgänge in Möttlingen nur skizzenhaft nachgezeichnet werden können, ist man doch genötigt, immer wieder zu jenen Erkenntnissen zurückzukehren.

Blumhardt hatte sich in der Gemeinde mit der unerklärlichen Krankheit eines Mädchens zu kümmern, das Gottliebin Dittus hieß. Das Mädchen war ihm zunächst wenig sympathisch, und schon gar nicht seine Krankheit. Obwohl er sich ihr bewußt ferne hielt, konnte er auf die Dauer an ihrem gequälten Zustand nicht einfach vorbeigehen, weil der Arzt ihn um seinen Beistand bat. Blumhardt mußte sich, als Seelsorger der Gemeinde, des kranken Mädchens annehmen; dabei wurde er unerwartet in eine hintergründige Angelegenheit verwickelt, die seinem Leben eine ganz neue Wendung gab. Von der Krankheit der Gottliebin empfing er immer mehr den Eindruck, daß sie nicht mit den üblichen physisch-psychischen Kategorien zu erfassen sei. Er sah sich bald der denkbar schwersten Situation gegenüber und wurde «mit unwiderstehlicher Gewalt in die Tätigkeit für die Sache hineingeworfen»[10], obschon er ohne Erfahrung auf diesem Gebiet war und eine tiefe Abneigung sowohl gegen die schwarze als gegen die weiße Magie empfand. Gegen seinen Willen wurde er immer mehr in die unheilvolle Geschichte hineingezogen. Das bedrohliche Geschehen war nicht in ein paar Tagen erledigt. Die heftige Auseinandersetzung mit den finsteren Gewalten nahm ihn beinahe Tag und Nacht in Anspruch und dauerte volle zwei Jahre. Er befand sich in einer überaus schwierigen Lage, und keiner seiner Freunde leistete ihm nur die geringste Hilfe.

Schließlich wurde es Blumhardt klar, «daß etwas Dämonisches im Spiele sei». Dies führte er in der vom Konsistorium eingeforderten «Krankheitsgeschichte der Gottliebin Dittus» aus, eine Schrift, die mit entwaffnender Ehrlichkeit über sein Erleben Auskunft gibt und die immer ein Dokument ersten Ranges bleiben wird[11]. Er fand den Schlüssel zur ganzen Geschichte in der Erkenntnis, daß es sich um eine Seele handelt, «die dem Satan widerstand, obwohl sie sein Band bereits an sich fühlte»[12]. Blumhardt gebot zuerst zaghaft, jedoch mit zunehmender Vollmacht, dem im Mädchen hausenden Dämon auszufahren. Er erlebte im Verlaufe des Kampfes kaum wiederzugebende Stunden. Es bedürfte ganz neuer Kategorien, um von ihnen adäquat zu reden. Von Dämonen in Tiergestalten schrieb Blumhardt, so daß man unwillkürlich an die erschreckenden Bilder von Grünewald, Bosch und Bruegel erinnert wird[13]. Für ihn hatte die transpsychologische Angelegenheit ein kosmisches Ausmaß angenommen, indem er die Tätigkeit der Dämonen und seinen Exorzismus mit damals sich ereignenden Erdbeben, Trockenheitsperioden und Stadtbränden in Zusammenhang brachte[14]. Zuletzt dröhnte aus dem Munde des Mädchens mehrere Male ein Schrei der Verzweiflung. «Um zwei Uhr morgens brüllte der angebliche Satansengel, wobei das Mädchen den Kopf und Oberleib über die Lehne des Stuhls zurückbog, mit einer Stimme, die man kaum bei einer menschlichen Kehle für möglich halten sollte, die Worte heraus: ‹Jesus ist Sieger! Jesus ist Sieger!›»[15]

Blumhardt fand in den Einzelheiten seiner Darlegungen nicht immer den richtigen Ausdruck, und obschon er sein Erleben gut beobachtet hatte, behalten seine Aufzeichnungen letztlich den Charakter eines Fragmentes. Die Erfahrungen haben mit einer Spukgeschichte nichts zu tun, Blumhardt sah vielmehr in grauenhafte, unauslotbare Abgründe des Menschen hinein. Er scheute sich nicht, vom Teufel zu reden, und sprach von ihm nicht mit jener ironischen Skepsis, mit der später Thomas Mann in seinem Roman «Doktor Faustus» sich die Sache so unstatthaft leicht gemacht hat. Blumhardt warf sich dem Satan entgegen, mit seinen eigenen Worten ausgedrückt: «Ich wurde gleichsam handgemein mit persönlichen Kräften der Finsternis.»[16] In dem atembeklemmenden Ringen ging es auf Leben und Tod; es war ein Kampf zwischen Christus und Satan, und die Gottliebin war nur das Feld, auf dem die Schlacht ausgetragen wurde. Blumhardt nahm dabei zu keinen abergläubischen

Zauberpraktiken seine Zuflucht, sondern trat mit den sauberen Waffen des Gebetes und des Fastens in den unsichtbaren Kampf ein, wobei er gelegentlich ungewöhnlich kühne Worte sprach. Mit der biblischen Waffenrüstung setzte er sich restlos ein, kämpfte bis zur Erschöpfung, trat unerschrocken mit einem starken Glaubensmut den dämonischen Geistern entgegen und erwies sich darin als ein Mann der größten Geistestapferkeit, der seine Solidarität mit den bedrohten Menschen bis in die letzten Tiefen hinab bezeugte.

Der Möttlinger Pfarrer bekam es wahrhaftig wieder mit den Mächten zu tun. Woher drangen sie auf ihn ein? Kamen sie von rechts oder von links, von vorn oder von hinten? Durchaus von unten erhoben sie sich mit ihrer tobenden Gewalt. Blumhardt stand auf eine ganz reale Weise den Mächten gegenüber, so daß man mit Strindberg ausrufen möchte: «Wehe den Menschen, wenn die Mächte kämpfen!» Mit einer Wucht ohnegleichen war der ganze Papierwust, den die Professorenreligion sonst gleich einer Mauer zwischen den Christen und dem Göttlichen aufrichtete, weggefegt, und alles bloß Intellektuelle und Literarische hatte sich aufgelöst. Die nackten Realitäten in ihrer ganzen Abgründigkeit standen vor ihm. Es handelte sich nicht mehr um Definitionen, Begriffsbestimmungen und Lehrstreitigkeiten. Alle diese Harmlosigkeiten verblassen vor den Mächten, denen gegenüber es nichts zu lehren, zu meinen und zu diskutieren gibt. Was Paulus ausführte: «Wir haben nicht mit Fleisch und Blut zu kämpfen, sondern mit Fürsten und Gewaltigen, nämlich mit den Herren der Welt, die in der Finsternis dieser Welt herrschen, mit den bösen Geistern unter dem Himmel», war plötzlich nicht mehr nur ein frommer Spruch, sondern eine furchtbare Realität geworden[17]. Die Welt der Dämonen in ihrer Wirklichkeit war mitten im fortschrittsgläubigen neunzehnten Jahrhundert wieder vorhanden. Diese Erfahrung steht in der evangelischen Christenheit einzigartig da. Blumhardt hat ohne seine Zutun das Ungeheuerliche und zugleich Einmalige anschaulich erfahren und erfaßt, daß es im Christentum gar nicht um theologische Meinungen, Richtungen und

Strömungen geht, sondern um einen Kampf der Mächte. Die Berührung mit dem Unsichtbaren war unbeschreiblich; wenn die Christen das Ringen mit den finsteren Gewalten vergessen, werden sie in einen unaufhaltsamen Niedergang hineingerissen. Stets ist der Mensch von den Mächten seiner Zeit bedroht; der Zeitgeist ist eine teuflische Gewalt; ihm begegnet man nur dadurch, daß man ganz in den unsichtbaren Kampf eintritt.

Bei Blumhardt stellte sich die kämpferische Situation wieder ein, aber er wurde von den Mächten nicht überrollt. Heute begegnet man dem Dämonischen und seiner Überflutung im Leben der Menschen und auch in der Welt der Literatur. Die Mächte überwältigen den Menschen, indem er an die Wand gespielt und zugrunde gerichtet wird. Nicht so bei Blumhardt. Mit letzter Kraft warf er sich den finsteren Geistern entgegen, die aus dem Mädchen redeten, und gebot ihnen auszufahren. Der in der Vollmacht Christi handelnde Blumhardt erlebte in unvorstellbaren Stunden, wie die satanischen Gewalten unter schrecklichem Gebrüll in den Abgrund fuhren. Er hatte die Machtwirkung und die Machtoffenbarung Gottes – immer waren Blumhardt die Kräfte wichtig und nicht die Worte – inmitten der schwersten Situation erfahren. In der überdimensionierten Szene bekannten die Dämonen in einem Tonfall, wie er sonst aus keiner menschlichen Kehle zu hören ist: «Jesus ist Sieger», ein Wort, das Blumhardt tief erschütterte und das hinfort zur Losung seines Lebens wurde. Die Parole war für Blumhardt Ausdruck eines siegreich bestandenen Machtkampfes, war kein nachgesprochener Lehrsatz, sondern eine Erfahrungstatsache, ein Ausdruck der Macht Gottes gegenüber der Macht der Finsternis. Macht stand gegen Macht, doch war die Macht Christi eindeutig den finsteren Mächten überlegen. Blumhardt wird nur von dieser erlebten Wahrheit her «Jesus ist Sieger» begriffen, hatte doch sein späteres Denken, Reden und Handeln stets dieses Erlebnis zur Voraussetzung. Er machte aus der Teufelsaustreibung keine starre Formel, da er wußte, daß es Geisteskrankheiten gibt, die nicht die geringste Besessenheit aufweisen und rein medizinische Behandlung erfordern. Doch war er auch überzeugt: «Es gibt satanische Verstrickungen, die gelöst werden müssen; es gibt Menschen, die keiner Bekehrung, sondern einer Befreiung bedürfen.»[18] Welch' anderen Weg hatte er beschritten als der Pfarrer von Loudin, dessen Niederlage Huxley mit eleganter Schreibweise wollüstig darlegt. Der heutige Bibelleser kennt die Dämonen-Austreibungen in den Evangelien, aber in seiner Hilflosigkeit bedeuten sie ihm nur eine Verlegenheit. Bei Blumhardt erhielten sie eine bedrängende Aktualität, und er durfte in aller Bescheidenheit von sich sagen: «Damals hat Christus vor der Tür gestanden und angeklopft, und ich habe ihm aufgetan.»[19]

Das aus dem Rahmen des gewöhnlichen Daseins herausfallende Ereignis blieb natürlich nicht unbekannt. Zunächst trug es Blumhardt nur Ablehnung ein, indem er in den Ruf eines Finsterlings und Hexenmeisters kam, der noch an den Teufel glaube, was im Zeitalter der Wissenschaft kein Mensch mehr könne. Die Presse übergoß ihn mit Hohn und Spott, die wissenschaftliche Theologie hüllte sich in vornehmes Schweigen und fand es unter ihrer Würde, darüber zu reden. Blumhardts Kampf mit dem Widersacher war dem Hochschulbewußtsein peinlich, man ignorierte ihn stillschweigend und war nicht willens, einen lebendigen Eindruck vom Übernatürlichen zu empfangen, obwohl man dessen dringend bedurft hätte. Auch die württembergische Kirchenleitung winkte unmißverständlich ab, fürchtete sie doch, in ihrer Ruhe gestört zu werden. Vielleicht mochte sie auch Bedenken gehabt haben, ihre sorgfältig gebündelten Aktenstöße könnten durch den realen Kampf durcheinander geraten. Ungerührt blieb «ferner die Sorte frommer Leute, die gewissermaßen zum kirchlichen Mobiliar gehören und deren geistiger Tiefstand selbst die Engel zur Verzweiflung bringt»[20]. Auf der ganzen Linie begegnete man Blumhardt mit Unverständnis, und nur in wenigen Menschen dämmerte eine Ahnung auf, was da geschehen war. Die evangelische Christenheit hat das realste christliche Ereignis, das im vergangenen Jahrhundert in ihrer Mitte geschah, ausgeklammert und von ihm keine Notiz genommen.

Die damalige Ablehnung kann man zur Not noch verstehen, unbegreiflich aber ist, daß noch heute von theologischer Seite dem Möttlinger Geschehen die kalte Schulter gezeigt wird. Den mit den Mächten handgemein gewordenen Mann, der von diesem Ringen beinahe aufgerieben worden war, bezichtigte man vom Schreibtisch aus «der allzu großen Gemütlichkeit!»[21]. Ein anderer Katheder-Theologe sprach seinen Widerwillen offen aus: «Die Blumhardtschen Geschichten sind mir ein Greuel.»[22] Ein dritter Theologe bestätigt die psychiatrische Diagnose auf «Massenhysterie, hervorgerufen durch unterschwellige erotische Komponenten in der Gottliebin, ausgelöst durch das Auftauchen des Pfarrers Blumhardt in Möttlingen», mit den Worten: «Wahrscheinlich war es auch so», ohne zu merken, daß damit das metaphysische Geschehen auf die psychologische Ebene abgeschoben, und Blumhardts Sicht völlig entwertet worden war[23]. Schließlich wurde noch behauptet, Blumhardt selbst habe später den Ereignissen keinen großen Wert beigemessen und habe sich im Alter sogar gefragt, ob der Teufel ihm nur etwas vorgegaukelt habe. Doch kann sich eine solche Aussage auf keine einzige Stelle im gesamten Schrifttum Blumhardts berufen, und außerdem steht sie im Widerspruch zu seiner Auffassung von den großen Tagen in Möttlingen[24]. Mit dieser Verdächtigung wird nur versucht, auch dieses Geschehen zu entmythologisieren. Wenn sich die Evangelien diese Verflüchtigungskunst gefallen lassen mußten, ist es naheliegend, daß man auch Blumhardts Handgemenge mit dem Teufel unbedingt als bloße Selbsttäuschung verharmlosen möchte. Es scheint, es dürfe weder biblische Wirklichkeiten noch satanische Realitäten geben, sondern bloße Wortgebilde, eine Auffassung, die der theologische Nominalismus aller Zeiten behauptet hat. Jede Polemik gegenüber diesen verständnislosen Urteilen würde Blumhardts Ernst nur Abbruch tun. Mögen Theologie und Medizin über Blumhardts Kampf mit den Mächten sagen, was sie wollen, der Christ ist innerlich genötigt, die Besessenheit anzuerkennen. Der Mann von Möttlingen hatte es mit den Mächten der Finsternis zu tun, und wer sich geniert, zu dieser Auffassung offen zu stehen, der weiß noch nichts von der Selbstleugnung des Teufels und noch weniger davon, «daß Teufelsleugnung und Gottesleugnung nur die unvermeidlichen zwei Enden desselben Stockes sind»[25].

Es ist seltsam, daß vieles, was damals geredet und geschrieben worden ist und sich ungeheuer zeitgemäß dünkte, heute spurlos vergessen ist, während Blumhardts Kampf mit den Mächten aktuell geblieben ist. Seine Wirklichkeit erweckt höchstes Interesse. Nachdem die Fassaden-Kultur des vergangenen Jahrhunderts in zwei Weltkriegen in Trümmer gesunken ist und die Menschen angesichts der kommenden Katastrophen vor der Notwendigkeit stehen, sich wieder auf die ewigen Grundlagen zu besinnen, darf das Möttlinger Geschehen nicht länger als ein kurioser Sonderfall betrachtet werden. Es gehört in einen größeren Zusammenhang eingeordnet, wodurch auch sein tieferer Sinn verständlich wird.

Um die gleiche Zeit, da Blumhardt in Möttlingen seine Kämpfe mit den Mächten zu bestehen hatte, lebte Jean Marie Vianney in Ars. Der intellektuell wenig begabte Mann führte inmitten einer quälenden Angst und der Versuchungen der Verzweiflung ein heiligmäßiges Leben, das ihn, dank der Erleuchtung von oben, zum begnadeten Beichtvater seiner Zeit machte. Von schauderhaften Schreckbildern überfallen, hörte er in der Nacht Dämonen ihr unheimliches Wesen treiben und entdeckte dadurch das entfesselte Böse. Der geringgeachtete «Dienstmädchen-Beichtvater» erlebte «Das Geheimnis der Bosheit», sah in die «Tiefen des Satans», wie es in der Offenbarung Johannes heißt, und stammelte darüber einige unverständliche Worte, weil er unfähig war, das Unsagbare zu sagen. Einfältig wie er war, hatte er schwere Kämpfe mit dem Teufel auszufechten und bemühte sich, sie mit einer blutigen Askese zu bestehen. Er verwunderte sich nicht darüber, weil er bei aller armseligen Geschichtskenntnis wußte, daß die Heiligen durch ähnliche Anfechtungen hindurchgegangen waren und der Mensch stets gegen den Abgrund zu kämpfen hat. Der Pfarrer von Ars tritt brüderlich neben Blumhardt, denn beiden Männern wurden die Hintergründe des Lebens sichtbar, und dabei zählen beide zu den Unmündigen.

In Frankreich begriff man Vianneys Erleben sowenig wie man Blumhardts Kampf in Deutschland verstand. Erst Bernanos gab ihm in seinem ersten Roman «Unter der Sonne Satans» die entsprechende Deutung. Dieses Werk ist eindeutig vom Pfarrer von Ars inspiriert; damit hat der Dichter zugleich auch das neue Heiligenbildnis in die Literatur eingeführt. In das Leben des geplagten Heiligen trat nach Bernanos surrealistischer Schilderung Satan als verkleideter Pferdehändler und wurde zum schändlichen Begleiter von Abbé Donissan. Der Teufel küßte den armen Priester auf den Mund und sprach die Worte: «Ich habe andre, viele andre vor dir geküßt. Soll ich dir es sagen? Ich küsse euch alle, im Wachen oder im Schlummer, tot oder lebendig. Es ist die Wahrheit, glaub es mir. Es ist mein Entzücken, mit euch zu sein, mit euch kleinen Menschengöttern, ihr sonderbaren, so sonderbaren, höchst sonderbaren Geschöpfe! Offen gesagt, ich verlasse euch selten. Ihr tragt mich in euerm dunklen Fleisch, mich, dessen Wesen das Licht war – im dreifachen Abschluß eurer Eingeweide – mich Luzifer.»[26] Bernanos kleidete das Problem in Romanform – es war eine getarnte Kostümprobe –, und darum horchte man in Frankreich einen Augenblick lang über die indirekt ausgesprochene Klage über die abgefallene Christenheit auf. Es dämmerte in einigen Leuten die Ahnung auf, das Problem Satans könnte identisch sein mit dem Problem des Bösen. Bernanos antwortete auf die Angriffe des Bösen in der modernen Gesellschaft mit der einzig richtigen Parole: Austreibung! Ohne sie ist die satanische Herrschaft nicht zu brechen, eine Erkenntnis, in der der französische Dichter über Jahrzehnte hinweg dem schwäbischen Pfarrer die Hand reicht. Bernanos' dichterische und politische Arbeiten sind im wesentlichen nichts anderes als ein christlicher Exorzismus großen Stiles. Nur der Aspekt der Austreibung wird den Intentionen des kämpferischen Dichters gerecht.

Eine andere Parallele liegt in Dostojewskis Kampf gegen den Nihilismus, den er in seinen großen Romanen und auch in seiner Zeitschrift «Tagebuch eines Schriftstellers» führte. Auch der russische Dichter war, wie Vianney, ein Zeitgenosse Blumhardts, und obschon sie voneinander nichts wußten, waren sie durch die gemeinsame Front miteinander verbunden. Seinem Roman «Die Dämonen», der eine vorweggenommene Analyse der russischen Revolution ist, setzte Dostojewski die Worte aus dem Lukas-Evangelium über die Heilung des Gergeseners voran und unterstrich dieses Motto durch eine großartige Erläuterung im Epilog [27].

In seinen Ausführungen wird das Treiben der Dämonen metaphysisch und nicht bloß psychologisch-soziologisch geschildert, wodurch die allzu vereinfachende Blickrichtung «reaktionär oder revolutionär» in ihrer primitiven Unzulänglichkeit überwunden ist. Die nihilistisch-auflösende Bewegung ist nur teilweise ein politisches Problem; verheerend ist ihre antichristliche Ausrichtung. Der Dichter spricht am Ende seiner bestürzenden Erzählung die tiefere Deutung unmißverständlich aus, indem er dem liberalen Schwätzer Stepan Trofimowitsch – ausgerechnet ihm, der die jungen Menschen irregeführt hat – die Worte in den Mund legt: «Sehen Sie, das ist genauso wie unser Rußland. Diese Teufel und Dämonen, die aus dem Besessenen in die Schweine fahren – das sind alle schlechten Säfte, alle Miasmen, aller Schmutz, alle Teufel und bösen Geister, die sich in unserem lieben Kranken, in unserem Rußland angesammelt haben, schon seit vielen, vielen Jahrhunderten! Oui, cette Russie que j'aimais toujours. Aber ein großer Gedanke und ein mächtiger Wille werden es aus der Höhe segnen, ganz wie diesen wahnsinnigen Besessenen, und alle diese Unreinlichkeit, diese ganze Gemeinheit, die sich auf der Oberfläche angesammelt hat und langsam angefault ist... sie werden noch selbst darum bitten, in die Schweine fahren zu dürfen! Ja, und sie sind ja vielleicht schon hineingefahren! Das sind wir, wir und jene und ich vielleicht der erste an der Spitze, und wir werden uns, wir Wahnsinnigen und Besessenen, vom Fels in das Meer stürzen und alle ertrinken, und dorthin gehören wir auch, dahin müssen wir, denn nur dazu allein taugen wir noch! Aber der

Kranke selbst wird wieder gesunden und wird sich ‹zu Füßen Jesu› setzen, und alle werden ihn mit Verwunderung schauen...»[28] Dostojewskis prophetische Dichtung der «Dämonen» schildert die Auswirkungen des atheistischen Geschehens und entlarvt die revolutionären Kreise. Nach ihm verstecken sich hinter der nihilistischen Ideologie teuflische Mächte, die es auf eine geistige Verwüstung des ganzen Volkes abgesehen haben. Er hat das getarnte Auftreten der Dämonen gesehen, hat es lange vor der orthodoxen Kirche wahrgenommen und hat versucht, mit religiösen Kräften die Mächte der Verneinung aus dem Felde zu schlagen.

Im gleichen Zusammenhang sei noch an eine dritte zeitgenössische Parallele erinnert, die in Jeremias Gotthelfs Novelle «Die schwarze Spinne» vorliegt. Auch sie blieb Blumhardt unbekannt, obwohl sie in jenen Monaten niedergeschrieben wurde, als er in den aufreibenden Kampf mit dem besessenen Mädchen verwickelt war. Die Meinung, jeder Schweizer sei von Jeremias Gotthelfs Geist angehaucht, ist eine selbstgefällige Einbildung, die nur dem patriotischen Vorurteil schmeichelt. In Wirklichkeit gehören die Werke des Pfarrers von Lützelflüh trotz aller heimatverbundenen Einkleidung zu den noch am wenigsten verstandenen Schöpfungen der evangelischen Literatur. Gotthelf war eine seherische Gestalt, die sich von keinem Fortschrittstaumel mitreißen ließ. Er kämpfte leidenschaftlich gegen den Radikalismus und fand, der überbordende Zeitgeist verfalle den dämonischen Mächten und die ganze politische Ideologie sei nichts anderes als ein verkappter Atheismus. Die «Schwarze Spinne» ist eine grandiose Schilderung der Überwältigung des Menschen durch die teuflischen Mächte, die das aufgeklärte Bewußtsein von damals zu begreifen nicht fähig war, während doch diese Novelle den Ausgangspunkt für jedes tiefere Gotthelf-Verständnis bildet. Allzu flächenhaft sahen die Zeitgenossen die Dinge, blieben dabei in einem horizontalen Denken befangen und vermochten die vertikalen Einbrüche des Satanischen gar nicht wahrzunehmen. Gotthelfs «Schwarze Spinne» ist eine überliterarische Schau, enthüllt sie doch die

Tiefen des menschlichen Lebens und weist zugleich mit visionärer Gebärde auf die rettenden Kräfte hin. Sie ist ein zeitloses Symbol für die entsetzlichen Folgen, die aus der bewußten und unbewußten Verbindung des Menschen mit den dämonischen Mächten hervorgehen. In der Erzählung liegt auch eine verhüllte Selbstdeutung Gotthelfs vor, indem er selbst der unerschrockene Priester war, der sich in dunkler Sturmesnacht hinauswagte und mit Hilfe des Allerheiligsten dem als «Grünen» verkleideten Teufel die Beute entriß und sich im Kampfe gegen den Zeitgeist aufopferte. Gotthelf ist in seinem Kampf gegen die auflösenden Erscheinungen seiner Epoche mit Blumhardt eng verbunden.

Die Hinweise auf Bernanos' Sicht des Pfarrers von Ars, auf Dostojewskis «Dämonen» und auf Gotthelfs «Schwarze Spinne» stellen Blumhardt in einen größeren Zusammenhang. Von dort muß man auf den Kampf in Möttlingen zurückblenden, denn diese Dichtungen sind die einzig legitimen Kommentare zu Blumhardts Begegnung mit den Mächten. In Wechselbeziehung zum Kampf mit der Gottliebin Dittus gesetzt, eröffnen sie die neue Perspektive, in der man heute Blumhardt sehen muß: Er ist der neue Ritter Georg, der gegen den Drachen kämpfte, und niemals darf man in ihm nur einen der biederen Schwabenväter sehen. Was die Zeitgenossen als dunklen Obskurantismus schnell auf die Seite schoben und hochmütig belächelten, stellt sich als der vordringlichste Eintritt in den unsichtbaren Kampf dar. Anstelle der rasch vorüberhuschenden, faszinierenden Zeitvorgänge sieht man unerwartet das verborgene Geschehen, von dem die sichtbaren Ereignisse nur ein harmloses Wellengekräusel sind. In der Tiefe, im Unsichtbaren, im Verborgenen ereignen sich die entscheidenden Dinge; Blumhardt, Vianney, Dostojewski und Gotthelf legen davon ein beredtes Zeugnis ab. Blumhardts Erlebnisse beweisen, daß es heute, nicht weniger als zu den biblischen Zeiten, einen metaphysischen Kampf zwischen Gott und Satan gibt, dessen Schauplatz der Mensch ist. Man muß hinter den Vorhang blikken, wenn man dies nur ein wenig begreifen will. Wer die

Mächte nicht wahrhaben will, dem sagt es der moderne Romancier Julien Green: «Mit der Zeit aber habe ich feststellen können, daß es sinnlos ist, den Teufel herbeizurufen, da er sowieso nie auch nur einen Fingerbreit von uns weicht.»[29]
Blumhardts reale Begegnung mit den Mächten kann in ihrer Bedeutung nicht überschätzt werden. Das Erlebnis beseitigte schlagartig die achtzehnhundert Jahre, die sich zwischen Christus und der Gegenwart gelagert hatten. Blumhardt durchstieß alles und befand sich plötzlich wieder im Verhältnis der Gleichzeitigkeit. Statt hilflos von zeitgeschichtlich bedingten Vorstellungen zu plaudern, die für das moderne Bewußtsein unannehmbar seien, stand Blumhardt, der mit schauendem Sinn die Bibel las, wieder unmittelbar und ganz real dem Besessenheitsphänomen gegenüber, wie es in den Evangelien geschildert wird. Was dort geschehen ist, ereignete sich auch hier. Was Blumhardt erlebte, war die Wirklichkeit des Übernatürlichen, war metaphysisches Geschehen im Vollzug. Alles war seinsmäßig gegenwärtig und nicht bloß intellektueller Diskussionsgegenstand. Sein Kampf mit den Mächten kann nicht mehr länger als eine Brüskierung der selbstbewußten Aufgeklärtheit auf die Seite geschoben werden, da der Mensch der Gegenwart in den letzten Jahrzehnten vom Teufel mehr als nur den Schwanz gesehen hat. Unvoreingenommen betrachtet, hat Blumhardt den Vorhang weggerissen, der die Menschen daran hinderte, das zu sehen, was sich in der Tiefe des Lebens abspielt. Sind die Ausbeutungen des Kapitalismus, die Vergasungen des Nationalsozialismus, die Arbeitslager des Kommunismus, die Sexwelle der Gegenwart usw. nicht Dämonenherrschaft? Hängt dieses grauenhafte Geschehen etwa nicht mit den finsteren Gewalten zusammen? Blumhardts Handgemenge mit dem Satan hatte sichtbar gemacht, was unsichtbar war, hatte unheimliche Dinge enthüllt und deutlich den unsichtbaren Kampf aufgezeigt, in den die Christenheit allezeit verwickelt ist.
Das Große an Blumhardt war, wie er sich selbst in seinem realistischen Ringen mit den übernatürlichen Mächten verstand. Er interessierte sich nicht im geringsten für die nerven-

aufreizenden «Praktiken des Satanismus» und war weder darauf bedacht, mit sensationellen Enthüllungen die Aufmerksamkeit auf sich zu lenken, noch lockte ihn die leiseste Neugierde auf die Bahn des Spiritismus. Der Sieg Christi über die Dämonen beschäftigte ihn ausschließlich. Die Kraft Gottes am Möttlinger Geschehen war ihm bedeutsam, weshalb er immer wieder darauf zurückkam. Christus macht die Dämonen zunichte, eine Erfahrung, die ihn frohgemut und zuversichtlich stimmte. Seine reale Verbundenheit mit der unsichtbaren Welt bezeugte Blumhardts Sohn am Sarge seines Vaters, indem er eine ungewöhnliche Begebenheit erwähnte: «Es geschah eines Tages, daß Blumhardt über Feld war mit einer Anzahl Männern aus seiner Gemeinde. Er war so gedrückt und bewegt von dem Kampf, in dem er stand, daß ihm das Herz springen wollte ob den täglichen Erfahrungen von der schauerlichen Macht der Finsternis und dem furchtbaren Widerstand, den sie bewies. Da führte sie ihr Weg durch einen Wald und in demselben über einen großen freien Raum; sie hielten still, und mein Vater sagte: ‹Ich habe unterwegs einen Vers gemacht, und den wollen wir jetzt zu unserer Stärkung singen.› Da hat er den Vers ihnen vorgesagt: ‹Jesus ist der Siegesheld.› Die paar Männer sangen mit kräftiger Stimme in den Wald hinein, trauten aber ihren Ohren kaum, als sie hörten, daß sie nicht allein sangen, sondern immer lauter und immer lauter wurde der Gesang im Unsichtbaren. Es war, als ob unsichtbare Heerscharen sich hergedrängt hätten und alle mitsängen.»[30] An diese kosmische Sicht Blumhardts kommen bloß empirische Erklärungen nicht heran. Solche Situationen bezeugen die reale Berührung von Diesseits und Jenseits in Blumhardts Dasein. Mit dem Erde und Himmel umfassenden Erleben hat er eine Christus-Sicht eröffnet, die in der Neuzeit nur ausnahmsweise anzutreffen ist. Sie haben denn auch unerwartete Ereignisse nach sich gezogen, die die Wirklichkeit veränderten.

Im Elend begraben für andere

Ein ebenso ungewöhnliches Erleben widerfuhr Blumhardt am Neujahrsabend 1844. Damals kam ein berüchtigter Mann, bleich und zitternd, ins Pfarrhaus und klagte über sein ihn bedrückendes Sündenbewußtsein. Blumhardt redete mit ihm, aber das Gespräch war auch nach dem zweiten Besuch nicht befriedigend. Erst beim dritten Gespräch bekannte der innerlich verstörte Mann offen seine Sünden und bat Blumhardt um die Lossprechung, die er ihm auch gewährte. «Den Eindruck aber, den die Absolution auf mich und den Mann machte, kann ich nicht vergessen. Eine unaussprechliche Freude leuchtete aus dem Angesichte des Mannes, und mir war's, als ob ich in eine ganz neue, mir völlig unbekannte Sphäre hineingezogen würde, in welcher heilige Geisteskräfte rege würden. Ich wußte mir's noch nicht zu deuten und deutete es auch nicht, sondern fuhr in Einfalt und Vorsicht fort, auf ähnliche Weise zu handeln, als bald noch andere Sünder kamen»[31], gestand Blumhardt. Man spürt den Worten ein heiliges Beben an; Zündel bezeichnete die neue Erfahrung als den zweiten Wendepunkt im Leben Blumhardts. Es ist auch nicht bei dem einen Besuch geblieben, denn am andern Tag brachte der Mann einen Kameraden mit, und hernach riß die Kette nicht mehr ab.

Das unscheinbare Ereignis zeigt erneut, daß Blumhardt immer vom Erleben und nicht von intellektuellen Überlegungen bewegt wurde. Der Zusammenhang mit Blumhardts Kampf mit den Mächten ist unverkennbar, ist doch daraus eine eindrucksvolle Erneuerungsbewegung hervorgegangen, eine seelische Wiedergeburt der Gemeinde. An sich unterliegen Bußbewegungen Bedenken, in dem sie alle ein ähnliches Schicksal durchmachen: sie flammen auf, ergreifen einige Menschen, versetzen sie in eine innere Erregung, erlahmen nach einiger Zeit wieder und versanden zuletzt unmerklich. So ist es allen Erweckungsbewegungen in der Christenheit ergangen; auch für die Möttlinger Bußbewegung befürchtete Blumhardt das gleiche Schicksal. Es ist dies eine kirchengeschichtlich bedrückende

Wahrnehmung, die man nicht einfach mit dem Stückwerkcharakter aller irdischen Ereignisse erklären darf. Offenbar sind religiöse Bewegungen nicht als Selbstzweck, sondern als Vorbereitungen auf ein höheres Ziel zu verstehen, und wenn sie ihren Auftrag anders auffassen, ist es ohnehin um sie geschehen. Dennoch verdient die Erneuerungsbewegung wegen ihrer starken Ausstrahlung eine genaue Beachtung. Während sich sonst die kirchlichen Institutionen alle erdenkliche Mühe geben, die Leute herbeizulocken, in unserer Zeit sogar mit allerlei fragwürdigen Mitteln, geschah bei Blumhardt das Umgekehrte: das Unerklärliche spürend, kamen die Männer und Frauen unaufgefordert zu ihm. Natürlich waren es einfache Leute aus dem Volke, aber Blumhardt selbst ist auch aus dem Volke hervorgegangen und ist zeitlebens als untheologischer Mensch mit dem einfachen Manne nahe verbunden geblieben. Er dachte an das Volk, dem er nie demagogisch schmeichelte, aber das er als viel urtümlicher bewertete als die Welt der Gebildeten, dies um so mehr, als das Volk zu jener Zeit noch nicht durch die Massenmedien verwirrt war. Die entwurzelte Volksmenge von heute ist nicht mehr das gleiche Volk, das Blumhardt noch vor sich hatte. Die schlichten Menschen von Möttlingen wünschten das Pfarrhaus aufzusuchen, um ihre Gewissensbedrückung loszuwerden. Blumhardt nahm sie bereitwillig auf, ihre Last veranlaßte ihn zum erschütternden Geständnis: «Ich bin im Elend begraben für andere.»[32] Ein Mensch nach dem andern ging zu ihm, es trieb sie mit unwiderstehlicher Gewalt hin, und wiederum ganz unabsichtlich konnten sie sich der realen Kräfte gar nicht erwehren. Ohne das geringste Zutun Blumhardts wurden sie von einem Schrecken betroffen, berichteten ihm unaufgefordert ihre Sünden und baten ihn um die Lossprechung. Das Große an der Möttlinger Bußbewegung war, daß sie das Dorf nicht in zwei Teile, in bekehrte und nicht bekehrte Menschen, spaltete. Vielmehr wurde das ganze Dorf, bis zum letzten Einwohner erfaßt – ein unmißverständliches Zeichen für den Einbruch der göttlichen Kräfte. Mit organisatorischen Maßnahmen ist eine derart umfassende Bewegung niemals zu bewerkstelligen – sie war ein reines Geschenk des Himmels.

Bei diesen Geständnissen trat Blumhardt die Sünde entgegen. Er empfand sie nicht als eine moralische Angelegenheit. Dies entspricht der populär-christlichen Auffassung, die allzu harmlos ist und viel zur Verflachung der Christenheit beigetragen hat. In der Sünde nur eine moralische Entgleisung zu sehen, ist ungenügend und kommt einer Verkennung ihres religiösen Charakters gleich. Blumhardt sah in der Sünde eine Verfehlung gegenüber Gott und verstand sie als Macht. Mit Gewalt kommt sie über den Menschen, der sich ihrer oft nicht erwehren kann, weshalb er dann Taten begeht, die er nachher selbst nicht mehr versteht. Blumhardt hatte es demnach wieder mit den Mächten zu tun, nur in anderer Form. Die Sündenwelt überwältigt die Menschen, macht sie zu Gefangenen ihrer rasenden Leidenschaften und beraubt sie ihrer Freiheit. Die Menschen können ihr nicht durch einen anständigen Lebenswandel entgehen, das ist ein bürgerliches Mißverständnis, da die Gewalt der Sünde stärker ist als alle Moralität. Diese Wahrheit gehört zu Blumhardts tiefsten Erfahrungen und hob ihn über sich selbst hinaus.

Blumhardt begnügte sich nicht bloß damit, diese Geständnisse entgegenzunehmen. Gewiß kann es eines gequälten Menschen Herz erleichtern, wenn er sich ausspricht, doch bestand Blumhardts Aufgabe nicht nur darin, geduldig zuzuhören. Ein derart passives Verhalten verbleibt im Rahmen einer psychologischen Beratung, die gerne auf eine bloße Bestätigung des menschlichen Verhaltens hinausläuft. Blumhardt aber erweiterte seine Einstellung zu einer richtigen Beichte. Die Gewissenserleichterung schwer bedrückter Menschen ist nur auf dem Weg der Absolution erreichbar. Es war für Blumhardt nicht leicht, sich in der ganz ungewohnten Situation zurechtzufinden, da ihm hierin jede Anleitung fehlte und er ganz auf die unmittelbare Eingebung des Geistes angewiesen war. Er erteilte die Lossprechung nicht schnell, und wenn die hilfesuchenden Menschen Wesentliches verbargen, fühlte er «alsbald eine Enge auf der Brust und nach einigen Stunden eine Mattigkeit durch alle meine Glieder, als wollte mit einmal alle meine Kraft zusammensinken»[33]. In eine dermaßen reale Lage wurde er hineingestellt, doch fand er, von einer höheren Kraft getragen, die richtige Antwort. Die Beichtsituation machte die Seele, auch die furchtbare Not der Seele, geradezu sichtbar. Die bedrückten Männer und Frauen, die zu ihm ins Pfarrhaus kamen, waren an die Macht der Sünde verkaufte Menschen und nicht weniger gefesselt, als es Gottliebin Dittus gewesen war. Auch bei ihnen dokumentierte sich der Sieg Christi über die finsteren Gewalten, und wiederum war Blumhardt nichts anderes als das Werkzeug, das ihnen diese Wahrheit vermittelte.

Natürlich hörte Blumhardt auch Vorwürfe. Ein Pietist von Möttlingen meinte: «Das ist eigentlich doch ein katholisches Zeug, wie es unser Pfarrer treibt.»[34] Der törichte Einwand übersieht, daß eine Handlung nicht deshalb falsch sein muß, weil sie ihre Analogie im katholischen Raum hat. Dies verrät ein befangenes Denken, von dem sich der Christ befreien muß. Die wahre Frage lautet: «War Blumhardts Verhalten christlich oder nicht?» Da er niemand nötigte, sondern die Beichte als ein Geschenk an den Menschen betrachtete, war sein Verhalten im tiefsten Sinne neutestamentlich[35]. Sein Anhören war nicht institutionell bedingt, das Amt war ihm charismatisch verliehen, und er war von dem einen Wunsch getragen, daß «die Christen wieder priesterlich möchten fühlen lernen für ihre Mitmenschen»[36]. Er verstand die Beichte als Lebenshilfe und Wegleitung.

Blumhardt forderte in der Beichte keine detaillierten Schilderungen der begangenen Sünden, und noch viel weniger schnüffelte er neugierig in der Vergangenheit der Menschen herum. Sein Grundsatz war: «Sünden anderer weiß ich nicht, auch wenn sie mir von noch so viel Ohrenbläsern zugetragen werden, sie gehen mich nichts an, bis sie mit der Frage um Vergebung an mich gelangen; ich kenne sie nur im Lichte der Erlösung, ich habe nie zu richten, nur zu vergeben.»[37] Es ging ihm einzig und allein darum, das unfaßliche Wort der Vergebung glaubwürdig auszusprechen, dieses Wort, das das größte ist neben dem der Liebe, das über die Lippen eines Menschen kommen kann. Doch hat das Wort der Vergebung das Geständnis des Menschen zur Voraussetzung, es kann nicht einem Menschen verkündet werden, der seine Sünden nicht einsieht und bekennt. Die Vergebung scheint heutzutage ein verbrauchtes Wort zu sein; allzuoft sprach man es gewohnheitsmäßig aus, ohne das Unerhörte auch nur zu empfinden. In Blumhardts Mund dagegen gewann das Wort der Vergebung den hellklingenden Ton aus der Frohen Botschaft zurück, jenen Klang, den es besaß, als es Christus zu der großen Sünderin gesprochen hatte. Dem Möttlinger Pfarrer war es gegeben, glaubwürdig davon zu sprechen, so daß es die Menschen einem Blitze gleich durchfuhr. Was in der modernen Gesellschaft kaum noch jemand wagt, weil man fürchtet, sich lächerlich zu machen, das hat Blumhardt getan, indem er, innerlich genötigt, das lösende und erlösende Wort der Vergebung ausgesprochen und dadurch dem Kreislaufdenken des heutigen Menschen ein radikales Ende bereitet hat.

Bei ihm wird der Mensch nicht sich selbst überlassen; Blumhardt lag nichts an einer billigen Lösung, wohl aber an einer Erlösung. Das geheimnisvolle Etwas der Bibel trat wiederum in Erscheinung, das reale Geschehen, und nichts blieb im bloßen Bereich des Geredes stecken. Der auffallende Unterschied lag darin, daß die ihn aufsuchenden Leute nicht bekehrte, sondern vielmehr erlöste Menschen waren. Dies ist keine bloße Begriffsänderung, denn Blumhardt selbst legte großes Gewicht auf die Verschiedenheit: «Es sind Erlöste! wohlgemerkt: Erlöste. Ich sage euch, das ist ein viel besseres Wort als das Wort ‹Bekehrte›... Das ist alles nicht genug, aber erlöst sein, oh, ihr lieben Leute, das begreift kein Mensch, was das heißt!» [38] Martin Buber führte einmal zum Christentum aus: «Wir wissen, daß die Weltgeschichte nicht bis auf ihren Grund aufgebrochen, daß die Welt noch nicht erlöst ist. Wir spüren die Unerlöstheit der Welt.» [39] Diese Erkenntnis war Blumhardt nicht unbekannt, wie sollte er nicht um das Sichsehnen und Sichängstigen der Kreatur wissen, das immer noch auf das Offenbarwerden der

Kinder Gottes wartet. Die Erlösung ist keine fertige Gegebenheit, sie ist ein Prozeß, der an Weihnachten begann; sie ist ein Geschenk an den einzelnen Menschen, der schon in diesem Leben die Erlösung der Seele erfährt. Blumhardt erlebte die Erlösung ganz real, wenn er auch wußte, «es ist noch nicht erschienen, was wir sein werden»[40]. Mit dem Wort «Erlöste» statt «Bekehrte» ist er in die größte Nähe der neuen Sprache gelangt und hat jene Gebärde vollzogen, nach der sich der Mensch aller Jahrhunderte sehnt, weil sie es mit dem Lebendigen seiner Existenz zu tun hat.

Auch die Vergebung war für Blumhardt kein bloßes Wort, weil die Tat unmittelbar darauf folgte. Die bei ihm Hilfe suchenden Menschen waren oft auch von leiblichen Gebrechen betroffen. Blumhardt hatte zunächst den engen Zusammenhang von seelischen und körperlichen Leiden nicht wahrgenommen. Er ist erst nach einigen realen Ereignissen auf diesen Gedanken gekommen. Ein Mann, der an Rheumatismus litt und von Blumhardt das Wort der Vergebung empfing, spürte plötzlich etwas durch seinen Körper fließen, und im selben Augenblick war er frei von seinem Leiden. Eine Mutter rief Blumhardt herbei, da sie aus Versehen die siedend heiße Morgensuppe über ihr noch unangekleidetes Kind heruntergeschüttet hatte. Das Kind schrie entsetzlich, doch als Blumhardt kam, «schloß er es in seine Arme, seufzte, und still wurde dasselbe»[41]. Obwohl die Brandwunden erst nach vielen Tagen heilten, hatte das Kind doch keine Schmerzen mehr. Diese und weitere Heilungen gaben natürlich noch mehr zu reden als die Sündenvergebung, brachten sie doch Blumhardt in den Ruf eines fragwürdigen «Wunderpfarrers» und schlugen dem aufgeklärten Zeitbewußtsein allzustark ins Gesicht. An der Tatsache der Heilungen ist nicht zu zweifeln, da sie von einwandfreien Persönlichkeiten sehr gut bezeugt sind. Der Dichter Eduard Mörike suchte in seiner Krankheit bei Blumhardt Hilfe, wurde von ihm in die Arme geschlossen und empfand schon durch die erste körperliche Berührung eine sichtliche Erleichterung. Der Dichter bestätigte es selbst in einem Briefe: «Vom

Aufenthalt in Möttlingen kann ich Dir viel erzählen; er wird mir ewig denkwürdig bleiben. Über manche Punkte, zumal auch über den ersten unfaßlichen Schritt meiner Besserung, glaube ich ohne Dich gar nicht ins klare zu kommen. Ein Gotteswerk war diese Reise jedenfalls.»[42]

Bedeutsam ist das Selbstverständnis Blumhardts in dieser Tätigkeit. Er duldete nicht, daß man «den Leib herabsetzte»[43], ihn als «Kerker der Seele» oder als etwas bezeichnete, dessen man sich eigentlich zu schämen hatte. Das Pendel der jahrhundertelangen Körperverachtung schlägt heute ins andere Extrem aus: die maßlose Überschätzung der Körperkultur ohne Seele. Nach Blumhardt dürfen Seele und Leib nicht isoliert betrachtet werden, weil sie auf unerklärliche Art miteinander verbunden sind. Die Wahrnehmung vom Leib-Seele-Geheimnis führte ihn zu einer neuen Sicht der Krankheit. Paracelsus' Auffassung, nach der der Mensch ein geteiltes Wesen ist, das sowohl die Fülle aller Krankheiten in sich hat als auch den inwendigen Arzt, der alles wieder einrichten kann, war in Vergessenheit geraten. Die Ansicht, nach der die Krankheit ein bloß leiblicher Vorgang sei, der auf materieller Basis geheilt werden könne, ist zu vordergründig. Für Blumhardt war die Krankheit, genau wie die Sünde, eine Macht. Man schaue nur einmal ein vom Aussatz zerfressenes Antlitz oder einen vom Krebs heimgesuchten Menschen an und denke an die Schmerzen, die er ausstehen muß. Blumhardt bequemte sich nicht, von der Krankheitsmacht nur Kenntnis zu nehmen, er rang und kämpfte mit ihr. Stets hatte er es mit den Mächten zu tun, mochten sie nun Besessenheit, Sünden oder Krankheit heißen. Die Krankheit darf, wie alles in der Welt, nicht losgelöst von Gott gesehen werden, weil sie es mit dem Personkern des Menschen zu tun hat; demzufolge ist nicht nur ein Organ erkrankt, sondern der Mensch an sich ist ein krankes Wesen. Blumhardt ist seiner Zeit weit voraus geeilt, indem er vom Ganzheitscharakter des Menschen überzeugt war: Seele und Leib gehören zusammen, die Seele bedarf der Vergebung und der Leib der Genesung. Auch in dieser Beziehung leuchtete Blumhardt eine Einsicht auf, die dem gegenwärtigen Spezialistentum wieder verlorengegangen ist. Den ganzen Menschen sehen heißt nicht nur die Teile behandeln, sondern das einzelne immer wieder aufs Ganze zurückführen und es in einen Gesamtzusammenhang bringen.

Blumhardts Kampf mit den Krankheiten grenzt ans Wunder; damit konnten die Gebildeten jener Zeit noch weniger anfangen als mit dem Ringen mit den Mächten. Wunder haben in einer wissenschaftlich aufgehellten Welt scheinbar keinen Platz, weshalb sie entmythologisiert werden. Blumhardt nahm gegen die Wunderleugnung keine apologetische Stellung ein, weil sie ohne überzeugende Kraft ist; in seiner Nähe aber ereigneten sich Wunder. Nach ihm können unter einem Volk, das zum Ewigen aufschaut, Wunder nie aufhören; er fühlte sich von Wunderkräften getragen und glaubte, allem modernen Dünkel zum Trotz, an einen Gott, der Wunder tut. «Denn ein Wunder ist doch nur das, was jede Erklärung ausschließt und rein nur als unmittelbares Gotteswerk erscheint.»[44] Deshalb beurteilte er die Tatsache, daß sich in der Christenheit keine Wunder mehr ereignen, als ein tief beunruhigendes Zeichen.

Die seelischen und leiblichen Geschehnisse lockten unendlich viele Menschen nach Möttlingen. Sie kamen aus Hessen und Preußen, aus der Schweiz und aus Frankreich, ja sogar aus Skandinavien und aus Rußland zu Blumhardt. Während diese Menschen von ihm Hilfe erwarteten und auch erfuhren, bereiteten diese lichtvollen Vorgänge den Behörden nur Verlegenheiten. Das Unbehagen der staatlichen Institutionen ist noch begreiflich, denn die politischen Behörden besitzen selten einen Sinn für reale religiöse Vorgänge. Unverständlich jedoch ist die Haltung der evangelischen Kirche, die von einem Versagen nicht freizusprechen ist. Die württembergische Kirchenleitung fand, Blumhardts Tun störe empfindlich, schritt gegen ihn ein und belehrte ihn, das Christentum wolle nur trösten, den Segen der Leiden beleuchten, sonst begehre es nichts. Im Bemühen, das Evangelium zu verharmlosen, schreckte die kirchliche Behörde nicht davor zurück, Blumhardt das Verbot aufzuerlegen, fremde Leute in seinem Pfarrhaus zu empfangen. Damit versuchte sie, seine Wirksamkeit lahmzulegen. Dies schmerzte Blumhardt überaus, denn er fühlte sich als ein treuer Sohn seiner Kirche, der stets versucht hatte, sie nach ihrem verborgenen Sein und nicht nach ihren offensichtlichen Schwächen zu beurteilen. Aber er gehorchte und berief sich nicht auf sein subjektives Gewissen. Er hat nie gegen die Kirche polemisiert, wohl aber unter ihrem bleiernen Zustand gelitten, namentlich unter dem zwischen ihn und das hilflose Volk getriebenen Keil. Die evangelische Kirche hat Blumhardt nicht verstanden und hat sich gar keine ernsthafte Mühe gegeben, seinen Kampf gegen die Mächte zu begreifen. Sie wollte offenbar nicht, daß der Mann von Möttlingen die stillstehenden kirchlichen Gewässer wieder in Bewegung bringe, und hat das Göttliche nur als ein vor vielen hundert Jahren sich ereignetes Geschehen protokolliert, ohne auch nur zu wünschen, es möge in der Gegenwart auch wieder lebendig werden. Schon früher hat man das Unverständnis der Kirche gegenüber Blumhardt festgestellt; Alo Munch verschärfte die Wahrnehmung noch mit der Bemerkung: «Und sie begreift ihn auch heute noch nicht.»[45] Die Kirchenmänner der Gegenwart verbeugen sich wohl in respektvoller Distanz vor Blumhardt, auf sein Anliegen aber treten auch sie nicht näher ein, weil man weniger an einem neuen Aufbruch und mehr an der Erhaltung des Bestehenden interessiert ist.

Das Vorgehen der Kirchenbehörde veranlaßte Blumhardt, sich nach einer weniger eingeschränkten Tätigkeit umzusehen. Er blieb nach wie vor in Verbindung mit der Kirche. Alle blinde Kirchenstürmerei lag ihm fern, aber er war nicht mehr abhängig von der Kirche und entfaltete seine Arbeit neben ihr, sozusagen als «Randsiedler der Kirche». Er brach seine Zelte in Möttlingen ab, und damit war auch ein Lebensabschnitt abgeschlossen. Möttlingen blieb für Blumhardt das Land, in dem er zuerst die Wirklichkeit Gottes real erfahren und die persönliche Nähe Christi unmittelbar erlebt hatte. In diesem Dorf hatte er die Melodie seines Lebens gehört: «Wir sind arm, alle ausnahmslos, aber der Herr kommt gewaltiglich und als großer

Erlöser.»[46] Möttlingen war und blieb der Boden, auf dem Blumhardt stand, er hatte von dort seine Prägung erhalten und einen Nachklang biblischer Geschichte von ungewohnter Wucht erlebt, ein Geschehen, groß und unfaßlich, das wiederum einem Unmündigen geschenkt worden war.

Eine Hütte Gottes bei den Menschen

Blumhardt erwarb sich das Bad Boll und verbrachte dort die zweite Hälfte seines Lebens. Die Behauptung ist irrig, nach der er mit seiner Übersiedlung nach Bad Boll seine Kraft verloren und nichts Großes mehr erlebt habe. Wohl wurden die Kämpfe stiller, aber aufgehört haben sie nicht. Niemals genügt es, Blumhardt in Bad Boll «einen Gottesmann von hoher Originalität» zu nennen, der alle «praktischen Probleme mit Mutterwitz und einem reinen Optimismus» löste[47]. Eine solche Charakterisierung ist zu oberflächlich. Bad Boll war kein christliches «Erholungsheim», eine Bezeichnung, die durchaus von außen stammt und seiner Spiritualität nicht gerecht wird. Auch hatte es nichts mit dem christlichen Gastgewerbe zu tun, es gab weder Schablonen noch Regeln oder sonstige Einschränkungen. Andere Kategorien sind nötig, um zu einem tieferen Verständnis vorzudringen.

Blumhardts Tätigkeit in Bad Boll war mannigfachen Mißverständnissen ausgesetzt. Immer wieder mußte er hören, daß man Bad Boll verächtlich eine Gebetsheilanstalt nannte, dabei war ihm alles «brünstige und zwingerische» Beten in der Seele zuwider. Er hegte sogar eine Abneigung gegen die Gebetsstunden, weil sie «das Einsamsein im Kämmerlein» illusorisch machten[48]. «Dagegen ist meine Weise, mit niemandem besonders zu beten, jedermann vor der Beterei, d.h. vor der vielen Wortemacherei äußerlichen Betens zu warnen.»[49] Blumhardt legte großes Gewicht auf die «Gebete im verborgenen»; wer «nicht in der Einsamkeit zu beten weiß, ist eigentlich kein Beter». Man muß nach ihm «im stillen mit priesterlichem Geiste» beten[50]. Für ihn war das Beten ein Stehen vor Christus, ein «in die Gegenwart Gottes treten»[51]. Blumhardt kannte, wie die Heiligen, das wortlose Gebet: «Der Geist kann auch ohne Worte bitten. Das Auge, das ich zum Herrn erhebe, trägt eine Bitte hinauf ohne Worte. Ja jeder stille Gedanke, der nicht in Worte gefaßt wird, kann eine Bitte und Fürbitte enthalten.»[52] Wer diese Äußerungen bedenkt, wird nicht nur von der religiösen, sondern auch von der menschlichen Atmosphäre überzeugt sein, die er bewußt in seinem Hause pflegte.

Zunächst war Bad Boll ein Wallfahrtsort. Eine alte Frau aus dem Volke sagte einmal, daß ihr, wenn sie dort ins Haus trete, jedesmal das Herz leicht werde und sie am liebsten laut jauchzen möchte. Der Protestantismus kennt keine Wallfahrtsorte, er fühlt sich von derart «abergläubischen» Vorstellungen frei, was sich, geschichtlich gesehen, verarmend ausgewirkt hat. Eine Umwertung ist durchaus geboten. Der kommerzielle Betrieb mit den geschmacklosen Devotionalien ist eine unerfreuliche Begleitmusik, hebt aber den tieferen Sinn eines geheiligten Wallfahrtsortes nicht auf. Echte Stätten solcher Art sind geistige Zentren und haben eine Ausstrahlung wie beispielsweise das Kloster Optima Pustyn in der Ostkirche, zu dem im vergangenen Jahrhundert auch die russischen Dichter gepilgert sind. Es ist überaus wichtig, wenn ein Volk um derartige Kraftzentren weiß und der Mensch spürt, daß er dort angehört wird und er nach einigen Tagen gestärkt in sein Leben zurückkehren kann. Blumhardt schenkte durch Bad Boll der evangelischen Christenheit eine solche Wallfahrtsstätte, denn dort fand man einen lebendigen Christen, der Rat wußte und zu helfen vermochte. Bad Boll war ein geistiger Wallfahrtsort, und als solcher bedeutete er in aller Schwachheit und Unvollkommenheit ein neues Zion. Das Wort ist unzeitgemäß, stammt es doch aus dem Alten Testament, weshalb es nicht mehr der heutigen Ausdrucksweise entspricht. Der Sinn des Wortes aber darf nicht preisgegeben werden. Zion bedeutet eine Burg. Mehr denn je bedarf die heutige Zeit der Burgen Gottes, die den Anstürmen des nivellierenden Zeitgeistes trotzen. Blumhardt wußte um diese heiligen Burgen, und er sagte offen, daß gegenwärtig nicht viele Christen ein solches Zion kennen. Will man den Namen «Zion» vermeiden, wäre Bad Boll einfach «eine Hütte Gottes bei den Menschen» zu nennen[53]. Die schlichte Bezeichnung «Hütte» – und nicht Palast! – trifft Blumhardts tiefstes Anliegen. Die Hütte Gottes bei den Menschen war ein Bollwerk des Geistes, in dem das Geistige und das Materielle zu einer lebensvollen Einheit zusammenwuchsen. Die gegenwärtige Christenheit besitzt kaum noch derartige Hütten Gottes bei den Menschen, jedenfalls zählen die Häuser der Begegnung, die Akademien oder Heimstätten nicht dazu, da in ihnen viel zuviel geredet und diskutiert wird. Man will mit den Menschen ins Gespräch kommen, wie der beliebte Ausdruck heißt, und ohne Zweifel hilft eine solche Aussprache vielen Menschen. Aber ebenso gewiß ist, daß, wo viele Worte gemacht werden, es ohne Sünde nicht abgeht und daß ein pausenloser Betrieb dem Göttlichen abträglich ist, weil es nun einmal mit dem äußeren und inneren Schweigen verbunden ist. Bad Boll dagegen war in aller Erniedrigung eine Hütte Gottes. Blumhardt lebte darin, er umsorgte die Hütte Gottes und kämpfte für sie, die, bei allem Zeltcharakter, doch dem Menschen ein Gefühl der geistigen Heimat vermittelte. Blumhardts Hütte Gottes auf Erden war nicht einmalig, es gab auch früher solche verborgene Kampfstätten, aber sie werden immer seltener, und man findet sie schwer. Bad Boll war ein Bollwerk Gottes, an dem die Wellen des Lebens zerschellten, doch hielt es stand, weil die Gottnähe spürbar war. Blumhardt lebte darin in einer Verbundenheit mit Gott, in der er alles Geschehen, selbst das Übel, von Gott entgegennahm und auch in profanen Dingen die Spuren Gottes sah. Blumhardt errichtete wahre Mauern mit der Fürbitte für andere Menschen, so daß das Nahesein Christi fühlbar wurde. Die Christenheit bedarf mehr als je solcher unscheinbarer Hütten Gottes bei den Menschen, in denen man ohne jedes fromme Geschmäcklein in freier Luft christlich lebt und eindeutig auf Gottes Gegenwart ausgerichtet ist. Es muß Orte geben, da Gott

besonders intensiv anwesend ist, Burgen, die man freilich nur von Gott erbeten kann.
Blumhardt entfaltete in Bad Boll eine Seelsorge großen Stils. Die Befähigung dafür hatte er schon während der Möttlinger Zeit bewiesen. Auch die seelsorgliche Arbeit war durch den Kampf mit den Mächten unter einen neuen Aspekt gerückt. «Ich bin ein Seelsorger und nichts weiteres. Ich zeuge von dem, was die Bibel sagt, wie ich es verpflichtet bin. Das Evangelium ist nicht bloß Wortwerk, sondern eine Kraft», lautete Blumhardts Geständnis, der damit das aussprach, was er in erster und letzter Linie war[54]. Er war der geborene Seelsorger, dem die Wirklichkeit der Seele am Herzen lag, der den Menschen in ihren schweren Nöten helfen wollte und darin eine seltene Kunst an den Tag legte. Frei und bestimmt trat er auf und baute eine Hütte Gottes bei den Menschen, die freilich ohne seine überragende Seelsorgerpersönlichkeit nicht denkbar war. Er erkundigte sich nicht nach den verbrachten Ferien oder ob der Sohn die Aufnahmeprüfung bestanden habe, dies waren in seinen Augen Verlegenheitsgespräche, die die wirkliche Notlage konventionell überspielen. Er bangte um die Seele des Menschen, griff ins Zentrale und schwieg hernach: «Was mir in solcher Weise anvertraut ist, davon weiß ich einfach nichts mehr, sowie ich mich wieder im allgemeinen Verkehr befinde.»[55] Für ihn war die Seelsorge nicht erlernbar durch ein Studium der praktischen Theologie und der Psychologie, auch kannte er keine «Lehre von der Seelsorge», der es vor allem darum zu tun ist, eine Doktrin an den Mann zu bringen. Solche Auffassungen katalogisieren alles, legen es in Schachteln und stellen es auf ein Regal. Seelsorge ist eindeutig ein Charisma, da ohnehin «zwischen einem solchen Menschen und dem Herrn die Engel beständig auf- und niedersteigen»[56]. Blumhardt riet in seiner wahren Seelsorgertätigkeit beispielsweise den Eheleuten ab, einander allzu viele Bekenntnisse aus dem früheren Leben einzugestehen, besonders dann nicht, wenn die gegenseitige Wertschätzung in Gefahr kommt. Diesbezüglich war er davon überzeugt, daß «eine Beichte überhaupt vor Gott nur den rech-

ten Wert hat, wenn sie vor priesterlich denkenden Personen geschieht»[57]. Im übrigen fand er, der Mensch brauche sich seiner begangenen Fehler nicht durchaus zu schämen, er könne und dürfe darüber auch lächeln. Blumhardt besaß eine seltene Fähigkeit, die Leute zu trösten. Er ermunterte die Leidtragenden, die Trostlosigkeit ihrer Lage nicht immer wieder zu überdenken, und versicherte ihnen, daß sie Gott gehören, ob sie das nun in ihrer Erstarrung fühlen oder nicht. Die evangelische Christenheit hat einige große Seelsorgergestalten hervorgebracht – man denke nur an den stillen Tersteegen –, zu denen auch Blumhardt gehört, bei dem die Frömmigkeit in Lobpreis und Seelsorge ausmündete. Er versuchte, die Seele des Menschen in seine Seele aufzunehmen und sie trotzdem nicht an seine Person zu binden, denn «das Binden kommt von unten, das Freimachen durch den Geist von oben»[58]. Blumhardt sah durch den Körper hindurch die Seele des Menschen und trachtete darnach, sie mit der oberen Welt zu verbinden. Allezeit ließ er die Menschen in ihrer Andersartigkeit gelten, und nie versuchte er, ihnen seine eigene Anschauung aufzudrängen. Wohl am besten schilderte Christoph, der Sohn Blumhardts, seines Vaters Seelsorge: «Im stillen entspann sich gegenüber jedem Menschen, der Blumhardt sein Anliegen vortrug, ein verborgenes Ringen mit etwas Unsichtbarem, das als Gebundenheit in verschiedensten Formen sich geltend machte und, dem Menschen selbst unbewußt, dem Seelsorger entgegentrat.»[59]

Die charismatische Seelsorge Blumhardts war frei von allem Rigorismus. Er schrieb über die Trauung von Geschiedenen an einen Kollegen: «Die Vorgeschichte dieser Leute geht dich als Pfarrer gar nichts an, das ist Sache der Obrigkeit. Diese Leute treten nun einmal miteinander in die Ehe, und hiezu bedürfen sie sowieso des göttlichen Segens, und den gibst du ihnen, und um so mehr, wenn sie denselben begehren.»[60] In direktem Gegensatz zum Hofprediger Adolf Stöcker, dem Einpeitscher des Antisemitismus, sagte Blumhardt über die Behandlung der Juden: «Zuvor muß die gläubige Christenheit anders werden, ehe sie die Juden bekehren kann. Da kann man viel systematisieren, macht aber die Rechnung ohne den Wirt... Einstweilen halte ich viel darauf, sie geradezu als Brüder zu behandeln und mich ihnen als Bruder zu erkennen zu geben, sofern wir mit ihnen an den Gott Abrahams glauben.»[61] Noch heute weht dem Leser ein Hauch der überaus wohltuenden Seelsorge entgegen, wenn er sich in Blumhardts Briefe vertieft. Jede Herablassung lag ihm ferne, auch hatte er keine psychologischen Studien getrieben, wußte noch nichts von Freuds Unbewußtem und von Jungs Archetypen und vertrat gegenüber jeder Analyse die Meinung: «Ein Glas trüben Wassers wird nicht durch Umrühren klar, sondern durch Ruhe.»[62] Hinter Blumhardts seelsorglicher Beratung stand eine Vollmacht und eine Liebe zu den Menschen. Dank der Liebe war seine Seelsorge von einer wundersamen Milde Christi überglänzt, die nichts mit Lässigkeit, wohl aber mit Verzeihung zu tun hatte. Die Sanftmut Christi strahlte bei ihm auf, und die Menschen um ihn herum ahnten einen Hauch von der Atmosphäre Gottes.

Will man Blumhardt als Seelsorger charakterisieren, so war er im wahren Sinne des Wortes ein geistlicher Vater, was etwas anderes bedeutet als das modische Wort «Guru». Der Begriff «geistlicher Vater» ist wiederum im evangelischen Raum kaum bekannt, aber er ist von einer tieferen Seelenführung nicht abzulösen. Mit einem geistlichen Vater berührt man offen und vertrauensvoll alle Fragen des Lebens und ist seiner Wegleitung sicher. Es gehört ebenfalls zum Bild von Blumhardt, ihn in diesem Tun zu sehen; in ihm wurde die geistige Paternität neu erlebt, und wir kommen auf religiösem Gebiet nicht weiter, wenn wir die religiöse Vaterschaft nicht wieder zurückgewinnen.

Mit Blumhardts Seelsorge verband sich eine viel zuwenig bekannte Erziehertätigkeit. Zu den großen Erziehern gehören nicht nur jene Gestalten, von denen die Geschichte der Pädagogik zu berichten weiß. Es gibt auch eine inoffizielle, unzünftlerische Pädagogik, die, aus dem Herzen und nicht aus dem Gehirn kommend, einfach genial ist. In aller Unscheinbarkeit kann man jemandem, selbst ohne komplizierte Lehren, eine gute Erziehung geben, man denke dabei nur an Pestalozzi, der von einer Liebe zum Kinde erfüllt war. Blumhardt erinnert in einer Zeit der pädagogischen Ratlosigkeit an die einfachen Linien einer zeitlosen, immer gültigen Erziehungskunst. Einen Menschen erziehen vermag nur, wer sich selbst erzogen hat; Blumhardt verstand das Gebet immer auch unter dem Gesichtspunkt der Selbsterziehung. Zündel schrieb von einer «bis zur Verwegenheit kühnen Milde gegen die Jugend»[63]. Der Mann von Bad Boll verstand den jungen Menschen in seinem dunklen Drang, und dabei buhlte er nicht unwürdig um seine Gunst. Ihm schien es, «als ob ein Engel um die Kinder wäre und sie leitete und unterwiese; und wer da mit seiner Plumpheit dreinfällt und das Kind stört, tritt dem Engel gleichsam entgegen»[64]. Er riet den Eltern, den Frohsinn der Kinder nicht zu unterdrücken und nicht zuviel zu erziehen, denn das schade gerade soviel wie keine Erziehung. «Es sind Engel um sie», das war sein Glaube, und eine solche Pädagogik wird natürlich in keinem Seminar gelehrt. Es lag ihm ferne, junge Menschen mit einem Bekehrungseifer zu überfallen, dazu besaß er zuviel Verständnis für die Kinderseele. Alles Gekünstelte oder gar Verkrampfte vermied er, und stets fühlte er sich verantwortlich für die ihm anvertrauten Menschen, weswegen er auch ohne jede Prätention zum Erzieher geboren war.

In all seinem Tun gab sich Blumhardt frei und natürlich. Aus seiner Feder stammt das Wort: «Der Mensch muß sich zweimal bekehren, einmal vom natürlichen zum geistlichen und dann wieder vom geistlichen zum natürlichen Menschen.»[65] Der Mensch darf sich nur von der Natur entfernen, um sich ihr nach einiger Zeit erneut zu nähern – Abwendung und Zuwendung sind zu vollziehen, eines nicht ohne das andere. Für Blumhardt gab es auch eine Vertrautheit mit dem Natürlichen und nicht bloß eine Feindschaft, ging es ihm doch um eine Synthese von Natur und Übernatur. Bei ihm verbanden sich das Menschliche und das Christliche zu einer organischen Einheit, was eine übernatürliche Natürlichkeit zur Folge hatte.

In aller Einfalt war Blumhardt ein biblischer Weiser, den die Sprüche Salomons preisen. Einem weisen Menschen, der sich vom gelehrten wesentlich unterscheidet, im Leben zu begegnen, ist ein seltener Glücksfall. Bei Blumhardt verband sich Weisheit mit Heiligkeit; er war der heilige Weise, der heute noch durch seine Schriften den Menschen berät, der willens ist, seine Ausführungen mit fragendem Herzen zu lesen.

Eine neue Ausgießung des Heiligen Geistes

Zu einer bedeutsamen Wesenseigentümlichkeit Blumhardts gehört, daß er sich von jeder Umklammerung der Wissenschaft frei zu halten vermochte, während heute die meisten Theologen an ihr ersticken. Wie Kierkegaard, der diese Gefahr ebenfalls sah und sein Hauptwerk «Unwissenschaftliche Nachschrift» nannte, war auch Blumhardt nicht darauf bedacht, seinen Ausführungen einen wissenschaftlichen Charakter zu verleihen. Die Wissenschaft war ihm nicht oberster Maßstab, sie konnte es auch nicht für ihn sein, da in ihm die Stimme der Unmündigen ertönte. «Seid vorsichtig der Wissenschaft gegenüber und dem Geschrei derer, die geistreich tun wollen und mit Trompetersbacken reden. Stellet euch innerlich auch über die Wissenschaft hinauf.»[66] Die Wissenschaft ist sicher eine anerkennenswerte Errungenschaft des Geistes und hat sich auf naturwissenschaftlichem Gebiet großartig entfaltet, auf religiösem Gebiet aber ist sie von untergeordneter Bedeutung, jede Nachahmerei wäre töricht.
Mit hellem Blick schaute Blumhardt in die Welt hinein und verband damit eine Geschichtsschau ohne allen Historismus, eine Haltung, die nochmals seinen Hintergrund erschließt[67]. Der Ausdruck «Geschichtsphilosophie» dürfte nicht nach seinem Sinn sein, er hätte ihn als zu hoch gegriffen abgelehnt, zumal ihm die moderne Geschichtsproblematik noch unbekannt war. Er versuchte, Geschichte aus dem Glauben zu deuten und erfuhr dabei: «In der Einfalt, ohne einen Plan, ohne eine Berechnung, auch ohne Meditation hinter dem Pulte auf

besondere Gedanken hin, bin ich immer meine Wege gegangen und in das hereingekommen oder eigentlich hereingeschoben worden, was ich erlebte.»[68] Das Problem der «seufzenden Kreatur» hat ihn dauernd beschäftigt, und er konnte sich nicht damit abfinden, daß nur das «kleine Häuflein» die Seligkeit erhalten sollte, während die große Masse der Verlorenheit anheimfalle. «Ich gebe niemand und nichts auf; die letzte Entscheidung ist noch nicht gefallen, in nichts und niemandem», sagte Blumhardt[69]. Die Lehre von der doppelten Prädestination lehnte er stets entschieden ab und sprach von einem «Generalpardon», der allein dem Karfreitag auf Golgatha entspreche. Er wurde zur Unterscheidung verschiedener Offenbarungsepochen geführt: er nannte die erste die alttestamentliche, die zweite ist mit Christus eingetreten, und auf die dritte Offenbarungsepoche wartete er[70]. Jedenfalls schreitet Blumhardt mit dieser Blickrichtung weit über den gewöhnlichen christlichen Horizont hinaus, indem bei ihm wieder eine heilsgeschichtliche Betrachtung lebendig geworden war, die die konventionelle Auffassung verschüttete.

Aus dem Aspekt der heilsgeschichtlichen Schau beobachtete er auch das Zeitgeschehen. Es entging ihm nicht, daß wir in einer «Zeit der verwirrten Begriffe leben, da kein Mensch mehr weiß, was zum Christentum stimmt oder nicht»[71]. Er stand unter dem Eindruck, daß seiner Zeit die Entscheidungen fehlen, mit seinen Worten formuliert: «Es ist eine traurige Nachtzeit.»[72] Nach Blumhardt ist auch in unseren Tagen das Edelste verhüllt und vermag sich nicht zur Kraft zu erheben. «Der eigentliche tiefere christliche Geist, auch wenn sie im allgemeinen und nach der Form christlich sein wollen, fehlt eben gar zu sehr unserem Geschlechte.»[73] Blumhardt sprach hierüber sehr scharfe Worte: «Ist es ja gegenwärtig, als ob in gewissem Sinn alle wackelten. Alle wollen anders glauben... Ich fürchte die eigentlich Ungläubigen nicht so sehr, als die Schiefgläubigen... Mir graust es oft für die Leute über dem, was alles auftaucht in unseren Tagen, und wenn ich sehe, wie leicht die Leute in jede Falle hineintappen.»[74] Niemand würde auf den

Gedanken kommen, diese Worte seien vor hundert Jahren gesprochen worden, so gegenwärtig sind sie. Dabei war Blumhardt nicht ungerecht, fand er doch, in der Gegenwart werde manches getan, trotzdem herrsche im ganzen doch tiefer Schlaf. «Solches alles sage ich nicht, um zu tadeln, zu schelten oder zu richten; denn ich fühle mich selbst auch zu sehr als ein Kind unserer Zeit und unterscheide mich von anderen nur etwa darin, daß ich darunter seufze, sie vielleicht nicht oder nicht genug.»[75]

Blumhardt sprach einmal ergreifend von der «Magerkeit der Kirche». Doch begnügte er sich nicht damit, dies sachlich festzustellen, dazu war er an der ganzen Sache viel zu stark beteiligt. Sie brannte ihm geradezu auf der Seele. Er hatte das religiöse Elend der Neuzeit wahrgenommen, und eines Tages entrang sich ihm der gequälte Schrei: «Die Christenheit hat den Heiligen Geist nicht mehr.» Man verübelte ihm dieses Wort am meisten, aber es ist unangebracht, sich beleidigt zu fühlen. Vielmehr liegt in diesem Wort eine tiefe Erkenntnis Blumhardts. Hier zeigt es sich, ob man Blumhardt wirklich verstanden hat oder nicht, denn es führt eine gerade Linie von den Möttlinger Kämpfen zu diesem Notschrei. Blumhardts Feststellung hat nichts mit Verkennung, Kritik oder Ablehnung zu tun, und schon gar nicht ist es eine ketzerische Behauptung. Es war ein Aufschrei aus seinem aufgewühlten Herzen, eine schmerzhafte Wahrnehmung, daß die persönliche Einwohnung des Heiligen Geistes fehlte. Man muß die geheiligte Angst, das christlich gepreßte Gemüt spüren, aus dem diese Worte aufgestiegen sind, Äußerungen, die wie eine nicht endenwollende Wehklage durch eine versteinerte Christenheit hallen. Es ist das entscheidende Notsignal, das Blumhardt in tiefer Nacht aufleuchten ließ und das von der offiziellen Christenheit überfahren worden ist. Dabei wußte Blumhardt, daß niemandem ein Urteil zusteht, was Gott im einzelnen Menschen wirkt und was nicht vorhanden ist. Das Fehlen der Charismen, die die urchristlichen Gemeinden noch besassen, hatte er festgestellt und auch wahrgenommen, daß sie im Laufe der Zeit immer mehr verschwanden. Die Ausgießung des Geistes ist verhängnisvoll unterbrochen, und damit hängt auch der immer schwächer werdende Kampf der Christenheit mit den Mächten zusammen. Er hörte beinahe ganz auf, und als Folge davon wurde alles flacher, konventioneller und gewohnheitsmäßiger. Die Christenheit täuscht sich mit ihrer intellektualistischen Theologie über die Verelendung hinweg, nimmt den großen Abfall gar nicht richtig wahr und tut gerne, als ob alles in bester Ordnung wäre. Blumhardt, durch sein Erleben wachgerüttelt, gab sich keiner Beruhigung über das Fehlen des Feuergeistes hin. Er sah die Not der Christenheit, fühlte sie bis auf den Grund und wußte, daß sie vor allem eine geistige und keine bloß materielle Not ist. Der Heilige Geist, als die lebendige Gegenwart Gottes verstanden, ist nicht mehr da. Diese Wahrnehmung beschäftigte Blumhardt unablässig und beunruhigte ihn. Diese Einsicht traf ihn in seiner Person, löste bei ihm ein Erschrecken aus, von dem er sich nie mehr erholte. Blumhardts Aussage, die Christenheit habe den Heiligen Geist nicht mehr, heißt doch nichts anderes, als daß im gegenwärtigen Christentum etwas nicht mehr in Ordnung ist. Finster ist es geworden, und inzwischen befindet man sich geradezu in einer bedrückenden Notsituation. Jeder unvoreingenommene Blick auf die religiöse Lage der Gegenwart bestätigt die Diagnose Blumhardts. Er hat den Finger auf die wunde Stelle gelegt.

Gegen Blumhardts Schreckensschrei: «Die Christenheit hat den Heiligen Geist nicht mehr», wurde ein Einwand erhoben, der nicht stillschweigend übergangen werden darf. Die Nacht, die sich über die Christenheit gesenkt hatte, mochte auf das ausgehende Mittelalter zutreffen. Damals verdunkelte ein greulicher Aberglaube die Sicht der Christen, dann aber brach die Reformation an und erhellte die Finsternis durch das Licht des Evangeliums. Aus einem verletzten protestantischen Selbstbewußtsein warf man Blumhardt vor, er habe die Reformation übersehen. Nun war er selbst ein überzeugter evangelischer Christ und zudem tief beeindruckt von Luthers christlicher Substanz. Aber für ihn war der Reformator nicht, was er für die evangelische Christenheit geworden war: ein Ruhekissen. Er fand diese Einstellung verhängisvoll, da die religiösen Äußerungen «offenbar nur angelernt oder ausgedacht sind, nicht gleichsam inspiriert»[76]. Nach seiner Begegnung mit den Mächten hatte Blumhardt eine andere, viel tiefer dringende Sicht von der Reformation. Er hat sie einmal in einer Predigt skizziert: «In der ganzen Apostelzeit wurden so viele Fische gefangen, also daß das Netz, das heißt die Lehre, zerriß. Die Lehre bekam Löcher, wodurch Fische hin- und hergingen und der Unterschied zwischen drinnen und draußen sich verwischte, so daß Selige draußen sein und drinnen im Netze Befindliche unselig sein konnten. Die Kirche verwilderte, es wurde wieder Nacht, wieder – im Mittelalter – kümmerliches Angelfischen mit wenig Erfolg. In der Reformation wurden die Netze, das heißt die Lehre, geflickt. Wohl geschah noch mehr, aber ein durchschlagender Sieg über die Sünde, eine eigentliche Rückkehr im Großen zu Gott, trat nicht ein, wie auch anderseits nicht eine Wiederkehr der ersten Gnaden. Es blieb in mancher Beziehung und wurde auch teilweise wieder Nacht.»[77] Im ersten Moment scheint Blumhardts Erfassung der Reformation naiv zu sein. Länger bedacht, liegt in den beinahe kindlichen Worten eine Reformationsbetrachtung, die tiefer dringt als jede bloß historische Bewertung, die vor lauter Pragmatismus die spirituelle Bedeutung gar nicht wahrnimmt. Blumhardt machte mit der Verabsolutierung der Reformation ein Ende. Die Reformation war ein Aufbruch, der nicht zum Ziele geführt hat. Blumhardts Sicht der Reformation eröffnete ganz neue Perspektiven, die aus dem verholzten Schema herausführten. Über die neue Nacht gebrauchte er heftige Worte: «Wenn man in gegenwärtiger Zeit die protestantische Christenheit ansieht, so bekommt man nicht gerade den Eindruck, daß es im gesellschaftlichen Leben viel besser geworden sei, als es bei denen der Fall ist, von welchen wir ausgegangen sind... So taumeln Tausende von Protestanten dahin, haben mitunter auch die Freiheit, in der sie stehen, bis zur Frechheit mißbraucht.»[78] Seine Ausführungen unterstreichen seine evangelische Grundlage und seine Freiheit von allen konfessionellen Scheuklappen. Er hatte die Mauer des Konfessionalismus durchbrochen, indem er stets auch an die Christen außerhalb der Kirche dachte. Jede Ausschließlichkeit war ihm fremd, er rügte sie auch in seinen Ansprachen: «Es ist ein Fehler, wenn wir bei Betrachtung der Reformation nur eben an die durch sie entstandenen Protestanten, Evangelischen, Lutherischen, Reformierten und wie sie alle heißen, denken... wie wenn die andern Völker und Kirchen gar nicht da wären, da man sich als ein neues Israel dachte, das egoistisch und eigenliebig nur von sich träumt.»[79]

Da die Reformation für Blumhardt nur ein Anfang war, der bald wieder zum Stillstand kam, blieb er nicht bei ihr stehen. Die negative Feststellung genügte ihm nicht, war er doch kein verneinender Geist. Er schaute nach einer neuen Ausgießung des Heiligen Geistes aus; damit gewinnt seine Kennzeichnung der christlichen Nacht erst ihre aktuelle Note. «Ich erwarte noch eine Ausgießung des Heiligen Geistes. Diese muß kommen, wenn es mit unserer Christenheit anders werden soll. Ich spüre es, so ärmlich darf es nicht fortgehen. Die ersten Gaben und Kräfte, auch die sollten wiederkommen!»[80] Eine neue Gestaltung der Dinge kann nur durch eine ganz neue Wirksamkeit Gottes zustande kommen, worunter Blumhardt die Ausgießung des Geistes verstand. Natürlich vollzieht sich das neue, lebendige Eingreifen Gottes nicht nach dem Schema von früher; das wäre zu mechanisch gedacht. Ohne eine neue Offenbarung des Heiligen Geistes bleibt die Christenheit im gegenwärtigen Schlendrian stecken, werden die Schäden nicht behoben, sind alle religiösen Anstrengungen umsonst, wird sich nach Blumhardt auch die Hütte Gottes in Bad Boll nicht halten können. Natürlich war es ihm klar, daß die neue Geistausgießung nur eintritt, wenn die Christen gewisse Vorbedingungen erfüllen, d.h. wenn sie so leidenschaftlich wie nur möglich um die neue Ausgießung bitten. Unbeirrt blickte er zum Himmel empor und hoffte Tag und Nacht, er möge sich wieder öffnen. Ohne dadurch einer Schwärmerei zu verfallen, wartete er ganz nüchtern auf «die persönliche Inwohnung des Heiligen Geistes». Der Ausblick nach einer neuen Geistausgießung durchzog sein ganzes Leben. Immer wieder kam er darauf zurück. «Für die Vollendung des Reiches Gottes hängt alles an der Rückkehr des Pfingstgeistes.»[81]

Mit seiner Bitte um eine neue Ausgießung des Geistes steht Blumhardt im kirchlichen Leben des vergangenen Jahrhunderts wie ein erratischer Block auf einsamem Felde da. Weit und breit ist keiner, der ihm die Hand reicht. Aus der Kirchengeschichte sind nur zwei Gestalten zu nennen, die ebenso unabhängig und unkonventionell über den Heiligen Geist nachdachten. Der eine war Joachim von Fiore, der auf das Zeitalter des Heiligen Geistes wartete. Zwar schlich sich bei dem calabresischen Abt irrtümlich ein rechnerisches Element ein, aber er war doch ein vom Heiligen Geist getroffener Mensch. Mit seiner Prophetie des Geistzeitalters entfachte er eine Sehnsucht und entzündete nicht nur eine edle Schwärmerei, sondern erweckte einen echten Enthusiasmus, der die besten Geister ergriff. Die andere Gestalt hieß Seraphim von Sarow, einer der lichtvollsten Heiligen der Ostkirche. Seraphim betrachtete das Innewohnen des Heiligen Geistes als den Sinn des Lebens, eine Aussage, die im Mittelpunkt seines Lebens steht und zugleich betont, daß der Christ ihn nicht mit auf diese Welt bringt, sondern ihn erflehen und erringen muß. Ohne den Heiligen Geist aber verfehlt der Mensch sein Leben, sagte Seraphim deutlich, und damit reichte er Blumhardt die Hand. Zwischen den drei Männern besteht trotz der verschiedenen Formulierung und der konfessionellen Andersartigkeit eine merkwürdige Verwandtschaft: Sie alle haben die offizielle Verkrustung gesprengt und haben den verborgenen Glanz wieder zum Leuchten gebracht.

Die Bitte um eine neue Ausgießung des Geistes bewirkte bei Blumhardt eine intensivierte Erwartung des ewigen Reiches. Vom Reich ist bei ihm immer wieder die Rede. Er sprach vom Reich und nicht von der Kirche und war sich über die Verschiedenheit von Reich und Kirche klar. Sein Denken kreiste um das Reich Gottes; die urchristliche Reichserwartung, die im Laufe der Zeit von der Kirchenidee überlagert wurde, flammt bei ihm in ihrer ganzen Glut wieder auf. Mit brennender Sehnsucht schaute er nach dem Reiche Gottes aus, das trotz aller scheinbaren Niederlagen unaufhaltsam im Kommen ist. «Es ist mir ein großes Anliegen, es möchte einmal ein Erschütterer, ein Schüttelfrost an die Leute kommen, daß dieser Gedanke bei ihnen Wurzel fasse. Denn durch unser Predigen wird es nicht anders, je mehr man davon redet, desto schläfriger werden die Leute.»[82] Nicht der leiseste Hauch einer Enteschatologisierung des Christentums findet sich bei Blumhardt, noch eine Abschwächung und Entleerung der Reichshoffnung. Er lebte in einer gespannten Enderwartung und wich dabei keineswegs dem schwierigen Problem der Parusie-Verzögerung aus, das er der Nachlässigkeit der Menschen zuschrieb. Das Wort «Reich» war für ihn ein Synonym für «Jesus ist Sieger». Die beiden Ausdrücke stehen bei ihm eng verbunden: weil Jesus Sieger ist, kommt das Reich, und das Reich ist unsichtbar schon gegenwärtig, da sich Jesus als Sieger erwiesen hat. Aus dieser Erfahrung heraus wuchs in Blumhardt die Zuversicht: «Eine Erlösungszeit naht», oder anders formuliert, «daß in unserer Zeit der Leuchter des Evangeliums noch einmal aufgestellt und angezündet werden muß, um mit voller apostolischer Klarheit wieder zu leuchten»[83]. Die urchristliche Reichserwartung war für Blumhardt keine bloße Utopie; auch ertrank sie nicht im zynischen Skeptizismus eines «Warten auf Godot». Blumhardt wartete mit Sehnsucht und eilte mit Freuden dem ewigen Reich entgegen. «Ich erwarte eine allgemeine, die ganze Welt durchdringende Aufregung zum Guten, ein Rennen und Jagen zum Reiche Gottes, wie es nicht gewesen ist, so lange die Welt steht.»[84] Die endgeschichtliche Haltung war ihm eine Freude, zumal er die Hölle nicht, wie von Dante gesagt wurde, als ein Tourist durchwanderte, sondern auf eine Errettung aller Menschen hoffte. Er konnte und wollte sich nicht mit der Verlorenheit der Menschen abfinden. «Wir sind alle erlöst» – dies war sein Glaube und das Fundament seiner Fröhlichkeit. Er gab niemanden preis, stand für alle ein und mußte auch für alle hoffen. Selbst die nach Millionen zählenden Menschenmassen waren für ihn so wenig verloren wie die Verstorbenen. Blumhardt wagte nicht offen für die Lehre von der endlichen Seligkeit aller Menschen einzustehen, weil sie dem kirchlichen Dogma widersprach; trotzdem lebte er mit seinem religiösen Gefühl ganz in ihrer Nähe. «Was die Weissagung in Aussicht stellt, gipfelt in der endlichen Befreiung aller Kreatur aus der Knechtschaft der Finsternis.»[85] Er war erfüllt von einem Erbarmen, Weinen und Seufzen über die Menschen und rief ihnen zu: «Glaubt doch nicht, daß der Heiland als der große Kaputtmacher kommen will!»[86] Er verstand das Evangelium in der Weise, daß ein Plan zur Erlösung der Welt und nicht nur der einzelnen Seele bestehe. «Für das Ganze» beten, war seine Losung[87]. Er huldigte keinem egoistischen Seligkeitschristentum; im Gegenteil, der Glaube an die All-Erlösung war in seine Lebenshaltung eingegangen, und er empfand es schmerzlich, daß seine Anschauung kaum ein Echo fand.

Es ist allein der Reich-Gottes-Erwartung zuzuschreiben, daß Blumhardt wegen des herrschenden Zeitgeistes nicht in einen Pessimismus versank. Die pessimistische Lebensanschauung fand in Schopenhauer ihren beredten Wortführer, und Blumhardts Zeitgenossen Wagner, Nietzsche, Burckhardt waren ihr verfallen. Wohl bewahrte der Pessimismus diese Menschen vor einem oberflächlichen Optimismus, aber mehr vermochte er ihnen nicht zu geben, kannte er doch keine Heilmittel. Blumhardt dagegen entwickelte eine lebendige Hoffnung, er war der Mann der großen Hoffnung und zählte sich zu den «Hoffnungsbrüdern». Wer hat heute noch wirklich Hoffnung? Ist die Kirche noch von einer lebendigen Hoffnung erfüllt? Wenn auch sie keine mehr hat, was bedeutet das? Muß dann nicht eine allgemeine Verzweiflung überhandnehmen? Blumhardts Hoffnung ist auf keine kosmologischen Spekulationen gegründet, sie lebt aus dem Evangelium; Péguys «Tor der Hoffnung» läßt sich einzig an seine Seite stellen. Er gab die Hoffnung nicht preis, sondern vertraute auf eine «große, wunderbare Sieger- und Triumphzeit, die noch kommen werde»[88]. Weder ein marxistisches «Prinzip der Hoffnung» noch eine gelehrte «Theologie der Hoffnung» vertrat er, weil aus solchem intellektuellem Gerede keine realen Impulse hervorgehen. Bei Blumhardt dagegen war die Hoffnung eine alles durchdringende Lebenshaltung, verbunden mit einem Hungern nach Gerechtigkeit, herausgeboren aus tiefster Not und ihm von oben geschenkt. Bad Boll wurde zu einem Herd der Hoffnung. Mit brennender Ungeduld wartete er auf das Kommen des Reiches, da der sich über der ganzen Menschheit lagernde Trauerflor weggenommen werde. Nach ihm stand die Christenheit «an der Pforte der prophetischen Zeit», weshalb er unaufhörlich um die Hoffnung betete. Sie war der Herzschlag seines Lebens, und zuversichtlich glaubte er: «Plötzlich steht der Herr auf, und in einem Nu ist alles anders.»[89] Im letzten Kapitel des Neuen Testamentes stehen die Worte: «Es spricht, der solches bezeugt, ja, ich komme bald!»[90] Es dürfte wenige Christen geben, denen diese Worte so aus der innersten Seele herausgesprochen waren, wie Blumhardt. Sein ganzes Wesen bestand in der Hoffnung auf dieses «Komme bald». «Dieses Wörtlein ‹bald› ist mein Kind», sagte er einmal und zitterte vor Sehnsucht darnach[91]. Bald, bald – vor heiliger Ungeduld konnte er es fast nicht erwarten.

Blumhardt hat die grenzenlose Not der Christenheit deutlich empfunden, und nicht nur er, auch andere Menschen fühlten sie. Man kann nicht Christ sein, ohne sie zu spüren. Wie aber antwortet man auf diese Not? In ihrem natürlichen Drang entwerfen die Menschen gewöhnlich ein frisches Programm und versuchen, mit einem neuen Betrieb der geistigen Not zu begegnen, merken dabei aber kaum, daß sie sie nur übertönen. Blumhardt kannte keine solchen Machenschaften, noch erwartete er irgendeine Hilfe von organisatorischen Maßnahmen. Der Mann, der mit den Mächten handgemein geworden war, entwickelte keine Weltverbesserungspläne, rief die Kirche nicht zu einer neuen Aktion auf und veranstaltete keine Kongresse, Tagungen und Kommissionssitzungen. Er versprach sich nichts von solchen hilflosen Gebärden; dies um so weniger, als die Not geistiger Art ist. Blumhardt mußte sich alle bloß menschlichen Mittel versagen – mit Reden ist nicht viel auszurichten, sie bleiben im Unzulänglichen und kommen nicht in Betracht. Diese Einsicht fehlt der heutigen Christenheit; verblendet wie sie ist, glaubt sie mit einem neuen Studium der Tiefenpsychologie, Soziologie usw. dem einreißenden Niedergang begegnen zu können. Blumhardt erwartete einzig und allein vom Eingreifen Gottes die Rettung. Nur ein Tun Gottes kann helfen, sagte er, und damit unterschied er sich prinzipiell von der heutigen ratlosen Christenheit. Das sehnsüchtige Warten und das gespannte Ausschauen nach dem Einbruch Gottes ist der Sinn seiner Hoffnung auf eine neue Ausgießung des Geistes. Lange muß man meditieren und innerlich ringen, bis man sich das Wegweisende von Blumhardts Haltung angeeignet hat. Sein Warten einem Quietismus gleichzusetzen, ist eine Verkennung; er war nach innen und nach oben ausgerichtet, was ihn vor dem modernen Sog der Betriebsamkeit bewahrte. Nie glaubte er, durch eigene Kraftanstrengung eine Änderung herbeiführen zu können, er stellte im Gegenteil dem heutigen Anpassungschristentum das sehnsüchtige Warten bei lebendigster Innerlichkeit gegenüber. Er hat die große Korrektur vorgenommen, indem bei ihm wieder das große Flehen der Christenheit begann. Statt ihn der Verkürzung der Perspektive zu beschuldigen, denke man daran, wie unmittelbar er das Göttliche erlebt, wie real er die transzendente Welt berührt und damit Christus wirklich erfahren hatte.

Die milde Hand Gottes tut sich auf

Äußerlich war Blumhardt nicht großartig anzuschauen, war er doch eher klein und unansehnlich. «Das Blumhärdtle ist jetzt da», meinten seine Freunde einmal[92]. Der von frommen Schriftgelehrten geringgeschätzte Mann hatte jedoch etwas Ewigkeitsmäßiges an sich. Bei näherem Zusehen fiel der Unscheinbare auf, nicht weil er originell war, sondern weil in ihm eine spürbare Kraft lebte. Er dachte von sich gering, seine Freunde aber fanden, er sei nicht im geringsten vom Zeitgeist angekränkelt und bei ihm sei alles ursprünglich und frei von allem Gekünstelten. «Er war immer gesammelt, immer gehalten, immer getragen von dem Bewußtsein der Nähe des Herrn», schrieb Zündel und erwähnte auch seinen Humor, der zum Bewußtsein der Erlösung gehört[93]. Der Kämpfer mit den Mächten war überzeugt, eine Gottessache und keine bloß kirchliche Parteiangelegenheit zu vertreten.

Blumhardt kann nicht in Beziehung zu seinen Zeitgenossen gesetzt oder mit ihnen verglichen werden. Trotz seines großen Bekanntenkreises war er im Grunde seiner Seele ein einsamer Mensch, wie dies die meisten Christen aller Zeiten sind. Er fühlte sich auch von vielen seiner sogenannten Gesinnungsfreunde nicht richtig verstanden, weshalb seine Gestalt auch nicht dazu angetan ist, mit einer kritischen Sonde untersucht zu werden. Wohl würde er einer genaueren Prüfung standhalten, aber sie ist nicht angebracht. Für ihn war Ehrfurcht vor dem Göttlichen bestimmend, und sie ist auch ihm gegenüber am Platze. Damit ist nicht einer blinden Übernahme seiner Aussagen das Wort geredet. In der Weise verhalten sich viele Blumhardt-Bewunderer, Leute, die sich an Blumhardt-Kalender und Blumhardt-Worte klammern. Die bloß bewundernde Verehrung auf christlichem Gebiet beruht mehr oder weniger auf einem Mißverständnis. An ihre Stelle muß eine neue Begegnung mit Blumhardt treten, denn es geht um eine Aneignung seiner Erfahrung.

Die beste Anleitung hiezu sind die Ausführungen seines Sohnes Christoph, der in einem ehrfürchtigen und doch nicht schülerhaften Verhältnis zu seinem Vater stand. In einer aufschlußreichen, freilich nie mehr aufgelegten und darum heute seltenen Schrift «Die Geschichte von Möttlingen und Bad Boll und unsere heutige Stellung dazu» setzte sich der Sohn mit dem Erbe des Vaters vorbildlich auseinander[94]. Die beiden Männer kannten noch kein Generationenproblem und es gab keinen Vater–Sohn-Gegensatz. Der Sohn begnügte sich nicht einfach damit, die Worte des Vaters zu wiederholen, und ebensowenig hatte er es darauf abgesehen, unbedingt etwas anderes zu sagen.

Beide Einstellungen sind unfruchtbar. Der junge Blumhardt befand sich in einer veränderten Situation und hat der neuen Lage im väterlichen Geiste Rechnung getragen. Sein inneres Gespräch mit dem Vater vollzog sich in einem ehrerbietigen und freimütigen Ton. Statt sich in Ablehnung oder Apologetik zu ergehen, hat er die Fragen aufgenommen. Blumhardt Vater und Sohn werden oft in einem Atemzug genannt, was ebenso unrichtig ist, wie wenn die Haltung des Sohnes als Abfall bewertet wird. Die Verbundenheit zwischen beiden kann nicht übersehen werden. Der Sohn hat sich stets zu dem Erbe des Vaters bekannt und ihm eine anerkennenswerte Treue gehalten. «Ich muß immer meinen Vater vertreten», sagte er in aller Kürze und verlor dabei den väterlichen Ausgangspunkt nie aus den Augen[95]. Die schönste Übereinstimmung mit dem Geist des Vaters zeigt sich im Gebet: «Lieber Heiland, laß mich zuletzt in den Himmel hinein, und wenn ich noch Höllenbrände ausstehen muß – ich will nicht hinein, bis die andern drin sind.»[96] Zwischen dem älteren und dem jungen Blumhardt bestehen aber auch Verschiedenheiten, indem der Sohn nicht einfach in der Tradition des Vaters steckenbleiben wollte. Er versuchte, Klarheit über die schwachen, nicht tragfähigen Stäbe zu erlangen, auf die sich sein Vater gestützt hatte. Nach dem jüngeren Blumhardt sind unbewegliche Formen der Tod des Geistes, und er war der Ansicht, sie stünden auch im Gegensatz zum neuen Erleben seines Vaters. Deshalb darf der ältere Blumhardt nicht als bloße Vorstufe zum jüngeren Blumhardt aufgefaßt und der Sohn nicht des Verrates am Vater bezichtigt werden. Es gilt, beide neu zu befragen, um ein fruchtbares Ergebnis zu erhalten. Eine aufgeschlossene Auseinandersetzung mit Blumhardt ist bis heute nicht über die ersten, ungenügenden Anfänge hinausgekommen, und dabei wäre sie doch eine religiös ungemein bereichernde Aufgabe[97].

Blumhardt wäre mit keinem Personenkult einverstanden gewesen. Gewisse Unzulänglichkeiten sind offenkundig und tun seinem Werk keinen Abbruch. Dazu gehörten seine zahlreichen Versammlungen und die damit verbundenen Predigten. Dabei stellte er sich das Ziel: «Bei allen meinen Predigten will ich nur den Text erklären und anschaulich machen. Meine Predigten werden also nichts geben, als eine Reproduktion des Textes.»[98] Glücklicherweise befolgte er diese Regel nicht, sondern bewahrte sich seine große Freiheit in Inhalt und Form. Blumhardt war trotz seiner ungepflegten Sprache ein beliebter Prediger, dessen Ausführungen seiner Persönlichkeit wegen starken Eindruck machten. Gleichwohl darf man mit seinem Sohn fragen: «Was ist ein beständiges Predigen ohne eine beständig erneute Offenbarung?»[99] Blumhardt sprach noch nicht mit den neuen Zungen, die das Evangelium verheißt, konnte auch noch nicht mit ihnen sprechen, weil die ersehnte neue Ausgießung des Geistes nicht erfolgt war[100].

Einschränkend wirkte auch seine fehlende Auseinandersetzung mit den Strömungen seiner Zeit. Er nahm nur nebenbei Kenntnis vom entstehenden Sozialismus; von Marx hat er sicher keine Zeile gelesen, auch wußte er nichts vom französischen Impressionismus, und der russische Roman blieb ihm unbekannt. Natürlich waren zu jener Zeit die Kommunikationsmittel noch lange nicht so entwickelt wie heutzutage, weshalb die Zeitgenossen oft voneinander nichts erfuhren. Man vermißt bei Blumhardt auch eine intensive Beziehung zum kulturellen Leben. Die Pflege einer religiösen Kultur gehört zum geistigen Leben eines Christen, denn ohne sie würde er unfreiwillig eng und arm. Blumhardt lebte in den patriarchalischen Verhältnissen eines schwäbischen Landpfarrers, dessen ausgeprägt eschatologische Erwartung ein kulturelles Interesse nicht recht aufkommen ließ.

Doch traten diese Unzulänglichkeiten gegenüber seinen Verdiensten weit zurück. Wer mit den Mächten kämpfte, wer zum geistlichen Vater unzähliger Menschen wurde, wer eine Hütte Gottes bei den Menschen errichtete und ihnen mit einer Hoffnungsfreudigkeit ohnegleichen voranging, darf ruhig einige Mängel aufweisen. Seine Person bleibt dabei unangetastet. Er hat vorbildliche Leistungen vollbracht, mit deren Verarbeitung die Christenheit noch nicht zu Ende ist.

Blumhardt hat die pietistische Enge durchbrochen und dabei das Wertvolle behalten. Der Pietismus verdient die ihm heute zuteil werdende Geringschätzung nicht. Er war die stärkste religiöse Bewegung, die der Protestantismus hervorgebracht hat, und war, von Kräften getragen, gegenüber der lehrhaft-intellektuellen Orthodoxie auf die konkrete Lebensführung des Christen bedacht. Die pietistische Bewegung hat vor allem eine Bibelkenntnis unter dem Volk verbreitet und hat auch das Gefühl des Menschen berücksichtigt. Zudem gilt es, zwischen dem ursprünglichen Pietismus und den gegenwärtigen Epigonen zu unterscheiden, bei denen, nach Blumhardt, «sich keine Originalität und Eigentümlichkeit kundgeben darf»[101]. Blumhardts Familie war einer pietistisch angehauchten Kirchlichkeit zugetan. Eine Bekehrung im pietistischen Sinne aber hat er nach eigenem Zeugnis nie durchgemacht, da er von frühester Jugend an in einem bewußten Christentum aufwuchs. Als Pfarrer verkehrte er mit Kirchenleuten und Separatisten und hat dadurch die Trennungslinie zwischen den beiden Gruppen bewußt durchbrochen. «Da ist es schon ein Übelstand, wenn einer so bestimmt sich selbst den Gläubigen nennt, den anderen ungläubig»[102], während nach seiner Meinung alle noch nicht auf dem rechten Wege sind und keiner dem andern viel vorzuwerfen hat. Er nannte der Pietisten richtendes und ausschließendes Tun unchristlich und wollte Christus für die Welt beanspruchen und nicht nur für eine kleine Gruppe. Von Leuten, die mit ihm andächteln wollten, wandte er sich entschieden ab, weil ihm jede Frömmelei zuwider war. Menschlich weitherzig wie er war, empfand er Tanz, Spiel und Theater nicht als Sünde, ihm war auch die pietistische Weltangst fremd, und er wagte sogar, den frommen Pietisten Buße zu predigen. Bei ihm sind Geistliches und Weltliches zusammengeflossen. Schon an seiner ersten Wirkungsstätte hat er mit den Jünglingen im Schulhaus die Zeitung – und nicht die Bibel! – gelesen und mit ihnen das Gelesene besprochen, damit sie ein Verständnis für das Weltgeschehen bekämen. In diesem Manne war alles Heilige von einer Menschlichkeit erfüllt und alles Menschliche von einer eigenartigen Verklärung umgeben. Auch wollte er von aller Gesetzlichkeit in der Frömmigkeit, die den Menschen nur plagt, nichts wissen. Zu seinen Lebzeiten haben sich die Pietisten vielfach von ihm zurückgehalten. Es schien ihnen nicht zu gefallen, wenn Blumhardt sagte: «Die Unfrommen sind oft nur einfach schuldig und die Frommen zweifach»[103] und «schwer ist es, zu sehen, daß die christlichsten Leute am verkehrtesten denken und reden»[104]. Nach Blumhardts Tod hat sich das Verhältnis gewandelt, und da er in der Sprache eine verwandte Terminologie gebrauchte, konnte der Pietismus ihn ohne viel Schwierigkeiten für sich einkassieren. Das aber war nicht richtig. Vielmehr nahm er den Pietismus in sich auf und überwand seine Verkrustungen, ohne die religiöse Substanz zu verlieren.

Blumhardt ließ sich auch von keiner Theologie einfangen. Von einer «Theologie des Reiches Gottes beim alten Blumhardt» zu reden, ist schon im Ansatz verfehlt. Es entspricht auch gar nicht Blumhardt, ihn in eine «Geschichte der protestantischen Theologie» einzuordnen – man müßte die Theologie des zwanzigsten Jahrhunderts zu ihm hinführen. Die Bemühung, Blumhardt ins Theologische zurückzuübersetzen, steht mit seinem Ausbruch aus der Theologie im Widerspruch. Bei ihm finden sich keine Ansätze zu einem System, und nach seinem Dafürhalten ist die Entfremdung von Gott um so größer, je gerundeter eine Dogmatik erscheint, die doch immer ein Werk des Intellektualismus ist. Er war tief mißtrauisch gegenüber allen theologischen Gedankentürmen[105], trotzdem hat er nie gegen den Dämon des Theologismus polemisiert, aber er hat instinktiv gespürt, daß die Theologie den Menschen in die religiöse Repristination hineinführt, auch wenn er dies durch eine Verbindung mit der politischen Linken zu überspielen versucht. Vorausschauend hat er erkannt, daß das theologische Gerede von der Existenz gerade an der Lebensgestaltung des Christen vorbeiführt. Die begriffliche Auffassung des Evangeliums genügte ihm nicht, Gelehrsamkeit ließ er gelten, aber er bemühte sich nicht um sie. «Auch die gelehrtesten Leute müssen arm im Geiste werden, von einer anderen Seite her unterrichtet sein, als sie bisher es gelernt, oder sie fallen nebenhinaus und können nie in den eigentlichen Bereich des Reiches Gottes kommen.»[106] Die theologische Diskussionsfreudigkeit schätzte er ebenfalls nicht hoch ein: «Es gibt solche, die wollen nur immer Fragen beantwortet wissen. Was braucht es denn aber viel Fragens? Tue einer, was er weiß.»[107] Er selbst hatte Gottes-Erfahrungen gehabt, und wiederholt betonte er, wie wichtig dieses reale Erleben sei, wußte er doch, daß nur aus ihm geistige Realitäten erkennbar sind, eine Schau, von der in der damaligen religiösen Literatur noch kaum die Rede war[108]. So wenig man von einer Theologie des Franziskus oder der kleinen Therese reden kann, so wenig gibt es eine Theologie Blumhardts. Theologie will doch eine Wissenschaft sein, und Blumhardt stand gerade ihr fremd gegenüber. Sein intensives Gottesverhältnis hat nichts mit theologischer Wissenschaft zu tun. Er hat die Gefahr der theologischen Geistigkeit erkannt – auch die Wiederherstellung der ungeteilten Christenheit gelingt nie, solange sie Theologen und nicht heiligmäßige Menschen durchzuführen versuchen.

Blumhardt einfach zu wiederholen wäre verfehlt, aber sich mit ihm zu beschäftigen wirkt sich befruchtend aus. Er gehört zu den Gestalten, die in den kommenden Auseinandersetzungen nötiger sind als je. Tag und Nacht hat diese außerordentliche Persönlichkeit nach Neuem, Ewigem sehnsüchtig Ausschau gehalten. «Nie haben wir ihn im Gegenwärtigen befriedigt gesehen, wenn wir in stillen Stunden mit ihm zusammensaßen; öde und fade erschien ihm das Leben der Christenheit in der Gegenwart gegenüber dem hellglänzenden Bilde des Reiches Gottes, das verheißungsvoll vor seiner Seele aufgetaucht war.»[109] «Im Unergriffenen war er ergriffen vor dem zu Ergreifenden.»[110]

Was sagen die Katholiken zu Blumhardt? Nun, Theodor Häcker schrieb einmal: «Blumhardt, der fast ein Heiliger war»[111] und noch in seinen letzten Jahren bemerkte er: «Die katholischen Theologen haben sich recht mittelmäßig verhalten gegenüber Männern wie Blumhardt, Hilty, Kierkegaard. Sie sahen nicht einmal blinken die Goldbarren unter dem häretischen Staub –

sie sahen nur diesen. Und das ist schade!»[112] Wie deuteten die evangelischen Christen Blumhardt? Es gibt etliche Urteile, die zutreffendste Bezeichnung fand Rudolf Otto: «Eine hagiologische Gestalt.»[113] Der Protestantismus kennt nicht allzu viele solche Menschen. Blumhardts Heiligkeit manifestierte sich nicht in einer heroischen Tugend, sondern in einer Verbundenheit mit der oberen Welt. Durch alle Unscheinbarkeit leuchtete sie hindurch; die Wirklichkeit Gottes war Blumhardt einzig und allein wichtig, und ihr gegenüber trat alles andere zurück. Dabei hatte er das Gefühl, er habe erst einen Hauch von Gottes Realität erlebt. Daß er in einer geheiligten Atmosphäre gelebt hatte und von einer unsichtbaren Segenswolke umgeben war, ist offensichtlich.

In den ersten Tagen des Monates Januar 1880 hatte Blumhardt «eine wunderbare Erscheinung, in welcher ihm das nahende neue Leben der Kreatur gezeigt wurde»[114]. Eine nähere Schilderung dessen, was er gesehen hat, gab er nicht, obschon es ihm Mühe kostete, sich über seine Schau nicht auszusprechen. Solche mystische Erlebnisse sind auch nicht dazu angetan, ausgeplaudert zu werden, da sie ohnehin an Schönheit verlieren würden. Blumhardt gehörte zu den Christen, denen visionäre Erleuchtungen zuteil geworden sind; und stets neue Bezeugungen Gottes zu erleben ist das Vorrecht der Unmündigen. Die wunderbare Erscheinung veranlaßte ihn, in einer in sich gekehrten Stimmung alle Dinge zu ordnen.

Kurz darauf wurde er von einer Lungenentzündung befallen, die zum Tode führte. Auf seinem Krankenlager sprach er: «Der Herr wird seine milde Hand auftun zur Barmherzigkeit über alle Völker.»[115] In diesem Ausspruch ist noch einmal der ganze Blumhardt enthalten; das Wort leuchtet wie ein Sonnenstrahl in das apokalyptische Dunkel unserer Zeit hinein. Die Christenheit befindet sich, mehr als früher, in einer verfinsterten Situation. Schwarze Wolken verhängen jeden Ausblick, und niemand weiß, was ihr in den nächsten Jahren noch bevorsteht. Statt sich in düsteren Ahnungen zu ergehen, wird sich der Christ in dieser bedrängten Stunde an die milde Hand Gottes erinnern, die über allem Völkergeschehen waltet. Die milde Hand, von der der sterbende Blumhardt sprach, tut sich immer wieder auf und läßt den Christen selbst in der allerschwersten Not nie verzweifeln. Gerade in der größten Ausweglosigkeit ist sie die einzige Hoffnung. Nicht sanft genug vermag man von der milden Hand Gottes zu reden, und diese Hand Gottes wird auch den heutigen Menschen in eine unbeschreibliche Barmherzigkeit einhüllen.

QUELLENNACHWEIS

DIE PARADOXE LOBPREISUNG

1 Jer 45, 5
2 Jona 4, 11
3 Mt 11,25
4 1 Kor 3, 2 u. Hebr 5, 12
5 Peter Wust, Gesammelte Werke, 1964, Bd. II. S. 133
6 Mt 10, 16
7 Mt 18, 3
8 L. Granjel, M. de Unamuno, 1962, S. 234
9 Julien Green, Aufbruch vor Tag, 1964, S. 39
10 Ps 35, 2
11 H. Kutter, Bilderbuch Gottes, 1917, S. 15 u. 137
12 Jes 40, 3
13 Lk 2, 4
14 G. Bernanos, Tagebuch eines Landpfarrers, 1936, S. 192
15 Haecker, Tag- und Nachtbücher, 1947, S. 58
16 Augustinus, Bekenntnisse, Buch VIII, Kap. 8

BRUDER ÄGIDIUS

1 Leben und Goldene Worte des Bruders Aegidius, ed. Hardick, 1953, S. 120
2 Die Schriften des hl. Franziskus von Assisi, ed. Hardick, 1956, S. 94
3 Bruder Leo von Assisi, Der Spiegel der Vollkommenheit, 1935, 3. Buch, Kap. 30
4 Joh. Jörgensen, Der hl. Franz von Assisi, 1922, S. XVI
5 Spiegel, 2. Buch, Kap. 8
6 ibid., 1. Buch, Kap. 3
7 ibid., 3. Buch, Kap. 2
8 Die Schriften des hl. Franziskus, S. 95
9 Mt 9, 9
10 Thomas von Celano, Leben und Wunder des hl. Franziskus von Assisi, ed. Grau, 1955, S. 436
11 Bernanos, Die großen Friedhöfe unter dem Mond, 1959, S. 236
12 Spiegel, 6. Buch, Kap. 3
13 ibid., 8. Buch, Kap. 3
14 Franz von Assisi, ed. Karrer, 1945, S. 142
15 Spiegel, 11. Buch, Kap. 2
16 ibid., 1. Buch, Kap. 25
17 Legenda Trium Sociorum, 1923, S. 131
18 Jo 1, 39
19 Leben und Goldene Worte, S. 33
20 ibid., S. 33
21 ibid., S. 34

[22] ibid., S. 34
[23] Celano, S. 96
[24] ibid., S. 97
[25] ibid., S. 99
[26] R. Schneider, Innozenz III., 1960, S. 152
[27] Spiegel, 9. Buch, Kap. 1
[28] Leben und Goldene Worte, S. 47
[29] Menge, Der selige Aegidius von Assisi, 1906, S. 27
[30] Spiegel, 3. Buch, Kap. 27
[31] Leben und Goldene Worte, S. 87
[32] ibid., S. 94
[33] ibid., S. 95
[34] ibid., S. 111
[35] ibid., S. 11
[36] ibid., S. 87
[37] Menge, ibid., S. 42
[38] Leben und Goldene Worte, S. 10
[39] ibid., S. 105
[40] ibid., S. 53
[41] ibid., S. 67
[42] Celano, S. 95
[43] Leben und Goldene Worte, S. 31
[44] Franziskus, Engel des sechsten Siegels: Sein Leben nach den Schriften des hl. Bonaventura, ed. Claasen, 1962, S. 271
[45] Leben und Goldene Worte, S. 31
[46] ibid., S. 90
[47] ibid., S. 109
[48] ibid., S. 74
[49] ibid., S. 76
[50] ibid., S. 73
[51] ibid., S. 89
[52] ibid., S. 100
[53] ibid., S. 146
[54] ibid., S. 60
[55] ibid., S. 110
[56] ibid., S. 59
[57] ibid., S. 57
[58] ibid., S. 86
[59] ibid., S. 62
[60] ibid., S. 111
[61] ibid., S. 69
[62] ibid., S. 151
[63] ibid., S. 81
[64] Menge, S. 35
[65] ibid., S. 30
[66] Leben und Goldene Worte, S. 63
[67] ibid., S. 60
[68] ibid., S. 26
[69] Duplojé, Die religiöse Botschaft Charles Péguys, 1970, S. 156
[70] Blütenkranz des hl. Franz von Assisi, 1908, Kap. 34

BRUDER KLAUS

[1] Wagner, Ein Beitrag zur Bruder-Klausen-Forschung, in: Der Geschichtsfreund, 1928, S. 104
[2] P. Hiller u. A. Schmid, Nikolaus von Flüe im Bilde der Jahrhunderte, 1943, S. 13
[3] Nikolaus von Kues, Über den Beryll, 1938, Kap. 21
[4] 1 Sm 3, 1
[5] Robert Durrer, Bruder Klaus, Die ältesten Quellen über den seligen Niklaus von Flüe, 1917–1921, Bd. I, S. 465 u. 531
[6] ibid., Bd. I, S. 466
[7] Jer 1, 5 u. Gal 1, 15
[8] A. Mojonnier, Nikolaus von Flüe, 1942, Bd. I, S. 122
[9] Durrer, I, 83
[10] ibid., I, 462
[11] ibid., I, 39
[12] ibid., I, 533

[13] ibid., I, 463
[14] ibid., I, 60
[15] ibid., I, 538
[16] M. Picard, Die unerschütterliche Ehe, 1942, S. 13
[17] Durrer, I., 464
[18] F. Blanke, Bruder Klaus von Flüe, 1948, S. 6
[19] Durrer, I, 535
[20] ibid., I, 538
[21] ibid., I, 538
[22] ibid., I, 463
[23] ibid., I, 464
[24] ibid., I, 546
[25] ibid., I, 546
[26] Franz von Baader, Sämtl. Werke 1854, Bd. IV, S. 359
[27] Durrer, II, 836
[28] ibid., II, 816
[29] Adrienne v. Speyer, Nach Manuskr.
[30] Durrer, I, 39
[31] ibid., I, 39
[32] ibid., I, 84
[33] ibid., I, 538
[34] Theodoret, Mönchsgeschichte, Kap. 26
[35] R. Schneider, Erbe und Freiheit, 1955, S. 116
[36] Durrer, I, 84
[37] ibid., I, 61
[38] ibid., I, 463
[39] ibid., I, 540
[40] ibid., I, 540
[41] ibid., I, 54
[42] ibid., I, 61
[43] ibid., I, 407
[44] ibid., I, 468
[45] ibid., I, 526
[46] ibid., I, 85
[47] ibid., I, 347
[48] ibid., I, 64
[49] ibid., I, 49
[50] ibid., I, 542
[51] ibid., I, 203
[52] ibid., I, 468
[53] ibid., I, 39
[54] ibid., I, 363
[55] ibid., I, 363
[56] G. Haegglin, Das Visionenbild des hl. Nikolaus von Flüe, 1951, S. 99
[57] Durrer, I, 434
[58] ibid., I, 65
[59] ibid., I, 584
[60] ibid., I, 63
[61] ibid., II, 999
[62] ibid., I, 404
[63] ibid., I, 407
[64] ibid., I, 407
[65] ibid., I, 87
[66] ibid., I, 548
[67] ibid., I, 115
[68] ibid., I, 549
[69] ibid., I, 86
[70] ibid., I, 404
[71] ibid., I, 547
[72] ibid., I, 397
[73] Von Matt, Bruder Klaus, 1955, S. 33
[74] Mojonnier, S. 189
[75] Durrer, I, XXIV
[76] S. Frick, Heinrich Federer, 1960, S. 194
[77] Vockinger, Bruder Klausen-Buch, 1936, S. 153
[78] Durrer, I, 547
[79] Mojonnier, S. 246
[80] Durrer, II, 778
[81] ibid., I, 586
[82] ibid., I, 433
[83] ibid., I, 90 u. 193
[84] ibid., I, 209
[85] Gotthelf, Sämt. Werke, Ergänzungsband 10, S. 229

[1] Nicolas Herman, Die wahre Freude, ed. Eichler, 1969, S. 125
[2] ibid., S. 97
[3] Mt 8, 10
[4] Leben des Bruder Lorenz, ed. Clemens August Droste zu Vischering, 1920, S. 2
[5] Mt 5, 30
[6] Brémond, Heiligkeit und Theologie, 1962, S. 204
[7] Große Gestalten christlicher Spiritualität, ed. J. Sudbrack und J. Walsh, 1969, S. 317
[8] M. Paulus, Barbe Acarie, 1949, S. 28
[9] Brémond, ibid., S. 81
[10] Herman, ibid., S. 12
[11] ibid., S. 130
[12] ibid., S. 86
[13] Leben des Bruder Lorenz, ibid., S. 26
[14] Herman, ibid., S. 32
[15] Leben des Bruder Lorenz, ibid., S. 8
[16] Herman, ibid., S. 91
[17] ibid., S. 27
[18] ibid., S. 78
[19] ibid., S. 24
[20] ibid., S. 56
[21] ibid., S. 59
[22] ibid., S. 129
[23] ibid., S. 39
[24] ibid., S. 71
[25] ibid., S. 74
[26] ibid., S. 102
[27] Richt 6, 13
[28] Herman, S. 50
[29] ibid., S. 70
[30] ibid., S. 80
[31] 1 Tim 4, 7–8
[32] Herman, ibid., S. 97
[33] ibid., S. 38
[34] Leben des Bruder Lorenz, ibid., S. 40
[35] Herman, ibid., S. 127
[36] ibid., S. 107 u. 108
[37] ibid., S. 33
[38] ibid., S. 32
[39] ibid., S. 33
[40] ibid., S. 25
[41] ibid., S. 26
[42] Hohes Lied, 2, 16
[43] Herman, ibid., S. 102 u. 116
[44] ibid., S. 110
[45] ibid., S. 72
[46] ibid., S. 30
[47] ibid., S. 37
[48] ibid., S. 36
[49] ibid., S. 31
[50] ibid., S. 41
[51] ibid., S. 98
[52] ibid., S. 32
[53] ibid., S. 89
[54] Theresia von Avila, Das Buch von den Klosterstiftungen, 1913, S. 50
[55] Das Leben des Bruder Lorenz, ibid., S. 22
[56] Herman, ibid., S. 94
[57] ibid., S. 25
[58] ibid., S. 29
[59] ibid., S. 75
[60] ibid., S. 52
[61] ibid., S. 125
[62] Sheldon Cheney, Vom mystischen Leben, 1949, S. 354
[63] Herman, ibid., S. 114
[64] ibid., S. 106
[65] ibid., S. 112
[66] Bruder Lorenz, Im Angesicht Gottes, ed. Braun, 1951, S. 14
[67] Herman, ibid., S. 137

68 ibid., S. 139
69 Der Wandel vor Gott, ed. Joh. Dierkes, 1937, S. 62
70 Herman, ibid., S. 25
71 ibid., S. 122
72 Lorenz, Im Angesicht Gottes, S. 13
73 Cheney, ibid., S. 341
74 Max Wiesner, Peter Poirèt,
75 Gottfried Arnold, Das Leben der Gläubigen, 1701, S. 169
76 Joh. Hch. Reitz, Historie der Wiedergeborenen, 1717, III. Teil, S. 106
77 G. Tersteegen, Auserlesene Lebensbeschreibungen heiliger Seelen, 1785, II. Band, S. 168
78 Herman, ibid., S. 122
79 ibid., S. 133
80 ibid., S. 140
81 Lorenz, Im Angesicht Gottes, S. 12
82 Fénelon, Geistliche Werke, ed. Varillon, 1961, S. 47
83 Ronald Knox, Christliches Schwärmertum, 1957, S. 219
84 Jeanne de la Nativité, Armelle Nicolas, ed. Poiret, 1736, S. 35
85 Leben des Bruder Lorenz, ibid., S. 81
86 Mt 7, 17
87 1 Kor 1, 26–28

BRUDER KONRAD

1 F. Kafkas Werke, 1935, III. Band, S. 226
2 ibid., Bd. VI, S. 205
3 M. Brod, Franz Kafka, 1937, S. 95
4 Susman, Gestalten und Kreise, 1954, S. 354
5 Offb 3, 7
6 Hugo Lang, in: Bayr. Barockprediger, 1961, S. 9
7 Vgl. Hansmann u. Döderlein, Altötting, 1960, u. R. Bauer, Die bayr. Wallfahrt Altötting, 1969
8 Josef Anton, Im Dienste Gottes und der Menschen, 1928, S. 18
9 Georg Bergmann, Bruder Konrad von Parzham, 1965, S. 34
10 ibid., S. 33
11 ibid., S. 39
12 Altöttinger Liebfrauenbote, 13. Apr. 1969, S. 288
13 Anton, ibid., S. 17 u. 30
14 Fritz Meingast, Der heilige Pförtner, 1958, S. 101/2
15 ibid., S. 215
16 Bergmann, ibid., S. 48
17 Anton, ibid., S. 41
18 P. Cuthbert, Die Kapuziner, 1931, S. 34 u. 87
19 Bergmann, ibid., S. 110 u. 227
20 Anton, ibid., S. 62
21 Vgl. P. Edilbert, Bruder Konrad, Du hörtest uns läuten, 1969, S. 10
22 Bergmann, ibid., S. 95
23 H. Stärk, Wie Bruder Konrad in den Himmel kam, 1934, S. 49 u. 50
24 Bergmann, ibid., S. 172
25 Anton, ibid., S. 54
26 Bergmann, ibid., S. 169
27 Altöttinger Liebfrauenbote, a.a.O., S. 288
28 Anton, ibid., S. 47

[29] Anton, ibid., S. 96
[30] Bergmann, ibid., S. 207
[31] Kierkegaard, Zur Selbstprüfung, ed. Hirsch, 1953, S. 84
[32] Bergmann, ibid., S. 116
[33] Anton, ibid., S. 93
[34] ibid., S. 92
[35] ibid., S. 149
[36] Dan 6, 10
[37] Julien Green, Tagebücher, 1952, S. 213
[38] Anton, ibid., S. 112
[39] ibid., S. 47
[40] ibid., S. 96
[41] Adrienne v. Speyer: nach Manuskript
[42] Anton, ibid., S. 93
[43] ibid., S. 163
[44] Eugen Pacelli, Der heilige Konrad von Parzham, 1937, S. 5
[45] Altöttinger Liebfrauenbote, a.a.O., S. 288
[46] Bergmann, ibid., S. 117
[47] Anton, ibid., S. 174
[48] 1 Mos 28, 20
[49] Charles Péguy, Nota conjuncta, S. 201
[50] Vf. Guardini: Sorge um den Menschen, 1967, Bd. I, S. 223
[51] Silone, Das Abenteuer eines armen Christen, 1969, S. 210
[52] Donoso Cortés, Briefe, ed. Maier, 1950, S. 136
[53] Mt 7, 9 u. 19, 26
[54] Anton, ibid., S. 105
[55] Bergmann, ibid., S. 184
[56] Kubin, Die andere Seite, 1928
[57] Anton, ibid., S. 42
[58] Meingast, ibid., S. 201
[59] Ida Friederike Görres, Aus der Welt der Heiligen, 1955, S. 40
[60] Mt 7, 14
[61] Jes 60, 11
[62] Jo 10, 3

MATTHIAS CLAUDIUS

[1] Matthias Claudius, Werke, ed. B. Adler, 1924, Bd. II, S, 512
[2] ibid., Bd. I, S. 397
[3] ibid., Bd. I, S. 236
[4] ibid., Bd. III, S. 290
[5] ibid., Bd. II, S. 13
[6] ibid., Bd. I, S. 396
[7] Urband Roedl, Matthias Claudius, 1969, S. 245 u. 252
[8] ibid., S. 136
[9] Stammler, Matthias Claudius, 1915, S. 208
[10] Herbst, Matthias Claudius, 1878, S. 115
[11] Roedl, ibid., S. 274
[12] ibid., S. 270
[13] E. Hirsch, Geschichte der neueren evangelischen Theologie, 1952, Bd. IV, S. 185
[14] W. Kraft, Augenblicke der Dichtung, 1964, S. 119
[15] Claudius, Werke, Bd. I, S. 149
[16] Mönckeberg, Matthias Claudius, 1869, S. 5
[17] Roedl, ibid., S. 20
[18] Claudius, Werke, Bd. I, S. 20
[19] ibid., Bd. I, S. 42
[20] ibid., Bd. I, S. 201
[21] ibid., Bd. II, S. 122
[22] ibid., Bd. II, S. 152
[23] ibid., Bd. II, S. 423
[24] Matthias Claudius, Botengänge, Briefe an Freunde, 1965, S. 62
[25] Roedl, ibid., S. 82

26 Matthias Claudius, ed. Riedler, 1946, S. 15
27 Claudius, Werke, Bd. II, S. 257
28 ibid., Bd. I, S. 367
29 Botengänge, ibid., S. 119
30 Mt 6, 34
31 Botengänge, ibid., S. 234
32 Claudius, Werke, Bd. II, S. 369
33 Botengänge, ibid., S. 178
34 Claudius, Werke, Bd. I, S. 15
35 Roedl, ibid., S. 101
36 Claudius, Werke, Bd. III, S. 59
37 ibid., Bd. II, S. 421
38 Claudius, Werke, Bd. II, S. 296
39 ibid., Bd. II, S. 129
40 ibid., Bd. I, S. 285
41 ibid., Bd. I, S. 6
42 ibid., Bd. I, S. 10
43 ibid., Bd. I, S. 39
44 ibid., Bd. I, S. 46
45 ibid., Bd. I, S. 158 und 348
46 Botengänge, ibid., S. 155
47 Claudius, Werke, Bd. I, S. 355
48 ibid., Bd. I, S. 415
49 ibid., Bd. I, S. 365
50 ibid., Bd. I, S. 271
51 ibid., Bd. I, S. 289
52 ibid., Bd. I, S. 5
53 1 Kor 15, 26
54 Claudius Werke, Bd. I, S. 5
55 ibid., Bd. I, S. 17
56 ibid., Bd. I, S. 385
57 ibid., Bd. I, S. 131
58 Botengänge, ibid., S. 46
59 ibid., S. 87
60 Claudius, Werke, Bd. II, S. 259
61 Stammler, ibid., S. 159
62 Botengänge, ibid., S. 441
63 ibid., S. 451
64 ibid., S. 444
65 W. Rehm, Der Todesgedanke in der Deutschen Dichtung, 1928, S. 264
66 Vgl. Groethuysen, Die Entstehung der bürgerlichen Welt- und Lebensanschauung, 1927, S. 187
67 Roedl, ibid., S. 333
68 I. Rüttenauer, Die Botschaft Matthias Claudius, 1947, S. 252
69 in: Die Welt des Alters, ed. Kiepenheuer, 1960, S. 46
70 ibid., S. 49
71 Stammler, ibid., S. 201
72 Claudius, Werke, Bd. I, S. 167
73 ibid., Bd. I, S. 168
74 ibid., Bd. I, S. 376
75 ibid., Bd. I, S. 366
76 ibid., Bd. I, S. 348 u. 235
77 ibid., Bd. III, S. 290
78 Botengänge, ibid., S. 466
79 Roedl, ibid., S. 259
80 Claudius, Werke, Bd. I, S. 18 u. 124
81 ibid., Bd. II, S. 179
82 ibid., Bd. II, S. 180
83 ibid., Bd. II, S. 182
84 ibid., Bd. II, S. 210
85 Bohnenblust, Matthias Claudius, in: Vom Adel des Geistes, 1944, S. 27
86 Stammler, ibid., S. 101
87 Roedl, ibid., S. 189
88 Botengänge, ibid., S. 454
89 Claudius, Werke, Bd. I, S. 100
90 ibid., Bd. I, S. 368
91 Botengänge, ibid., S. 366
92 Claudius, Werke, Bd. II, S. 149
93 Botengänge, ibid., S. 307
94 Claudius, Werke, Bd. II, S. 3
95 ibid., Bd. II, S. 201
96 ibid., Bd. I, S. 81
97 Joh. Herzog, Claudius und Hamann, 1940, S. 11 ff.
98 Claudius, Werke, ibid., Bd. II, S. 227

[99] ibid., Bd. III, S. 251
[100] ibid., Bd. II, S. 283
[101] ibid., Bd. III, S. 88
[102] Botengänge, ibid., S. 163
[103] Claudius, Werke, Bd. I, S. 106
[104] Botengänge, ibid., S. 141
[105] Claudius, Werke, Bd. I, S. 421
[106] Botengänge, ibid., S. 439
[107] Claudius, Werke, Bd. II, S. 366–372
[108] ibid., Bd. II, S. 381
[109] ibid., Bd. I, S. 19
[110] ibid., Bd. I, S. 148
[111] ibid., Bd. II, S. 266
[112] ibid., Bd. I, S. 260
[113] Ihlenfeld, Ich bin ein Bote und nicht mehr, in: Angst vor Luther, 1967, S. 219
[114] Claudius, Werke, Bd. I, S. 279
[115] Roedl, ibid., S. 253
[116] Bohnenblust, ibid., S. 36
[117] Claudius, Werke, Bd. II, S. 451
[118] Herbst, ibid., S. 296
[119] Claudius, Werke, Bd. III, S. 242
[120] Franz v. Baaders Werke, Bd. XII, S. 181 u. ff.
[121] W. Lütgert, Die Religion des Deutschen Idealismus und ihr Ende, 1923, Bd. II, S. 72
[122] Stammler, ibid., S. 195
[123] Claudius, Werke, Bd. I, S. 322
[124] Botengänge, ibid., S. 428
[125] Claudius, Werke, Bd. II, S. 298
[126] ibid., Bd. II, S. 528
[127] Röm 8, 14
[128] Mt 18, 10

JOHANN CHRISTOPH BLUMHARDT

[1] Vgl. Leo Zander, Prof. Ernst Pauli, in: Ökumenische Rundschau, 1963, S. 172
[2] Kierkegaard, Buch des Richters, 1905, S. 136
[3] Blumhardt, Blätter aus Bad Boll, ed. Paul Ernst, 1968
[4] Christoph Blumhardt u. Friedrich Zündel über Johann Christoph Blumhardt, 1969, S. 73 u. 32
[5] F. Zündel, Johann Christoph Blumhardt, 1882, S. 24
[6] Blumhardt, Ausgewählte Schriften, 1947, Bd. I, S. XX
[7] ibid., Bd. I, S. 52 u. 53
[8] ibid., Bd. I, S. IX
[9] Blumhardt, Krankheitsgeschichte der Gottliebin Dittus, o.J., S. 31/2
[10] ibid., S. 19
[11] ibid., S. 19
[12] ibid., S. 69
[13] ibid., S. 50/51
[14] ibid., S. 46
[15] ibid., S. 75
[16] Schriften, Bd. I, S. 54
[17] Eph 6, 12
[18] Jäck, Blumhardt Vater und Sohn, 1925, S. 32
[19] Zündel, ibid., S. 130
[20] Bernanos, Von der Einsamkeit des modernen Menschen, S. 10
[21] Karl Barth, Der Römerbrief, 1921, S. 261
[22] Bultmann, in: Kerygma und Mythos, 1948, S. 150
[23] Ch. Troebst, in: Motive des Glaubens, 1970, S. 130
[24] Scharfenberg, Blumhardt und die kirchliche Seelsorge heute, 1959, S. 31

25 Paul Schütz, Gesammelte Werke, Bd. II, S. 88
26 Bernanos, Unter der Sonne Satans, 1927, S. 168
27 Lk 8, 26–39
28 Dostojewskij, Die Dämonen, Bd. II, S. 1032/3
29 Julien Green, Aufbruch vor Tag, 1964, S. 17
30 Über Blumhardt, ibid., S. 16 u. 17
31 Zündel, ibid., S. 165
32 Über Blumhardt, ibid., S. 7
33 Jäck, ibid., S. 21
34 Zündel, ibid., S. 167
35 Jak 5, 16
36 Zündel, ibid., S. 206
37 ibid., S. 208
38 Schriften, Bd. II, S. 41
39 Buber, Die Stunde und die Erkenntnis, 1936, S. 153
40 1 Jo 3, 2
41 Zündel, ibid., S. 211
42 Rößle, Von Bengel zu Blumhardt, 1959, S. 403
43 Schriften, Bd. III, S. 200
44 ibid., Bd. I, S. 94
45 Alo Münch, Joh. Chr. Blumhardt, 1961, S. 73
46 Über Blumhardt, ibid., S. 6
47 Müller, Stiftsköpfe, 1938, S. 402
48 Schriften, Bd. III, S. 13
49 ibid., S. 206
50 ibid., Bd. I, S. 256
51 ibid., Bd. I, S. 262 u. Bd. III, S. 4
52 ibid., Bd. III, S. 31
53 Offb 21, 3
54 Schriften, Bd. III, S. 208
55 Jäck, ibid., S. 50
56 Münch, ibid., S. 20
57 Schriften, Bd. III, S. 104
58 Jäck, ibid., S. 65
59 Christoph Blumhardt, Gedanken aus dem Reiche Gottes, 1895, S. 106
60 Zündel, ibid., S. 382
61 Schriften, Bd. III, S. 254
62 Zündel, ibid., S. 268
63 ibid., S. 441
64 Schriften, Bd. III, S. 114
65 Jäck, ibid., S. 49
66 Schriften, Bd. III, S. 233
67 Rüesch, Die Erlösung der Kreatur, 1956
68 Schriften, Bd. I, S. 68
69 Über Blumhardt, ibid., S. 73
70 Schriften, Bd. I, S. 73 u. 113
71 ibid., Bd. II, S. 126
72 ibid., S. II, S. 139
73 ibid., Bd. III, S. 18
74 ibid., Bd. III, S. 84 u. 111 u. 198
75 ibid., Bd. I, S. 110
76 ibid., Bd. I, S. 23
77 Zündel, ibid., S. 289
78 Schriften, Bd. II, S. 94
79 ibid., Bd. II, S. 203
80 ibid., Bd. III, S. 167
81 ibid., Bd. I, S. 41
82 ibid., Bd. II, S. 294
83 ibid., Bd. III, S. 136 u. 185
84 ibid., Bd. III, S. 188
85 ibid., Bd. II, S. 200
86 Zündel. ibid., S. 257
87 Schriften, Bd. II, S. 159
88 ibid., Bd. I, S. 112
89 ibid., Bd. II, S. 229
90 Offb 22, 20
91 Über Blumhardt, ibid., S. 13
92 ibid., S. 121
93 Zündel, ibid., S. 358 u. 452
94 Blumhardt, Gedanken, ibid., S. 189
95 Über Blumhardt, ibid., S. 151
96 ibid., S. 114

97 Ernst Gaugler, Johann Christoph Blumhardt, 1945, S. 71

98 Schriften, Bd. III, S. 222

99 Blumhardt, Gedanken, ibid., S. 38

100 Mk 16, 7

101 Schriften, Bd. III, S. 257

102 ibid., Bd. III, S. 137

103 ibid., Bd. II, S. 20

104 ibid., Bd. III, S. 248

105 ibid., Bd. I, S. 57 u. Bd. II, S. 122

106 ibid., Bd. I, S. 4

107 ibid., Bd. III, S. 224

108 ibid., Bd. I, S. 153

109 Blumhardt, Gedanken, ibid., S. 8

110 ibid., S. 203

111 Haecker, Der Begriff des Auserwählten, 1917, S. 365

112 Haecker, Tag- und Nacht-Bücher, 1947, S. 95

113 Rudolf Otto: Reich Gottes und Menschensohn, 1934, S. 298

114 Christoph Blumhardt, Erinnerungen an Doris Blumhardt, o.J., S. 35

115 Zündel, ibid., S. 536